永田　智成

フランコ体制からの民主化
― スアレスの政治手法 ―

木鐸社

目次

序章 ………………………………………………………………… 9

第1章　オドンネル・シュミッターモデルとスペインの民主化 ……… 17
　第1節　民主主義論と民主化論………………………………… 17
　第2節　オドンネル・シュミッターモデルとその問題点……………… 22
　第3節　オドンネル・シュミッターモデルとスペインの事例………… 30
　第4節　スペインの民主化の論理……………………………………… 32
　第5節　スペインの民主化から導き出される知見…………………… 46

第2章　本書で用いられる概念と研究史上の位置………………… 53
　第1節　スペインの民主化の特徴……………………………… 53
　第2節　本書で用いられる概念………………………………… 59
　第3節　スペインの民主化研究における本書の位置づけ………… 66

第3章　体制内改革派による政治改革と民主化への道………… 71
　第1節　アリアス＝ナバーロ内閣の成立……………………… 71
　第2節　第一次アリアス＝ナバーロ内閣による政治改革…… 76
　第3節　国民運動との対立：勢力図の変容 …………………… 82
　第4節　体制内改革派による「結社」活動……………………… 90
　第5節　フラガによる政治改革とスアレスの台頭……………… 97

第4章　体制内部完結型の政治改革：体制内部における主導権争い … 109
　第1節　スアレス内閣の成立…………………………………… 109
　第2節　フラガの下野…………………………………………… 117
　第3節　政治改革法成立に向けて……………………………… 123
　　第1項　政治改革法以外のスアレスの政策 ………………… 123
　　第2項　政治改革法 …………………………………………… 128

第5章　フランコ体制諸制度の解体と総選挙の準備……………… 141
　第1節　政治改革法成立以降のスアレスの政策……………… 141

第2節　フランコ体制諸機関の解体………………………………………145
　　　第1項　治安裁判所の廃止……………………………………………145
　　　第2項　国民運動の解体………………………………………………147
　　　第3項　垂直組合の解散………………………………………………150
　　第3節　反体制派の活動……………………………………………………152
　　第4節　選挙法の制定………………………………………………………156
　　第5節　政党の合法化………………………………………………………164
　　　第1項　法整備……………………………………………………………164
　　　第2項　カリージョの身柄拘束………………………………………167
　　　第3項　PCEによる党葬………………………………………………172
　　　第4項　スアレスの決断………………………………………………174
　　　第5項　PCEの合法化に対する軍部の反応…………………………180
　　第6節　総選挙へ向けて……………………………………………………184
　　　第1項　国民同盟の活動………………………………………………184
　　　第2項　スアレスの出馬………………………………………………190
　　　第3項　総選挙……………………………………………………………199

第6章　議会制民主主義におけるスアレスの政治………………………211
　　第1節　第二次スアレス内閣の成立……………………………………212
　　第2節　モンクロア協定……………………………………………………218
　　第3節　UCDの政党化………………………………………………………232
　　第4節　憲法制定とその中身……………………………………………237
　　　第1項　憲法制定過程…………………………………………………241
　　　第2項　スペイン憲法第8編：地方の組織…………………………255
　　　第3項　憲法に関する総括……………………………………………261

終章…………………………………………………………………………………267

主要参考文献……………………………………………………………………277
　　一次資料………………………………………………………………………277
　　　邦文文献………………………………………………………………………277
　　　欧文文献………………………………………………………………………277

史料……………………………………………………………279
　　新聞・雑誌・官報・テレビ……………………………………280
　二次資料………………………………………………………280
　　日本語文献……………………………………………………280
　　欧文文献………………………………………………………282

主要略語一覧………………………………………………………290

スペイン民主化関係略年表………………………………………291

あとがき……………………………………………………………292

索引…………………………………………………………………296

図表一覧

図1−1	ポリアーキー	18
図1−2	オドンネル・シュミッターモデル	23
図2−1	体制内の勢力分布	65
表4−1	第一次スアレス内閣の陣容(発足時)	116
表4−2	APに合流した政治結社と代表者	121
表5−1	選挙法に関する政府と反体制派の主張の違い	162
表5−2	1977年3月10日の世論調査結果(改)	191
表5−3	UCDに参加した主要政党・党首	194
表5−4	1977年6月15日総選挙の結果(下院)	200
表5−5	スアレス派とCDの候補者数と当選者数	203
表5−6	直接支配選挙区におけるスアレス派の勢力	204
表5−7	名簿作成におけるスアレスの影響力別UCDの議席率	206
表5−8	名簿作成におけるスアレスの影響力とUCDの獲得議席(選挙区別)	207
表6−1	第二次スアレス内閣の陣容(発足時)	216
表6−2	憲法制定過程の時期区分	242

フランコ体制からの民主化

— スアレスの政治手法 —

序章

　1970年代以来，世界の多くの国が民主主義国家となった。いわゆる民主化の第三の波である。『エコノミスト』の調査によれば，全世界における独裁政治体制は，全体の31.1%に縮小している。しかし同調査が完全な民主主義体制と認定した国は，全ての国の中の14.4%にとどまっている[1]。この二つの数字からわかることは，多くの国が何らかの「民主化」を経験しているが，完全な民主主義体制に到達していないということである。昨今のイラクやアフガニスタンの事例を見ればわかるように，民主化は着手しても，民主主義体制としての実質を確保することが非常に困難な作業である。

　「第三の波」の初期に，民主化の教科書のように扱われたのが，スペインの成功経験であった。モロドは，スペインの民主化が現代の政治現象の中で最も驚くべき成果を残したものの1つとさえ評価している[2]。スペインの事例を模倣すれば，民主化は容易であると捉えた研究者もいた。

　その一方で，スペインの事例が例外に過ぎないと指摘した研究者も存在している。プシェボルスキーは，その1人である。スペインでは，1976年から1990年の間に，民主的な制度が定着し，平和裏に政権交代が行われ，経済が安定し，国際的な競争力が獲得され，軍部に対する文民統制が確立

---

[1] 彼らは165の独立国家と2つの地域を対象に選挙過程と多元性，市民の自由，政府の機能，政治参加，政治文化という5つの指標のトータルスコアが高次にあれば完全な民主主義体制と評価し，スコアが低くなれば，順に欠陥のある民主主義体制，複合政治体制，独裁体制と分類している。Economist Intelligence Unit, *Democracy Index 2014. Democracy and its discontents. A Report from the Economist Intelligence Unit*, (The Economist, 2015).

[2] Morodo, Raúl, *La transición política*, (Madrid: Editorial Tecnos, 1984), p. 27.

し，国内の地域問題が解決され，社会的な権利の拡大がなされ，EC加盟を可能とする政治文化の変更がなされた。プシェボルスキーによれば，これらのことを短期間に達成した国は，第二次世界大戦以降スペインしかなかった[3]。1990年当時の東欧の民主化から見れば，スペインの事例を模倣することは不可能であった。

ところが，この両極端に見える評価も一つの共通の認識がある。大半の比較政治研究者にとって，スペインの民主化の鍵が体制派と反体制派の「協定(pacto)」にあるというものである。「協定」が理想とされる一方で，あまりに理想的なので無理に追求するとかえって民主化を阻害するというのがブシェヴォルスキーの主張であり，両方の評価は表裏一体のものであった。

しかし，本当にスペインでは体制派と反体制派の「協定」が存在したのだろうか。多くの比較政治学者の主張は，スペインの事例に対する誤解から生じたものでないか。本書は，その誤解をときほぐし，それに代わるスペインの民主化のメカニズムを提示する。

民主化を恵まれた条件に帰してしまえば，民主化に必要なエリートの戦略・戦術という歴史的教訓に対する無理解を生む。確かに民主化の前段階で，スペインにはいくつかの恵まれた条件が整っていた。1960年代の奇跡の経済成長のおかげで，民主化開始時点で中産階級が多く育っていた。持続的な経済成長は，反体制派に対する抑圧コストを高めるとともに，権威主義体制の存在意義を失わせる[4]。他方，民主化が実際に開始された時点の状況を見ると，スペインが特に恵まれていたとは言い難い。スペインの民主化は，オイルショック後の不況下で進められたため，不人気な経済対策と同時進行で政治改革がなされなければならなかった。また民主化期に，スペインからの独立を唱える民族主義グループによるテロが続発した。スペインの民主化は，恵まれた政治・経済環境においてではなく，むしろ困難な状況にもかかわらず成功をおさめたものであ

3　Przeworski, Adam, "The "East" Becomes the "South"? The "Autumn of the People" and the Future of Eastern Europe, *Political Science and Politics*, Vol. 24, Vol. 1, 1991, p.24.
4　J. リンス & A. ステパン『民主化の理論　民主主義の移行と定着の課題』(荒井祐介，五十嵐誠一，上田太郎訳，一藝社，2005)，163-164頁。

り，政治エリートの優れた戦略と努力が必要であった。スペインの民主化という事例を，簡単に奇跡の成功として片付け，比較政治分析の対象から除外するべきではない。

　近年，比較政治学の関心は，いわゆる民主化から民主主義の質の研究へと移っている。民主化したにもかかわらず，民主主義の制度が期待通りに機能していないという体制が多く存在しているため，欠陥のある民主主義体制の分類論が盛んに行われている。そこで，民主化の比較政治学においては，民主的な政治制度の導入と定着だけでなく，市民社会が民主主義の価値を内面化しているかどうかを評価対象にするべきであるという主張がなされている。つまり，民主化研究において，手続的民主主義のみではなく，実質的民主主義に対する関心が高まっている。

　しかし民主主義の制度上の確立は，依然として重要な検討課題である。政治的決定の手続きを無視して，実質的民主主義が存在しているという詭弁は，スペイン・フランコ体制にも存在した独裁制の常套手段であり，手続的民主主義の達成こそが独裁制からの移行において困難な課題であった。民主化を実現したアクターの行動に目を向けると，彼らが苦心したのは如何に民主主義の手続きを実現するかであった。このことが実際に困難な課題であったからこそ，スペインの事例が奇跡として取り上げられるのである。

　そこで本書は，学界の動向に逆らい，手続的民主主義を民主化のメルクマールとして，ダールのポリアーキー論をその出発点とする。彼の理論は民主化論において，オドンネルとシュミッターによって改鋳され，アクター中心アプローチの典型とされる戦略的民主化のモデルとなっている。暫定的結論であると彼ら自身主張しているこのモデルを現実に適用可能なように修正することが本書の最初の課題となる。

　もっとも，オドンネルとシュミッターの民主化モデルは，スペインの事例をもとにしたと主張されているが，本書が後に示すように，モデルと事例が大きくかけ離れている。そこで，上記の課題は，スペインの民主化の論理を提示することでもある。

　ここでスペインの民主化への最初の接近として，他の南欧の民主化との簡単な比較をしておこう。ギリシャ，ポルトガルも1970年代に独裁体制からの民主化を経験した国々である。民主化の経験を有していた諸国の再

民主化の経路はステパンの分類によれば以下のようになる。彼は，(1)戦争や征服の結果，再民主化が達成された事例，(2)権威主義体制から再民主化が開始された事例，(3)反体制派が権威主義体制終焉に大きな影響を及ぼした事例の3つのカテゴリーに分類し，各カテゴリーに下位分類を加えて合計8つのカテゴリーに分類している。スペインの事例は，ギリシャ，ポルトガルの事例と共に，(2)権威主義体制から再民主化が開始されたカテゴリーに属する。ステパンの分類では，このカテゴリーは再民主化の中でも幅広い種類の事例と想定され，民主化を担ったアクターの違いにより，①文民政権，②軍事政権，③軍部が軍事政権または文民政権を打倒して民主化を担うという更に3つのサブカテゴリーに分類される。ステパンによれば，スペインの民主化が文民政権による再民主化の事例であるのに対し，ギリシャとポルトガルの事例は，軍部が軍事政権または文民政権を打倒して民主化を担ったもので，権威主義体制から再民主化が開始されたカテゴリーの中でも奇妙な特徴を持っている。前者がギリシャの経路であり，後者がポルトガルの辿った経路となる[5]。

ギリシャの民主化は，軍事政権が別の軍人によって打倒された事例である。1967年に誕生した軍事政権の中核を担った大佐レベルの将校は，他の将校と折り合いが悪く，政権はほどなくして軍部と対立し，孤立した。1973年に軍事政権が，キプロスを巡ってトルコとの戦争を画策したのに対して，軍部は，この企てを阻止するため，当時亡命していたカラマンリス前首相に帰国を要請し，軍事政権を崩壊させて，カラマンリス政権を誕生させた。しかし1981年に左派連立政権が誕生するまで，軍部は政権への影響力を保持したのである。

ポルトガルでは，植民地戦争が焦点となった。軍部は勝利の見込めない植民地戦争からの撤退を主張したが，文民による権威主義体制政府が植民地支配に執着し，結局軍部によって1974年文民政府が打倒された。その後1975年，1976年，1980年と普通選挙が実施されたものの，ポルトガル

---

[5] Stepan, Alfred, "Paths toward Redemocratization: Theoretical and Comparative Considerations", in O'Donnell, Guillermo, Schmitter, Philippe C., and Whitehead, Laurence, (eds.), *Transitions from Authoritarian Rule: Comparative Perspectives* (Baltimore: The Johns Hopkins University Press, 1986), p.65.

では，軍部が政権に一定の影響力を保持したため，二重権力状態が生まれた。最終的に二重権力状態が終了して民主化が完成するのは1982年まで待たねばならなかった[6]。

ポルトガルやギリシャと異なり，スペインの場合は，軍部が関与することなく，権威主義体制の文民政府が主導権を握り民主化を達成した。政治エリートの行動と戦略がスペインの民主化の鍵となった。本書は，体制内部の政治エリートの動向に着目することで，彼らの採用した民主化戦略を明らかにする。どのような条件の下，どのような民主化戦略を選び，どのように民主化を実行したかが分析課題となる。本書を通じて，筆者は，スペインの民主化が，偶然性の高い奇跡ではなく，政治エリートの優れた戦略的行動の結果，達成されたものであると主張する。

以下に，本書の概要を述べる。第1章では，アクター中心アプローチの有用性を確認し，その典型例であるオドンネルらが提示した民主化モデル（以下，オドンネル・シュミッターモデル）について，民主化の典型例と称されるスペインの事例とを突き合わせる。この作業を通じてオドンネル・シュミッターモデルが抱える問題点やスペインの事例との齟齬を明らかにし，スペインの民主化という1事例から得られる理論的知見を提示し，オドンネル・シュミッターモデルの修正を試みる。

第2章では，本書で用いる概念とスペインの民主化研究における本書の位置付けについて検討する。本書は，スペインの民主化がフランコ体制の政治エリートによってなされた民主化であるというステパンの指摘に依拠し，フランコ体制内部の政治エリートの動向を中心に考察する。こうした前提で，スペインの民主化の特徴と用いられる概念の整理を行い，スペイン民主化研究における本書の位置付けを明らかにする。

第3章から事例編となる。第3章では，フランコ体制最後の内閣であるアリアス＝ナバーロ（Carlos Arias Navarro）内閣期の政治動向について検討する。同内閣による政治改革は，体制内改革派の中でも，後の内相であるフラガ（Manuel Fraga）を中心としたフラガグループが実行したということを明らかにする。フラガグループによる政治改革の大半は，結果として民主化には結び付かなかったが，後の民主化を促進させる下地となった。し

6　Stepan, Alfred, *ibid.*, pp.76-78.

たがって，政治改革の内容ではなく，むしろその過程で生じた勢力の変容が民主化にとって重要であった，ということを明らかにする。

　第 4 章では，民主化を実行することとなるスアレス（Adolfo Suárez）内閣の成立からフランコ国会の解体を意味する政治改革法の成立までを扱う。下野したフラガグループは，フランコ国会において多数派を形成し，スアレスに協力して政治改革法成立に尽力する。フラガの狙いは，国民に対して政治改革法を成立させたのはフラガグループであるということをアピールすることであったが，同法の成立がもたらした人気や支持は，全てスアレスに奪われた。また民主的な反体制派は，それまで民主化の旗手であったが，政治改革法の対案を持ち合わせていなかったため，政治改革法が成立すると，民主化のイニシアティブをスアレスに渡すことになった。第 4 章では，スアレスが体制内部での実権掌握のみならず，民主化の主導権も得たことを明らかにする。

　第 5 章では，政治改革法の成立から民主的な総選挙実施までを扱う。スアレスは，政治改革法の成立で得た圧倒的な人気を背景に，国会の審議を経ない手法で政策を次々に打ち出していく。民主的な反体制派は，総選挙の準備作業に加わると主張したが，民主的な反体制派に正統性がないことを理由にスアレスは受け入れなかった。選挙の準備と並行してスアレスは，フランコ体制の抑圧装置などの解体を行った。総選挙では，反体制派の社会労働党（Partido Socialista Obrero Español: PSOE）が大躍進を遂げた。総選挙の制度設計では，その手続に不満を持っていた PSOE ではあったが，次回以降の総選挙での政権交代が現実味を帯びたため，選挙結果がインチキとして否定することはなかったのである。またフラガグループは，民主的な反体制派とは一線を画し，政府側でもなかったため，結果として政治アリーナから排除され，総選挙でも惨敗した。第 5 章は，スペインの民主化において，最も重要と考えられる時期を取り扱っている。

　第 6 章では，総選挙以降憲法が制定されるまでの時期を取り扱っている。反体制派は，議席を有する野党となり，スアレスも無視できない存在となった。しかし，スアレスは極力議会での決着を避け，議会外の交渉によって，個別の課題ごとに野党と合意し，問題を解決しようとした。民主化論一般では重要と考えられている憲法制定作業には，ほとんどスアレスは関与しなかった。第 6 章では，憲法の内容が，政府が単独で進める一連

の民主化政策において決定されてしまった場合，憲法制定作業が，民主化にとって対外的な意味合いを除けば，それほど大きな意味を持たないことを明らかにし，スアレスが実在すると主張した「合意の政治」も個人の結合以上の意味を持たず，むしろ「合意の政治」というシンボルに隠された裏で様々な争点をめぐって，激しい対立があったことを明らかにする。

第1章　オドンネル・シュミッターモデルとスペインの民主化

第1節　民主主義論と民主化論

　民主主義という用語は，多義的かつ曖昧な概念である。本書は，ダールの民主主義論に依拠して議論を展開する。ダールは，民主主義の手続きに限定して定義を整理し，(1)組織を形成し，参加する自由，(2)表現の自由，(3)投票の自由，(4)政治的指導者が民衆の支持を求めて競争する権利，(5)多様な情報源，(6)公職への被選出権，(7)自由かつ公正な選挙，(8)政府の政策を投票あるいはその他の要求の表現に基づかせる諸制度，という8つの指標を「公的異議申し立て」と「包括性」という2変数に還元し，2変数が共に高次元である政治システムをポリアーキーと呼んだ[1]。ポリアーキーは，理想の民主主義理論と区別して，普遍的な条件に立脚して定義づけられているため，ある政治体制が民主主義体制かどうか把握する指標として援用しやすい。本書においては，民主主義体制を2変数が共に高次元になっている体制のこととする。

1　R. A. ダール『ポリアーキー』(高畠通敏，前田脩訳，三一書房，1981 (*Polyarchy: Participation and Opposition*, New Heaven: Yale University Press, 1972))，5-14頁。

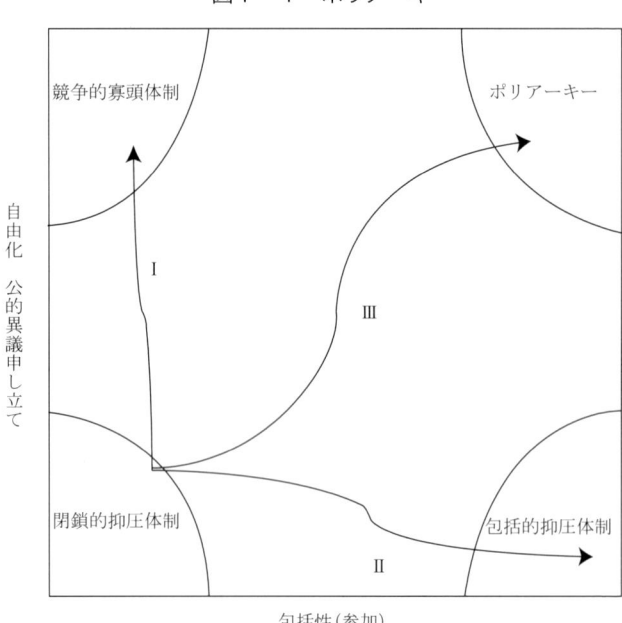

図1-1 ポリアーキー

出所：R.A.ダール『ポリアーキー』(高畠通敏，前田脩訳，三一書房，1981)，11頁を参考に筆者作成。

　ダールに代表される民主主義に関する研究がある一方，非民主主義体制から民主主義体制への体制移行を対象とする民主化研究も行われてきた。体制移行というダイナミズムを対象とする研究が登場する以前は，民主化論は近代化論や政治文化論として捉えられてきた。近代化論の代表的な研究者であるリプセットは，経済発展と民主主義体制の関係について考察した。リプセットは検証の結果，安定した民主主義体制で最も経済発展が進み，安定した独裁体制では最も経済発展が遅れ，不安定な民主主義体制と不安定な独裁体制では，経済発展の速度は両体制の中間であることを明らかにした。民主主義の安定条件は，高度な経済発展にあるとリプセットは論じたのである[2]。

2　S. M. リプセット『政治のなかの人間』(内山秀夫訳，東京創元新社，1963 (*Political Man: The Social Bases of Politics*, New York: Doubleday, 1959))。

他方アーモンドらは，どのような政治文化で民主主義が安定するかについて論じた。彼らは，アメリカ，イギリス，ドイツ，イタリア，メキシコという5カ国を対象に，政治文化の成熟度を調査し，その結果，より成熟した民主主義体制の国であると考えられるアメリカ，イギリスの方が，ドイツ，イタリア，メキシコよりも政治文化が成熟していることを明らかにした[3]。

しかしこのような近代化論や政治文化論に基づく研究は，多くの反証にさらされ，批判されることになった。例えば，アメリカから経済支援を受けた国が，必ずしも安定的な民主主義国家になったわけではなかった。また，成熟した民主主義が成熟した政治文化をもたらすのか，成熟した政治文化が成熟した民主主義をもたらすのか，因果関係が明確ではなかった。アーモンドらの研究は，単にアングロ・サクソンの文化が優れているということを主張したいだけではないのかという批判がなされたのである。

構造的条件を説明変数に用いる研究に代わって登場したのが，アクター中心アプローチである。独裁制から民主制への移行過程における政治エリートに研究の焦点を当てたのは，ラストウを嚆矢とする。それまでの比較政治学は，民主主義の安定条件を社会・経済・文化に求めていたのに対し，ラストウは民主主義がいかにして誕生するのかという点に焦点を当てた。近代化論や政治文化論が静的なメカニズムのみを取り扱っていたのに対して，ラストウは，動的なメカニズムを取り入れたと言うことができる。ラストウは民主制に至る過程は無数にあるという前提で，スウェーデンとトルコの事例研究をもとに民主化モデルを組み上げ，それを他の事例に当てはめて検証するという手法を取った。ラストウによれば，民主化は，国民意識の成立という背景条件を基礎に，階級闘争をはじめとした様々な政治的闘争，話し合いによる民主的な手続きの制度化，国民による民主的な制度の内面化という3段階を経る[4]。

---

[3] G. A. アーモンド＆S. ヴァーバ『現代市民の政治文化―5ヵ国における政治的態度と民主主義』(石川一雄，薄井秀二，他訳，勁草書房，1974 (*The Civic Culture: Political Atitudes and Democracy in Five Nations*, Princeton: Princeton University Press, 1963))。

[4] Rustow, Dankwart A.,"Transitions to Democracy: Toward a Dynamic Model", *Comparative Politics*, Vol.2, No.3, April, 1970, pp.337-363.

どのようにしたら民主主義が生まれるのかという問題意識，民主化の段階論，話し合いによる民主的な手続きの制度化といったラストウの主張は，オドンネルとシュミッターによる議論へと引き継がれ，協定主義論として集大成されることとなった。こうしたアクター中心アプローチによる民主化論の到達目標は，ポリアーキーである。

しかし民主主義を単純化したダールのポリアーキー論に代表される手続的民主主義モデルは，批判の対象となった。テルボーンは，ダールが，民主主義に望ましい条件を提示しているものの，ポリアーキーとなり得る諸条件についての分析が中心となり，民主主義を形成しうる具体的な社会・経済的諸条件を挙げていないと批判した。ダールの研究にこのような問題が生じる理由は，テルボーンによれば，ダールの研究が民主主義の制度化に至る歴史的・社会的文脈に着目していないためであり，具体的な政治過程のダイナミズムをつかみ損ねているからである[5]。要するに，ダールは事例研究の成果をあまりモデル化に活かしていないというのである。

このテルボーンによるダール批判は，オドンネルとシュミッターの研究が，一定の解決策を提示している。後に詳しく検討するが，オドンネルらの研究は，ポリアーキーに立脚して，構造的要因を軽視しているという批判がなされるものの，民主化の事例研究に即してモデル化されたことになっている。

しかし近年になって，ポリアーキーの条件は満たしているが，期待された民主主義のパフォーマンスを発揮していないと考えられる国家が出現した。様々な名称が研究者によって付けられているが，欠陥のある民主主義といった名称がそれにあたる。欠陥のある民主主義の代表的な定義は，選挙が競争的でなく，民主的な制度が形骸化している民主主義のことである。このことから，民主化において手続的民主主義のみを目標とすることへの限界が指摘され，実質的民主主義という概念を用いて分析するべきであるという主張がなされるようになった。実質的民主主義は，政治的領域において，政策決定過程への民衆の積極的参加が図られ，民衆の意思が広く反映されるような民主的ガバナンスが構築されているだけでなく，社

---

[5] Therborn, Göran, "The Rule of Capital and the Rise of Democracy", *New Left Review*, No.103, May-June 1977, p.6.

会・経済的領域にまで民主化が及んでいる状態と定義される[6]。市民社会において民主的な価値規範が内在化されれば，欠陥のある民主主義が誕生することを阻止できるとするのである。

確かにアクター中心アプローチは，政治エリートの役割を強調するあまり，市民社会の存在を軽視し，市民社会の中で民主主義が内在化されているかといった実質的な側面について検討していないという批判を受けてきた。しかし上記の実質的民主主義の定義のうち，前半部分の定義は，手続的民主主義に関する定義と同義である。とすれば，実質的民主主義は，手続的民主主義に立脚していると捉えることができる。カルドーとバイボーダによれば，実質的民主主義は，生活する条件，参加する条件，社会の重要な決定についての議論に影響を与える条件への個人の機会を最大化させることで権力関係を規定する方法であり，継続的に再生産される過程と彼らは定義した。カルドーらによれば，手続的民主主義は民主化の必要条件だが，十分条件ではない[7]。

ゆえに，アクター中心アプローチに代表される手続的民主主義に関する研究は，依然として有用な議論であると言える。実質的民主主義が，手続的民主主義に立脚している以上，手続的民主主義が達成されなければ，実質的民主主義について検討することは不可能だからである。

また，実質的民主主義は，手続的民主主義以上に定義が不明確で，分析概念としては運用しづらいという問題点がある。そもそも既に述べたように，民主化というのは非常に困難な作業であるため，単純な手続的民主主義の諸条件を満たすだけでも容易なことではない。ラドクリフによれば，民主化研究には様々なアプローチが存在し，民主化は複合的な要因によってなされることが多くの研究者によって確認されているが，どの要因が民主化の主たる要因かについては研究者の間で合意が得られていない[8]。

---

6 五十嵐誠一『民主化と市民社会の新地平―フィリピン政治のダイナミズム』（早稲田大学出版部，2011），40頁。

7 Kaldor, Mary and Vejvoda, Ivan,"Democratization in Central and Eastern European Countries", *International Affairs*, Vol.73, No.1, January 1997, pp.62-63.

8 Radcliff, Pamela(b),《La transición española: ¿un modelo global?》, Townson, Nigel,"*Es España diferente*", *Una mirada comparativa (Siglos XIX y XX)* (Madrid: Santillana Ediciones Generales, 2010), pp.243-281.

以上の検討から，手続的民主主義に関する研究は依然重要な課題である。よって手続的民主主義論に立脚したアクター中心アプローチは，有用な研究手法であり，その代表的な理論であるオドンネルらによる民主化モデルは，依然として有効な理論であると考えられる。そこで節を改めて，彼らの議論の有効性と問題点を探る。次節では，そのモデルの基礎となったとされるスペインの事例研究と再度突き合わせて，モデルの再評価および改善点の提示を試みる。

第2節　オドンネル・シュミッターモデルとその問題点

　オドンネル・シュミッターモデルは，協定主義論モデルと呼ばれ，『権威主義支配からの移行：不確実な民主制に関する暫定的結論』において1986年に公表されたモデルである。なお同書は，『南欧編』，『ラテンアメリカ編』，『比較論的視座』と4巻本を構成し，南欧，ラテンアメリカの事例研究をもとに構築された民主化論の集大成となっている。同モデルは「暫定的結論」として位置付けられているが，その後民主化研究の関心が「移行(transition)」段階のあとに続くとされる民主主義体制の「固定化(consolidation)」に関する研究へとシフトしたため，暫定的な結論のまま，オドンネル・シュミッターモデルは，公表から30年経た今でもなお民主化論の基本的なモデルであり続けている[9]。

　オドンネルらは，ダールのポリアーキー論に倣って，民主化概念を操作化しようとした。オドンネルらは，ポリアーキー論における「公的異議申し立て」と「包括性」という2変数の代わりに，「自由化」と狭義の「民主化」を用いて民主化に至る過程を説明した。「自由化」と「民主化」という2変数の操作が可能であり，また2変数が独立していることは，オドンネルらのイメージする民主化と一致したのである。

　ここでいう自由化とは「国家および第三者の恣意的もしくは不法な行為

---

[9] この種の指摘は多くの研究者が行っている。例えば，武田康裕『民主化の比較政治—東アジア諸国の体制変動過程』ミネルヴァ書房，2001; 中田瑞穂「民主化過程における政党のリンケージ戦略と政党システムの『固定化』—東中欧の事例から—」『立教法学』第68号，2005，158-206頁。

図1−2 オドンネル・シュミッターモデル

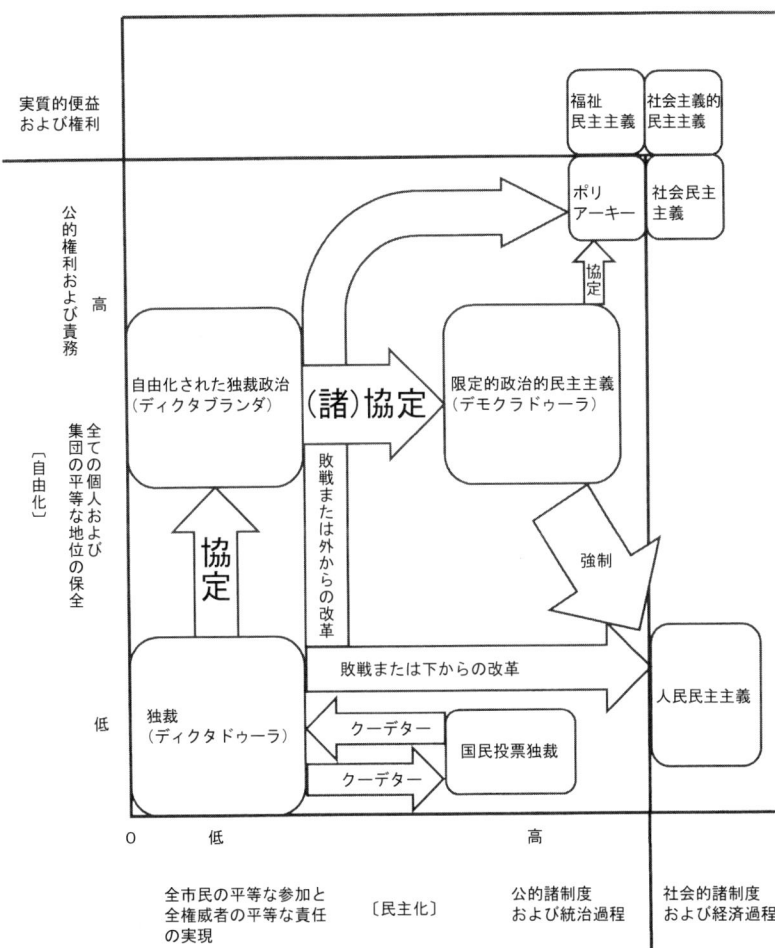

出所：G. オドンネル& P. シュミッター『民主化の比較政治学−権威主義支配以後の政治世界』(真柄秀子，井戸正伸訳，未来社，1986 (O'Donnell, Guillermo, Schmitter, Philippe C., *Transitions from Authoritarian Rule: Tentative Conclusions about Uncertain Democracies*, Baltimore: The Johns Hopkins University Press, 1986))，51頁。

から個人および集団を保護するいくつかの権利を実効力あるものとする過程」を意味し，民主化は「市民権のルールおよび手続きが，以前においては他の原則によって支配されてきた政治制度に適用されるか，もしくは，

以前にはそのような権利や義務を有していなかった人々をも対象とするよう拡張されるか、あるいは、以前は市民参加の対象となっていなかった争点や制度にまで拡大されるといったいずれかの諸過程」を指している[10]。権威主義体制では、これら「自由化」と「民主化」という2変数が低位にあるとされ、2変数が大きくなることにより民主主義体制が確立するとオドンネルらは説く[11]。ここまではオドンネルらの議論とダールの議論は一致している。見方を変えれば、オドンネルらは、社会改革を後回しにして、政治改革を優先させるため、ポリアーキーモデルを援用したと言うことができる。

ダールのポリアーキー論との違いは、オドンネルらが民主化の理想的なルートを「自由化」が先行して、その後「民主化」がなされるルートであるとし、独裁制(ディクタドゥーラ:dictadura)から自由化された独裁制(ディクタブランダ:dictablanda)、限定的民主主義(デモクラドゥーラ:democradura)を経て、民主主義へと至る過程が理想的であるとした点である[12]。ダールは「公的異議申し立て」と「包括性」という2変数が同時に高まってポリアーキーに至る可能性を排除せず、むしろ稀ではあるが、2変数が同時に高まることを理想としているため、ポリアーキーに至る経路について言及していない[13]。

オドンネルらがこうした各段階を進める手法として挙げるものが「協定」である。まずオドンネルらは、体制内外の政治エリートに穏健派

---

10 G. オドンネル & P. シュミッター『民主化の比較政治学―権威主義支配以後の政治世界』(真柄秀子、井戸正伸訳、未来社、1986 (O'Donnell, Guillermo, Schmitter, Philippe C., *Transitions from Authoritarian Rule: Tentative Conclusions about Uncertain Democracies*, Baltimore: The Johns Hopkins University Press, 1986))、36-40頁。
11 G. オドンネル・P. シュミッター前掲書、51頁。権威主義体制については第2章で述べる。
12 dictablanda, democraduraは共に造語である。スペイン語で独裁制を表すdictaduraのduraは硬い、強力といった意味を表す語であり、同様にblandaは柔らかいという意味である。Dictablandaやdemocraduraはdictaduraやdemocraciaをもじった言葉遊び的表現である。G. オドンネル・P. シュミッター前掲書、40-41頁。
13 R. A. ダール前掲書、43-59頁。

(Soft-Liner)と原理派(Hard-Liner)が存在すると主張する。こうした状況の下で，体制派も反体制派もそれぞれの中で穏健派が有力となり，体制内外の穏健派政治エリート同士が協定を結ぶことで原理派を封じ込め，上記の各段階を漸進的に進んでいくことが理想的な民主化である，とオドンネルらは述べたのである。

こうした漸進的な民主化を理想とする点が，オドンネル・シュミッターモデルの1つの特徴であるとすると，もう1つの同モデルの特徴は，広義の民主化を移行期と固定化期とに区別して，議論を移行期に限定し，政治エリートの役割を最大限強調して権威主義体制支配以来最初の民主的な総選挙，すなわち出発選挙(foundation election)の開催を目標とする点である[14]。移行期とは，1つの政治体制と他の政治体制の中間期を指し，その特徴は不確実性と形容される。

このようにオドンネル・シュミッターモデルは，構造的要因による影響を最小限にとどめ，政策決定当事者による選択の幅が大きく，民主化にあたってどのような点に注意すべきかを事前に教えてくれる「民主化マニュアル」として高い評価を得た[15]。構造的要因への言及がなされていないという批判があるものの，その影響を最小限にとどめたため，モデルの適用可能範囲が飛躍的に広がり，様々な場面で非常に重宝されるモデルとなったのである。

しかしオドンネルらが「暫定的結論」と評しているように，このモデルにはいくつかの点において改善の余地が残されている。例えば，オドンネル・シュミッターモデルは，民主化マニュアルと評価されながらも，実際には操作可能性が低く，利用が困難であるという点が指摘される。オドンネルらは穏健派・原理派を固定的にとらえているが，全ての政治アクターが，永久に変わることなく穏健派や原理派であり続けることはない。時代や政策争点によって各アクターの主張は変化し，穏健派から原理派へとシ

---

14 野上和裕 (a)「民主化の政治学とスペイン―いわゆる協定主義をめぐって―」『東京都立大学法学会雑誌』第39巻第1号，1998，225頁；G. オドンネル・P. シュミッター前掲書，114-115, 144-160頁。
15 藤原帰一「『民主化』の政治経済学―東アジアにおける体制変動」東京大学社会科学研究所『現代日本社会(3)国際比較[2]』(東京大学出版会, 1992), 348-356頁。

フトまたはその逆が想定されると考えられるからである。また，自称・穏健派や自称・原理派という政治アクターが，現実に自称するとおりの行動をするかどうかも不確かである。以上の点を考慮すると，オドンネル・シュミッターモデルが，実践の場での民主化マニュアルにはなり得ないことがわかる。

　では，分析概念としての有効性はどうであろうか。この点については，穏健派と原理派の定義の曖昧さが挙げられる。オドンネルらは，体制派の穏健派を体制が近い将来何らかの程度あるいは形態で選挙による正統化を実行しなければならなくなるであろうことを強く認識しているグループと定義し，体制派の原理派を権威主義支配が持続することを望ましいと考えているグループであると定義する一方で，反体制派の穏健派と原理派がどのようなグループであるか明確にしていない。オドンネルらの議論から推測すれば，反体制派の穏健派とは柔軟な対応を取りうる最小綱領主義者グループであり，反体制派の原理派は急進的な民主化を要求する最大綱領主義者グループとなると考えられるが，このような定義の不明確さは，多くのアクターを分類不能としている。その結果，実際にオドンネル・シュミッターモデルを用いての分析は困難となるのである。

　分析概念としても，各政治アクターの性向を固定的に捉えては，分析結果を歪めてしまうことになる。実際，全ての政治アクターを穏健派・原理派に二分することは不可能である。強引に穏健派・原理派のどちらかに全政治アクターを分類するならば，それは各政治アクターの最終的な性向に基づいて分類せざるを得ず，結果から逆算した分析しかできないことになる。したがって，この分析概念は，民主化の政治過程の分析には役立たないと考えられる。

　このようにオドンネル・シュミッターモデルを実践の場で運用しようとすると，体制派・反体制派双方で誰が穏健派で誰が原理派なのか不確実である可能性が高い。そうであるならば，体制派・反体制派の穏健派同士での協定の締結は，現実にはかなり難しい選択であると言えよう。また，分析概念として同モデルを運用した場合，誰が穏健派で原理派なのかを決定するのは非常に困難と言える。

　ブルッカーは，一般にオドンネルらの主張する協定による体制移行が困難であると主張する。反体制派の勢力が体制派を上回れば革命が主張さ

れ，体制派が反体制派の勢力を上回れば反体制派の粛正が行われるため，協定が成立するためには体制派と反体制派の勢力関係が均衡でなくてはならないからである。ブルッカーは，協定による体制移行が1950年代のコロンビア，ベネズエラ，1990年代のポーランドの事例を除き，ほとんど成立したことはないと述べている[16]。このようにオドンネル・シュミッターモデルは，様々な問題を抱えている。

　客観的な勢力配置を確定させることは困難であるが，むしろそこに政治エリートによる状況操作の余地が生まれる。各政治エリートは，分析概念としての原理派・穏健派というレッテルにとらわれることなく行動するからである。各政治エリートが結成する政治グループに原理派・穏健派が入り乱れることは，しばしば見受けられる現象である。そこで，原理派・穏健派の区別をしていない，リンスとディ＝パルマの議論を検討してみよう。

　リンスは，スペインの民主化をモデルに議論を展開し，旧体制派が主導する民主化は，反体制派の協力が成功の鍵であると論じている[17]。リンスは，当時のスペインの政治用語であった「断絶(ruptura)」と「改革(reforma)」を用いて以下の説明を加える。すなわち，民主化を要求する反体制派は，権威主義体制が崩壊するか，もしくは体制派の勢力が減退すると，既存の体制を全て解体して，新しい民主主義体制を構築するよう求める。これが「断絶」である。しかし，たとえ反体制派は民主化を叫んでいても，反体制派が民主的な正統性を有している訳ではないので，理念型としての「断絶」を実行しようとすれば，革命路線を採用するしかなくなるとリンスは述べる。他方，体制派も生き残りをかけて何らかの政治改革を行おうとする。これが「改革」である。しかし通常，体制側が権力を独占したまま「改革」を行おうとすると，真の民主主義の実現ではないと見なされ，民主化を求める反体制派の反発を招くことになる。リンスは，ポルトガルやスペインの権威主義体制政権による「改革」を例に挙げて，革命や独裁者の死亡または罷免がなくそのまま「改革」が続けられたとして

16　Brooker, Paul, *Non Democratic Regimes. Theory, Government and Politics*, (Houndmills: Macmillan, 2000), pp.203-206.

17　Linz, Juan J. (c), "Transitions to Democracy", *The Washington Quarterly*, summer, 1990, pp.143-164.

も,「改革」が成功した可能性は低かったであろうと論じている[18]。

そこでリンスは,このように体制派・反体制派共に民主的な正統性を有しないため,「断絶」や「改革」は成功しないとし,体制派・反体制派のどちらがより民主的な正統性を得ているのか測定するために,民主的な選挙の実施が必要であると論じている。体制派・反体制派のどちらか,または体制派・反体制派の混合集団が民主的な選挙という審判を受けることで,民主化政策を進める実行力が増すというのである[19]。なおリンスは,体制移行期とは民主的な選挙という審判を政治エリートの誰もが受けていない状況であるため,その状況を権威主義体制と民主主義体制の狭間とし,その間を統治する政府のことを「暫定的政府(interim government)」と呼んだ[20]。リンスは「暫定的政府」には,反体制派が革命を起こすことで成立する「臨時革命政府(revolutionary provisional government)」,旧権威主義体制側と反体制側双方が協力して政府を運営する「権力分有政府(power - sharing government)」の他に,旧権威主義体制側が民主的な総選挙の実施を見届け,あわよくば自らも選挙において勝利することを模索する「現職後見政府(caretaker government)」という第三の類型が存在することを指摘した[21]。この「現職後見政府」論もまた,スペインをモデルに作られている。リンスは,スペインで「現職後見政府」が法改正を実行して基本的人権の回復に努め,普通選挙を実施したため,民主化が平和裏になされたと主張する。リンスは「現職後見政府」だからこそ,通常では成功する可能性が低い「断絶」・「改革」が「約定された改革-約定された断絶(reforma pactada - ruptura pactada)[22]」という形で実現したと述べるのである。この「約定された改革-約定された断絶」とは,「現職後見政府」

---

18 Linz, Juan J.(c), *ibid*., pp.150-152.
19 J. リンス・A. ステパン前掲書,153-155頁.
20 Shain, Yossi & Linz, Juan J., *Between States: Interim Governments and Democratic Transitions*, (Cambridge: Cambridge University Press, 1995), pp.28-61.
21 これら訳語は野上和裕(a)前掲論文,239頁に基づく。
22 動詞pactarは「何かについて二者またはそれ以上の人間または団体において相互にその遂行を義務付けること」という意味である。意訳すると,reforma pactada - ruptura pactadaは約定された改革・断絶という意味になると思われる。Real Academia Española, *Diccionario de la lengua española: vigésima segunda edición*, (Madrid: Editorial Espasa Calpe, 2001), p.1645.

側は自分たちが主導して「改革」ができたと考え，反体制派は自分たちの要求を政府側に飲ませることに成功し，「断絶」が達成できたと考え，両陣営がそれぞれ自分たちの目標としていた「断絶」・「改革」が達成できたと認識した状態のことを指している[23]。こうした認識が生まれる要因は，「現職後見政府」と反体制派との間で交渉が行われているからである。このようにリンスは，明示的な協定よりも体制派に対する反体制派の影響力を重視したのである。

　またリンスは，オドンネルらの議論と異なり，穏健派・原理派を区別することなく反体制派を重視し，反体制派の暴力的でない活動が，体制派の選択肢を変容させるという点に力点を置くことで，オドンネルらの理論の欠陥に対する解決策を示している。

　このような「現職後見政府」による民主化の進め方は，ディ＝パルマのいう「保障主義（garantismo）」で説明できる。ディ＝パルマは，民主化の行く末というものは不確実で先の見えないものであるが，規範，手続，制度といった民主化のルールが固定化されると，予見可能性が増し，民主化に積極的でなかったアクターも，民主主義のルールにのっとることが最も自己利益を見出す最良の方法であると認識する。このような状況が生まれることで民主化が容易になると論じている。これをディ＝パルマは「保障主義」にのっとったルールと呼んでいる[24]。

　民主化プロセスを進める上で，オドンネルらは体制派・反体制派の穏健派同士の妥協を重視し，リンスは体制派に対する反体制派の影響力を重視した。他方，ディ＝パルマはオドンネルらやリンスの議論を意識しつつ，体制派と反体制派の合意が成立しなくても，体制派が設定したルールが反体制派に最も自己利益を見出す最良の方法であると認識させることができれば，民主化が容易になると論じたのである。ディ＝パルマは，リンスの議論とベクトルの向きを逆にして，体制派が反体制派に影響を与えることができれば，反体制派の行動に変化が生まれると主張したのである。

　次節では，オドンネルが理想的と評したスペインの事例とオドンネル・

23　Shain, Yossi & Linz, Juan J., *op.cit.*, pp.54-55; Linz, Juan J.(c), *op.cit.*, p.152.
24　Di Palma, Giuseppe, *To Craft Democracies: An Essay on Democratic Transitions* (Berkeley, Los Angeles, and Oxford: University of California Press, 1990), pp.44-46.

シュミッターモデルを突き合わせて検討する。

第3節　オドンネル・シュミッターモデルとスペインの事例

　オドンネル・シュミッターモデルは，一般にスペインの事例を中心に組み立てられていると認識されているが，スペインの事例と突き合わせて検討すれば，その実態とかけ離れていることがわかる。こうした齟齬が生じた理由は，いくつか考えられる。例えば，(1)オドンネルらの民主化イメージの源泉がスペインの事例ではなく，ベネズエラの事例にあったこと，(2)オドンネルらはスペインを対象とする研究者ではないため，スペインの事例に関する誤解があったこと，(3)オドンネルらがモデル化を試みた1980年代半ばではスペインの事例研究自体も研究蓄積が不十分であったといったことが挙げられる。

　スペインの事例とオドンネル・シュミッターモデルを突き合わせたときに一番問題となるのが協定の存在である。オドンネルらは，スペインの民主化が成功した秘訣が，再三再四の協定の締結と主張しているが，具体的にはモンクロア協定 (Pactos de la Moncloa) 以外に挙げていない。さらにモンクロア協定は，1977年10月に締結されており，スペインの出発選挙が行われた1977年6月よりも後である。また，モンクロア協定の比重は経済協定に置かれ，反体制派が選挙を経て議会勢力となり，議会勢力間で締結されたものである点もオドンネルらの想定した協定とは異なっている。

　モンクロア協定が移行期に含まれるように移行期を選挙後まで拡張しても，問題は解決しない。オドンネルらと同じ研究プロジェクトに参加し，スペインの事例を担当したマラバイとサンタマリアは，スペインにおける協定主義論の代表といえるが，移行期の期間設定や協定の同定に関して異なる見解を提示している[25]。マラバイらは民主的な社会改革こそが重要であると考え，独裁政権下では非合法であったPSOEが政権を奪取して，社

25　Maravall, José María & Santamaría, Julián, "Political Change in Spain and the Prospects for Democracy" in O'Donnell, Guillermo, Schmitter, Philippe C., and Whitehead, Laurence, eds., *Transitions from Authoritarian Rule: Southern Europe* (Baltimore: The Johns Hopkins University Press, 1986), pp.71-108.

会改革の担い手となってこそ，民主化が完了すると考えた。民主化を担ったスアレス首相が独裁政権下において，ファシズム的な唯一公式の政治組織・国民運動(新ファランへ党)[26]の官僚であったため，いくら民主的な総選挙の実施といった民主化政策を進めても，マラバイらはスアレス政権を独裁政権の継続とみなしていたのである。

また，マラバイらが協定として捉えるものは，主として社会運動による民主化要求に政府が譲歩する状況のことであって，オドンネルらの主張する政府と反体制派のエリート間協定とは異なっている[27]。このような理論的な含意の前提として，マラバイらにとって，経済的な成果に乏しいモンクロア協定は，実態の乏しい与野党間のシンボルに過ぎない[28]。結局，マラバイらが民主化にとって重要であると捉えた協定は，憲法と自治州設置に限定されている[29]。ただし，その両場面においてもマラバイらが重視することは，社会運動が民主化要求を強め，出発選挙に影響を与えた結果，一定の勢力を持つに至ったPSOEが右派から妥協を引き出したことであった。

このようにマラバイらの研究は，一貫してPSOEを中心に据えてなされているが，マラバイとサンタマリアは，PSOE政権においてそれぞれ教育相と駐米大使を務めており，研究における党派性も指摘しておかなければならないと言えよう。

以上の検討から，オドンネルらの理論は，スペインの事例とは齟齬する上，同じ研究プロジェクトでスペインの事例を担当したマラバイらの研究とは，そもそもの発想が異なっている。それではオドンネルらは，具体的な民主化事例としては何を念頭に協定主義論を構築したのであろうか。オドンネルらのモデルの適合性を検討すると，それはベネズエラの事例でないかと考えられる。ベネズエラは，オドンネルらがスペインの他に協定が締結された国として挙げた国でもある[30]。

26　国民運動(新ファランへ党)については，第2章第2節および第5章第2節第3項で説明する。
27　野上和裕 (a) 前掲論文，224-225，253頁。
28　野上和裕 (a) 前掲論文，234頁。
29　Maravall, José María & Santamaría, Julián, *op.cit.*, pp. 85-89.
30　G. オドンネル・P. シュミッター前掲書，101頁。

オドンネルらの研究プロジェクトに参加したカールの論文によると，ベネズエラの民主化の原動力となったものはプント・フィホ協定（Pacto de Punto Fijo）であった[31]。プント・フィホ協定は，ペレス（Marcos Pérez）軍事政権から民主主義体制へと移行する際の画期となり，大統領選挙前の1958年8月から10月にかけ大統領候補者全員で行われた協議の結果締結された協定である。同協定は，政治・経済上の最低限の共通政策プログラムの実行を大統領となる者に義務付けるものであった。また，大統領候補者と軍部との妥協が図られ，大統領候補者側が軍の非政治化を求めた代わりに，軍備の近代化や経済的地位の向上などを軍部側に約束した。実際，その後大統領選挙に勝利したベタンクール（Rómelo Betancourt）はプント・フィホ協定を遵守し，ベネズエラを民主主義国家へと導いたのであった[32]。

　このように，ベネズエラのプント・フィホ協定は，移行のルールを選挙前に確定させたという点で，オドンネルらの考える民主化協定に近い協定である。言うなれば，プント・フィホ協定は，反体制派と政府代表による「円卓会議」であり，この協定は，オドンネル・シュミッターモデルが描く協定の原イメージとなった。オドンネルらは，性格の異なるスペインのモンクロア協定に対してもそのイメージを重ね合わせてしまったと考えられる。

　オドンネルらのモデルがスペインの民主化に適合しないとすれば，スペインの民主化の論理は別の観点から分析し直さなければならない。次節では，スペインの民主化に関する事例研究の蓄積から，その論理を抽出することにしたい。

第4節　スペインの民主化の論理

　まずスペインの民主化について，時系列的にまとめておこう。スペイン

---

[31] Karl, Terry Lynn,"Petroleum and Political Pacts: The Transition to Democracy in Venezuela" in O'Donnell, Guillermo, Schmitter, Philippe C., and Whitehead, Laurence, (eds.), *Transitions from Authoritarian Rule: Latin America*, (Baltimore: The Johns Hopkins University Press, 1986), pp.196-219.

[32] 永田智成（a）「スペインの民主化に関する理論的分析」『法学会雑誌』第48巻，第2号，2007，480-482頁。

では1936年に内戦が勃発し，それに勝利したフランコ(Francisco Franco)が総統として統治するフランコ体制が成立した。フランコ体制は，フランコが1975年に亡くなるまで約40年存続した。フランコが亡くなると，ブルボン家の王子，フアン＝カルロス(Juan Carlos I de Borbón y Borbón)が国王の名で国家元首に就任し，フランコ体制最後の首相であったアリアス＝ナバーロが引き続き首相を務めた。しかしフアン＝カルロスは，アリアス＝ナバーロに見切りをつけ，約半年後に彼を解任し，後任の首相にスアレスを任命した。スアレスは，首相就任から半年でフランコ国会[33]の解体を意味する政治改革法を成立させて，翌年には民主的な総選挙を実施した。その後1978年には民主的な憲法が制定された。スペインの民主主義は，1981年にクーデター未遂事件が発生するも揺らぐことはなく，1982年にはPSOE政権が発足し，1986年には同政権によって念願のEC加盟が果たされたのであった。以上が一般に知られているスペインの民主化のストーリーである。

　ここで，スペインの事例とオドンネル・シュミッターモデルとの関係を別の視点から見ていこう。実は，スペインにおいても，プント・フィホ協定と同様の試みがなされている。しかし，それは失敗の事例であった。アリアス＝ナバーロ内閣において第二副首相兼内相を務めたフラガが試みた民主化政策がそれである。フラガは，民主化政策を反体制派と合議して進めていく手法を選んだ。当時非合法であったPSOEを穏健的な反体制派とみなして優遇し，PSOEの党大会とPSOE系の労働組合であった労働者総同盟(Unión General de Trabajadores: UGT)の大会を容認した。その一方でスペイン共産党(Partido Comunista Español: PCE)や共産党系労働組合である労働者委員会(Comisiones Obreras: CCOO)を原理的な反体制派とみなし，弾圧した。また体制派であってもフランコ体制の継続を主張する「新しい力(Fuerza Nueva: F/N)」を体制内原理派とみなして，集会を認めないなど強硬な姿勢を貫いた[34]。体制内原理派を押さえつけ，穏健的な反

---

[33]　フランコ国会は時代によって若干の変更があるが，基本的には各種職能団体の代表者が議員となる諮問機関であった。楠貞義・R.タマメス「第Ⅱ部　フランコ時代(一九三九〜一九七五)」楠貞義　他『スペイン現代史　模索と挑戦の120年』(大修館書店, 1999), 194頁。
[34]　Gilmour, John, *Manuel Fraga Iribarne and the Rebirth of the Spanish Conser-*

写真1　スペイン内戦におけるブルゴスの戦いに勝利したフランコ（前列左から二人目）

Fundación San Pablo CEU depositadas en el Museo Adolfo Suárez y la Transición（Cebreros- Ávila- España）

　体制派のみと交渉を行って民主化を進めようとするフラガの姿勢は，まさしくオドンネルらが協定主義論で想定している協定戦略そのものであったと言える。
　PSOEを反体制派の穏健派，PCEを反体制派の原理派とみなし，PSOEを交渉相手として選択するというフラガの戦略は，PCEの反発を招き，ストライキなどの労働運動の更なる激化をもたらした。また体制内原理派を抑える目的で，彼らを冷遇するという方針は，体制内原理派による公然とした政府批判を引き起こした。更にフラガが交渉相手として選択したPSOEは，ゴンサーレス（Felipe González）書記長が急進的な民主化を要求してお

---

vatism (Lewiston, Queenston and Lampeter: The Edwin Mellen Press, 1999), pp.112-114.

り，フラガとの協定締結に応じなかった[35]。当時PSOEは，マルクス主義を標榜し，他方PCEはユーロコミュニズムを標榜していたことから，フラガはそもそも穏健派と原理派を見誤っていたという指摘が可能である。

このようにオドンネル・シュミッターモデルは，スペインへの適用に失敗した。では，オドンネル・シュミッターモデルに従わなかったと考えられるスアレスは，民主化をどのように進めたのであろうか。スアレスは，個別具体的な民主化に必要な改革を後回しにし，政治改革法という簡素な法律に一本化して政治改革への合意を取り付けた。そして，政治改革法案の審議がフランコ国会で行われたために体制内で決着がつき，反体制派は民主化に向けた議論に加われなかったのである。フランコ国会は，本来，フランコの諮問機関に過ぎなかったが，スアレスはフランコ国会を立法機関として用いたのである。

また，スアレスは反体制派の指導者を首相官邸に呼び，マスメディアは懇談が行われている様子を大々的に喧伝した。このため，スアレスのとった行動は人々の印象に深く残り，しばしば協定主義論から解釈されているが，現実にはパフォーマンスに過ぎなかった。実際のスアレスと反体制派の懇談では，妥協や合意がなされることはなく，ただスアレスに聞き置かれただけであった[36]。反体制派との合意を調達しないというスアレスのスタイルは，反体制派にスアレスへの不信感を抱かせ，政治改革法の国民投票において，PCEは国民に対して棄権を呼びかけ，PSOEは反対票を投ずるよう呼びかけることになった。しかし，反体制派によるネガティブキャンペーンが功を奏することはなく，政治改革法は国民投票で圧倒的な支持を獲得して承認されたのである。

他方，体制内で行われた政治改革法の審議は，どのような結果をもたらしたのであろうか。簡潔に述べれば，それは個々の政治家の政治生命を試す「踏み絵」となった。下野していたフラガは，いち早く選挙を見据えて政党を結成し，フランコ国会において一大勢力を築いた。そのフラガは，政治改革法案への賛成を表明し，政治改革法案がフランコ国会において圧

---

35 永田智成（b）「体制内改革派の挫折と民主化への道」『法学会雑誌』第50巻，第2号，2010，356頁。
36 永田智成（c）「アドルフォ・スアレスと体制内改革派—スペイン一九七六—一九七七」『スペイン史研究』第22巻，2008，27-38頁。

倒的多数で可決するのに貢献した。一方，政治改革法案に反対票を投じた政治アクターは，結果，少数派にとどまり，その後の政治生命が断たれることとなった。

　スアレスはその後，フランコ国会を開かず，政治改革法の承認で得た圧倒的な支持を背景に，政令法(Real decreto - ley)[37]を用いて政党の合法化，普通選挙のルール作り，フランコ体制の支柱であった国民運動と垂直組合(Sindicatos Verticales)[38]の解体といった民主化に不可欠な改革を実行した。国民運動は，フランコ体制唯一の公式政党であり，多元的な民主主義の実現には解体が不可欠であった。また，垂直組合は，労使一体となった官製の組合であり，全ての労働者，使用者の加盟が義務付けられた。垂直組合の解体は，労働組合の結成をはじめとした自由な労働者の活動を保障するという民主主義の実現のためには，避けては通れない道であった。このように，スアレス政権がフランコ体制の中心的な機関の存廃と民主的なルールの決定権を有していたのである。

　政治改革法の国民投票が行われる直前，スアレスの政策に不信感を持ち続ける主要な民主的な反体制派からなる9人委員会(Comisiones de los Nueve)が結成された。しかし9人委員会の中核であったPSOEは，PCEが委員会に入ることで政府との交渉が難航すると考え，9人委員会としてではなく，しばしば政府と単独交渉を行おうとした。このため9人委員会は足並みが揃わず，まもなくその存在価値を失った[39]。反体制派は一致した行動を取れなかったため，スアレスに機先を制されることになったのである。スアレスは反体制派各党の党首と数回個別に会談をするが，全てスアレスのペースで行われた。例えば，PCEの書記長カリージョ（Santiago Carrillo)とスアレスは，PCEが合法化される前に秘密会談を行ったが，カ

37　政令法(decreto - ley)とは，議会審議を経ない行政立法のこと。発布後一定期間以内に議会の承認を得る必要がある。勅令法(real decreto - ley)は国王が認可した政令法のこと。Real Academia Española, *op.cit.,* p.735. また，岡部史信（創価大学法学部教授）は，decreto - ley，real decreto - ley 共に訳語が政令法でよいとの見解を示している。
38　官製の労使一体組織。詳しくは第5章第2節第3項を参考のこと。
39　Powell, Charles T. (a), "Reform versus 'Ruptura' in Spain's Transition to Democracy"(Ph. D. Diss., Oxford University, 1989), pp.259-260, 262-273.

リージョに何も確約しなかった。その根拠に，PCEの合法化宣言をスアレスが行った日に，カリージョが国内にいなかったという事実が挙げられる[40]。カリージョが合法化の事実を事前に知っていれば，合法化された日に国外でバカンスを楽しんでいるということはないと考えられるからである。

　このように一連の民主化改革及び総選挙の準備は，スアレス主導で行われ，反体制派にとっては不満の残る状況であったが，反体制派は，スアレスが設定した民主的なルールを無視した行動を取るという選択や実力行使で政権打倒を図るといった選択はせず，スアレスが設定したルールに乗っかる形で総選挙に多くの政党が参加した。なぜなら，スアレスが設定したルールに不満があっても，反体制派が求めてきた普通選挙を自らボイコットするということに合理的な説明が反体制派はできなかったからである。国民投票でスアレスが圧倒的な支持を得たという事実は，政府が設定したルールに対して反体制派が敵対行動を取る正統性を失わせた[41]。スアレスは国民投票に訴えて国民の支持を得たことで，暫定的ながらも民主的な正統性を獲得したので，スアレスの進める民主化戦略に反対する者は，反民主的とみなされる状況になったのである。

　多くの政治勢力が総選挙に参加する見通しとなったところで，スアレスが次に行ったことは，総選挙の公平性・公正性の確保であった。しかし公平性・公正性に関して，反体制派の主張がほとんど取り入れられなかったため，反体制派は総選挙の公平性・公正性に疑問を投げかけた。そこでスアレスは，反体制派が一定の議席を獲得すれば，総選挙が不正であったとはみなさないであろうと考え，スアレスの所属政党である民主中道連合（Unión de Centro Democrático: UCD）が圧勝しないように細心の注意を

40　カリージョもスアレスとの秘密会談で何らかの合意に達したとは述べていない。Carrillo, Santiago（b）, *Memorias: Edición revisada y aumentada*（Barcelona: Editorial Planeta, 2006）, pp.712-715.
41　国民投票の効果については，Qvortrup, Mads, *A Comparative Study of Referendums: government by the people*（Manchester: Manchester University Press, 2002），またはSmith, Gordon, "The Functional Properties of Referendum", *European Journal of Political Research*, No. 4, 1976, pp.1-23. 国民投票は本来ある政策への是非を問うものであるが，しばしば政権の信任投票へと読み替えられる。

払った。スアレスは，現職大臣や高級官僚の総選挙への出馬を禁止し，自身も積極的な選挙運動を行わないと表明するなど，政府関係者によって結成される政党が有利にならないようハンディキャップを課した。またスアレスは選挙期間中，世論調査の結果に大いなる関心を寄せ，有力野党と考えられていたPSOEが一定以上の議席を確保する見込みとなると安堵したほどであった[42]。結果UCDは下院で過半数に届かず，PSOEが有力な下院第二党の地位を築いたので，反体制派の指導者たちは，選挙結果の正当性を争うよりも，それをテコとした更なる民主化の模索へと政策をシフトさせたのであった[43]。

総選挙後は反体制派が議席を獲得して野党となったため，スアレスは民主的な正統性を理由にして彼らを政策立案において無視できなくなった。そのうえ与党・UCDは少数与党であったため，議会運営において野党との協力が不可欠であった。このような理由から，野党各党は政府の政策に関与する機会を得たのである。

一般にスペインではこの時期を「合意の政治(Política de Consenso)」の時期と呼んでいる。研究者の中には，この「合意の政治」時期こそオドンネル・シュミッター流の協定が締結されて民主化がなされたと主張する者もいる。彼らによれば，「合意の政治」とは民主化という共通目標のために，与野党の対立が緩和され，主要議会勢力の間に協調的な政策形成が行われ，与野党のうち穏健なUCDとPSOEが政策について協議し，原理的な国民同盟(Alianza Popular: AP)やPCEの主張を抑え込んだことである[44]。

ところが事実を検証すると，この「合意の政治」というイメージと実際の政治過程が異なっている。スペインでは総選挙後に憲法が制定されたが，この憲法の制定過程について分析したボニム＝ブランは，「合意の政治」という用語の多義性を指摘している。ボニム＝ブランによれば，「合

42　Powell, Charles T. (a), *op.cit.*, pp.298-300.
43　フラガとスアレスの政治手法の違いについては，永田(d)「民主化期におけるフラガとスアレスの政治手法」『スペイン史研究』第26号，2012，17-30頁。
44　代表的な議論として，Gunther, Richard, "Spain: The Very Model of the Modern Elite Settlement", in Higley, John and Gunther, Richard, *Elites and Democratic Consolidation in Latin America and Southern Europe* (Cambridge: Cambridge University Press, 1991), pp.38-80.

意の政治」という用語は，憲法制定を容易にするために政治家が生み出したレトリックという側面があり，憲法制定過程では一様な連立が組まれたことはなく，局面ごとに組まれた連立が異なっていた[45]。

　憲法は，主要各党から選出されたポネンテ[46]7人でまず議論が行われ，その後ポネンテ7人を含めた各党から選出された下院議員35人による憲法起草委員会で審議され，最終的に本会議での審議という手順がとられた。ポネンテでの審議は原則多数決で行われ，多くの場合激しい対立の結果3対3となり，基本的に与党の政策に賛成するAPがキャスティングボートを握る展開となったのである。ポネンテによる会議に出席していたPSOEの代表が，ポネンテでの審議を不服として，ポネンテからの離脱を表明したことは，審議での対立の激しさを物語っている[47]。その後審議の舞台が憲法起草委員会に移っても，APがキャスティングボートを握る展開は変わらず，PSOEが審議の拒否を表明したため，憲法起草委員会は機能不全に陥った。

　審議における対立構造に変化が生じたのは，実質的な憲法作成の場がスアレスの片腕であったアブリール（Fernando Abril）第二副首相とPSOEの幹事長であったゲラ（Alfonso Guerra）による秘密会談へと移ってからである。このようにして憲法原案が完成され，憲法起草委員会の採決ではUCDとPSOEの意見が全面的に反映されたため，今度はそれまでキャスティングボートを握っていたAPが憲法起草委員会の離脱を表明するに至った[48]。

45　Bonime-Blanc, Andrea, *Spain's Transition to Democracy. The Politics of Constitution-Making* (Boulder and London: West View Press, 1987), pp.50-64.
46　スペインの議会制度では，本会議や委員会審議の前に，政府提出法案を含めた各会派からの提案や修正案の検討を1人ないし複数の議員に委ね，審議事項や法案を絞り込む慣行が存在する。これらの議員はポネンテと呼ばれる。ポネンテの選出は法案毎に行われ，審議は非公開であり，議事録も公開されない点で他国にある小委員会とはその性格を異にしている。野上和裕（b）「スペイン」，馬場康雄，平島健司編『ヨーロッパ政治ハンドブック　第2版』（東京大学出版会，2010），95頁。
47　Peces-Barba, Gregorio, *La elaboración de la Constitución de 1978* (Madrid: Centro de Estudios Constitucionales, 1987), pp.30-173.
48　Fraga Iribarne, Manuel（f）, *En busca del tiempo servido* (Barcelona: Editorial

憲法制定過程の初期段階を協定主義論の議論に無理やり当てはめれば、協定が成立していたのはUCDとAP間である。PSOEがUCDの妥協を引き出したことにより民主的な憲法の制定を可能にしたとするマラバイらの主張とは異なり、実際のUCDとPSOEは対立的であった。憲法が制定されるまでの政策過程において、UCDとPSOEが協定を結んだと解釈できる場面は唯一アブリールとゲラによる秘密会談のみである。そのうえこの秘密会談も非公式である。

　「合意の政治」という用語から連想されるイメージは、融和的なものであるが、以上のように、政策過程において、取り立てて「合意の政治」と言える融和的雰囲気はなかった。ガンサーは、ゲラとアブリールの秘密会談にAPを除く、すべての議会代表が加わって「合意の政治」が展開されたと論じている[49]。確かにUCDとPSOEが秘密会談をしていることはその他の代表にも伝えられ、その話に興味を持ったアクターが秘密会談に顔を出した事実はあるが、この秘密会談は十数回開催されており、その全てに参加したのはアブリールとゲラだけである。参加したアクターに偏りがあり、すべての議会代表が加わって「合意の政治」が展開されたとは言い難い。

　また「合意の政治」をイギリスの議会制度について語られる「敵対の政治(Adversary Politics)」の対概念として捉え直し、「合意の政治」とは穏やかな議会運営であると解釈しても、APはアブリールとゲラによる秘密会談で決定される憲法原案のあり方に反対を表明し、議会での採決において、AP議員の多くは反対票や棄権票を投じた事実からも、総選挙以後の政治が「合意の政治」であったとは認めにくい[50]。バスク民族主義者が最後

Planeta, 1987), pp.120-121. またフラガは「合意の政治」の実態とは、PSOEによるAPの排除であったと論じている。Fraga Iribarne, Manuel (d), *Ideas para la reconstrucción de una España con futuro* (Barcelona: Editorial Planeta, 1980), pp.111-112.

49　Gunther, Richard, *op.cit.*, p.60, ガンサーの議論の反証としてGuerra, Alfonso, *Cuando el tiempo nos alcanza. Memorias (1940-1982)* (Madrid: Editorial Espasa Calpe, 2004), pp.285-286.

50　「敵対の政治」については、Gamble, A. M. & Walkland, S. A., *The British Party System and Economic Policy 1945-1983* (Oxford: Clarendon Press, 1984), pp.19-39.

までバスク自治州のあり方について，政府と合意しなかったという事実も「合意の政治」という言葉が生み出すイメージと乖離していると言えよう。

それでもスペインのこの時期の政治は「合意の政治」として語られる。これまでの検討から「合意の政治」とは一般的な意味や政治分析の概念ではなく，協定とも異なるものが「合意の政治」と称されていることは明らかである。それは一体何であろうか。例えばトゥセイは，憲法が議会勢力および国民間で広く受け入れられたことを評価して，1977年のスペイン憲法を合意によって制定された憲法としている[51]。ここで言うトゥセイの合意とは，内戦以来スペイン国内でいがみ合ってきた勝者と敗者の間で，極端な勢力を除いては，渋々ながらも憲法について合意が達成されたということを指していると考えられ，議会勢力間での対立の有無について言及しているわけではない。また，フリアーは「合意の政治」が「特定の場所において少人数で，困難を減らしたり，事を丸く収めたりするために互いに食事をすること」であり，「スペインの民主化の初期で用いられた方法と同じである」と評している[52]。つまり，内戦以来いがみあってきた両者が同じ食卓について食事をしながら，共通の問題について，相談であったかどうかは別にして，話し合い，取り組んだことをフリアーは重視しているのである。この2つの説明からわかることは，スペインにおける「合意の政治」という用語が，議会運営において協調的であったか対立的であったかを示す用語ではなく，単に内戦以来決して同席することのなかった勝者と敗者が同じテーブルに着いたことを示しているに過ぎないということである。エドルズによれば，合意の精神には新しい民主主義の始まりと内戦以来の国民的和解という2つの概念が含まれている[53]。平たく言えば，皆で力を合わせて新しいスペインを建設するために頑張ろうという意味と内戦の憎しみを現代に持ち込まないという2つの意味があるということになる。特に国民的和解について言及すれば，スペインの民主化期は内戦勃

---

51 Tusell, Javier, *La transición a la democracia (España, 1975-1982)*（Madrid: Editorial Espasa Calpe, 2007), p.156.
52 Juliá, Santos, *Un siglo de España. Política y sociedad*（Madrid y Barcelona: Marcial Pons, 1999), p.241.
53 Edles, Laura Desfor, *Symbol and Ritual in the New Spain: The Transition to Democracy after Franco*（Cambridge: Cambridge University Press, 1998), p.41.

発から40年が経ち，物心ついて内戦を経験した人が労働人口の中心ではなくなっていた。このように，スペインにおける「合意の政治」という用語は，スペイン固有の問題に焦点が当てられて生まれた用語であり，およそ政治学で運用が可能な分析概念とはなりえないものであるということがわかる。

　では「合意の政治」と呼ばれるものの実態が，協定主義論で語られる与野党間の妥協といった具体性を持たないものであったとするならば，そういった妥協を図ったと推定されてきた与野党の指導者の行動も，その実像の如何を検討しなければならない。そこでスアレスの政治手法について検討してみよう。

　結論から言えば，スアレスの政治手法は一貫していた。確かに，かつての非合法な反体制派が総選挙後に合法な議会勢力へと転化し，自らの政党は議会において過半数に満たないという状況になり，スアレスの政治手法に制限が加えられるようになった。しかし，スアレスはPCEの提唱した全議会勢力による大連合与党の要求やPSOEの連立政権樹立の要求を拒否し，少数与党政権を選択した。スアレスは争点に応じて，その都度連立を組む相手を選び，自らの望む政策を実現するという手法を選択したのであった。スアレスは，総選挙以前にも様々な勢力と交渉して政策を決定しているかの如くパフォーマンスを見せたが，総選挙以後もあたかも挙国一致体制で国難に対峙しているように偽装した。その代表例がモンクロア協定であったと言える。

　モンクロア協定は，与野党の協議によって締結されたものではなく，政府があらかじめ原案を用意し，野党に調印を強いたものであった。さらにスアレスは協定の調印式を開催し，マスメディアは主要政党の代表者が一堂に会する調印式の様子を報道した。野党はスアレスのやり方に反発したが，調印式からいなくなることで政治的プレゼンスが失われることを恐れ，欠席することはできなかった[54]。こうしてモンクロア協定の調印式は，スアレスが演出したかった「合意の政治」のアピールに貢献したのであった[55]。

54　PSOEの代表者らもスアレスのやり方を批判していた。*El País*, 26 de octubre de 1977.
55　APは，より注目度の低かった政治協定について調印しなかった。Abella, Carlos, *Adolfo Suárez* (Madrid: Editorial Espasa Calpe, 2005), pp.299-306.

こうしたスアレスのリーダーシップは，地方分権化政策である自治州設置においても発揮された。中央集権的なフランコ体制は分権国家化を嫌い，地域ナショナリズムの興隆をもたらす可能性のある地域の自治権を認めていなかったため，自治州を設置するかどうかは憲法制定における大きな焦点の1つであった。したがって，フランコ体制を擁護する立場の勢力からは反対意見の強かった自治州設置であったが，憲法起草委員会での議論が紛糾するのに先んじて，スアレス政権は政令法で暫定自治州として自治州設置を敢行した。そのため憲法起草委員会は，結局のところ政府が認定した自治州を憲法で追認するほかなかったのである。

そもそもスアレスは，憲法制定過程にほとんど関与しなかった。PSOEは，総選挙後の議会を憲法制定会議とするようスアレスに要求したが，スアレスはこれを拒否し，通常議会での憲法制定という道を選んだ。スアレスは，憲法制定という国民から注目を集める事業，すなわち「合意の政治」であるというレトリックを隠れ蓑に，必要と思った個々の政策については強引に実現したのである。

「合意の政治」に代表されるこのようなスアレスのリーダーシップのあり方は，ルークスが主張した権力観で説明できる。ルークスは，表沙汰になった紛争や争点をめぐってなされる個別具体的な決定行動の中にのみ権力が存在するわけではなく，抑圧されているために意思表明できない「潜在的争点」にも権力の行使があるとする。言い換えれば，争点となるところにのみ権力が行使されるわけではなく，むしろ争点が表面化しなかったところに権力の行使が存在する。ルークスはさらに強大な権力観として，争点を気づかせないという権力行使の形態を提示する。ルークスは，マスメディアや社会化の諸過程といった日常のありふれた形態を通して，シンボル操作を行うことで，人々の知覚や認識，選好そのものを造形し，支配するところに権力の至高の行使形態が存在すると主張したのである[56]。

スアレスの政策やリーダーシップのあり方をルークスの権力観に即して整理すると，スアレスはマスメディアを通じてレトリックやシンボルを造形し，争点の存在に気付かせないように人々を支配したと言えよう。例え

---

56 S. ルークス『現代権力論批判』(中島吉弘訳，未来社，1995 (*A Power: Radical View*, London: Macmillan Press, 1974))。

ば，マスメディアを通じて「合意の政治」を喧伝することにより，国民だけでなく政治エリートの意識の中に「合意の政治」を植え付け，スアレスはあたかも「合意の政治」があるかのような錯覚に陥らせたということになろう。スアレスのリーダーシップの本質は，このようにシンボル操作を行うことで争点の存在を隠し，その影で政策を実行していくというスタイルであると言えよう。

　このようなスアレスのリーダーシップは，民主化において最適なシステムが議院内閣制か大統領制かという議論に一石を投じると考えられる。リンスは，大統領制が二元的代表制であり，大統領と議会でどちらがより正統性を有しているか不明確であること，大統領選挙は信任投票の側面があり，大統領選挙で敗北した候補者は全てを失う勝者総取りのシステムであることなどを挙げ，大統領制が民主化に不向きなシステムであると論じている。またリンスは，スペインの民主化において行われた最初の選挙が大統領選挙と議会選挙であったと仮定すると，大統領選挙では左派ブロックの候補者が勝利し，議会選挙では極めて分極的な結果をもたらしたであろうと推測している。リンスは，この結果が，大統領と議会でどちらがより民意を反映しているか不明確な状況または左派による勝者総取りの状況を生みだし，スペインの民主化にとって不幸な結果となったであろうと論じた[57]。

　しかしこれまで見てきたように，スペインの民主化は議員内閣制を前提としながら，スアレスは政権維持の拠りどころを議会に求めず，国民投票などの議会外での支持調達方法を駆使した。またスアレス率いるUCDの得票率はわずか34.7%であったにもかかわらず，民主化の立役者であったという状況から，スアレスがほぼ全ての権限を掌握していった。リンスは大統領制における選挙がもたらす効果を中心に分析しており，議院内閣制における大統領的リーダーシップについては言及していない。議院内閣制と大統領制のどちらが民主化においてより適したシステムであるかという議論は本書の範疇外であるが，少なくともスアレスのリーダーシップを分

---

[57] J. J. リンス (b)「大統領制民主主義か議院内閣制民主主義か―その差異について」J. リンス・A. バレンズエラ『大統領制民主主義の失敗―その比較研究』（中道寿一訳，南窓社，2003），16-138頁。

析する限り，議院内閣制下でのらしからぬ大統領制的リーダーシップは民主化にとって有効であり，大統領制・議院内閣制にかかわらず，こうしたスアレス型のリーダーシップが発揮される状況が民主化にとって重要であるということが指摘できるのではないだろうか。

ところで，スアレスが憲法制定に関して積極的でなかった理由は他にも存在する。フランコ体制下の多くの政治家は，同体制の基本法の集合体が立派な憲法であると考えていた。おそらくスアレスにとってもそれは例外ではなく，民主主義の内容を盛り込んだ第8番目のフランコ基本法である政治改革法が成立した時点で，スペインの憲法典は西欧民主主義国家と同程度に民主的であると認識していたと考えられる。フランコ体制下の1962年にスペインはEECに初めて加盟申請を行ったが，民主的な制度が確立していないとして申請を却下されている[58]。1977年総選挙直後にスアレスがEECの加盟申請を行っているという事実は，スペインが民主的な制度を整えたという彼の考えの表れではないかと思われるのである[59]。

多くの民主化論において，憲法制定作業が重要であると主張される。しかしスペインの場合は，総選挙が実施された時点で，民主主義の制度は確立していた。なぜなら，権威主義的なフランコ体制の諸制度は総選挙までに廃止され，民主主義にとって重要な要素である普通選挙のルール設定や政党の合法化なども，憲法が制定される前に核となる部分は定まっていたからである。言い換えると，総選挙が実施された時点で民主主義体制への憲法の変更が実質的に完了しており，このためスペインの憲法制定過程には移行期特有の「不確実性」が存在しなかったのである。

スペインの民主化では，憲法制定過程がそれまでの諸政治改革と同時に行われた刑法・刑事訴訟法・財政等の改革の成果を憲法の条文に盛り込み，明文化する作業過程であり，実質的意味での憲法制定は，政府主導で既成事実が積み重ねられていた。このためスペインの場合，憲法制定過程で憲法典の大枠について議論されなかった。議論の中心は，技術的な問題であり，細部を巡っての妥協であった。憲法制定過程が民主化の争点とな

---

58 楠貞義・R.タマメス前掲書，226-227頁。
59 Nicholson, Frances and East, Roger, *From the Six to the Twelve: the Enlargement of the European Communities* (Burnt Mill, Harlow and Essex: Longman, 1987), p. 215.

らなかったのである。

　このようにスペインの民主化が平和裏かつ迅速に完了した要因のひとつに，憲法制定過程に関する捉え方の違いを指摘することができる。一般に民主化において憲法制定過程が重要とされる理由は，憲法制定過程でゲームのルールが決定されるからである。しかしスペインの事例のように，憲法制定過程に先行して総選挙が行われ，総選挙に至る過程でゲームのルールに関する同意が概ねできた場合，憲法制定過程で諸政治アクターから大枠の変更について求められることはなく，憲法制定過程が争点化しにくいと言えよう。

　他方，スペインの民主化において，成文憲法の存在は重要であった。それはなぜか。ここでは，対外的な関係における憲法の存在意義を指摘しておきたい。既に述べたように，民主的な総選挙が実施された時点でスペインの民主主義への移行は完了したと考えられるが，諸外国もその視点を共有するかと言われれば，必ずしもそうではない。むしろ，諸外国は「目に見える形」を求める。その意味において，民主的な憲法が制定されるということに大きな意味があったと考えられる。

第5節　スペインの民主化から導き出される知見

　本節では，これまで検討してきた民主化理論一般およびスペインの事例研究の成果が民主化の理論モデルの構築にいかなる貢献をすることができるかについて論じ，本章の締めくくりとする。

　オドンネルとシュミッターは，ダールのポリアーキー論を基礎にラストウの民主化動態モデルを発展させた。オドンネル・シュミッターモデルは，政治エリートの役割を最大限強調し，構造的要因の影響を最小限にとどめたため，民主化マニュアルと評されるようになった。しかし本章で示したスペインの事例から明らかなように，オドンネルらが重視する体制派・反体制派双方の穏健派による協定の締結は，実際には困難である。

　こうしたオドンネル・シュミッターモデルの問題点について，リンスらは以下の解決策を提示している。リンスは，権威主義体制内部からの民主化であっても，反体制派の役割を重視し，反体制派が何らかの影響力を体制派に行使する状況を理想的と考えた。リンスは，スアレス政権が行っ

たような反体制派との合議で選挙準備を進める政府を理想的な「暫定的政府」であるとし，それをモデルに「現職後見政府」論を構成した。「現職後見政府」のメカニズムは，ディ＝パルマの「保障主義」論によって説明がなされ，体制派・反体制派間での合意がなくても，反体制派をゲームのルールに引き入れられる事情を解明しており，オドンネル・シュミッターモデルの欠点を埋める理論であることがわかる。

　また，スペインの事例を詳細に検討すると，スアレス政権はリンスが考えているほどには反体制派と合議して民主化プロセスを進めたわけではなかった。リンスが指摘するように，体制派と反体制派間には一定の相互関係が存在している状況は望ましいが，体制派は，通常反体制派に比べて強大な政治勢力を保持しているため，反体制派と積極的に交渉するインセンティブがない。それこそ，リンスが「現職後見政府」論で指摘するように，反体制派には正統性がないので，選挙が実施されるまで，体制派は反体制派の主張を退けることができる。くわえて，体制移行期という不確実な状況では，体制派諸勢力は分裂し，各政治アクターがどのような性向を示しているか不明なだけでなく，争点の異なる直近の未来では，その性向が変わっていることもある。スアレスは，政治改革法を材料に体制派を概ね一本化することに成功した。また，彼に反対する体制派を泡沫化し，また争点を単純化することで，不確実性の範囲を狭めた。こうしたスアレスの行動から，反体制派との協力関係の構築に力点を置くよりも，体制派の一本化を目指すことが，民主化の成功の近道であると言える。この指摘は，体制派主導の民主化に限らず，また，反体制派にも同じことが言え，スペインの場合は，体制派に比べて反体制派が主導権争いをしばらく続けたため，反体制派の分裂状態が続き，それだけ民主化の主導権争いにおいて反体制派は遅れをとったのである。

　上記の仮説をさらに進めることになるのが，ディ＝パルマの議論である。民主化プロセスに関し，ディ＝パルマは「保障主義」論の中で，ルールに関する同意が重要であると説いている。しかしルールに関する同意がなくても，そのルールに従うことが最も自己利益を反映できると感じれば，民主化プロセスは前進する。様々なシンボル操作を行ったスアレスのリーダーシップは，まさにルークスの権力観に基づくリーダーシップであった。

実際，スアレスによってなされた選挙準備は，反体制派の同意をほとんど得られなかった。しかし「保障主義」論が示すように，諸政治勢力は選挙に参加した。ここから，選挙のルールに関しては不満であっても，結果が次回選挙以降，政権交代の可能性を見出せるような満足のいくものであれば，選挙が非難されることはないと言えよう。その目的のため，スアレスは自らに様々なハンディキャップを課したのである。ゆえに，選挙に関して公平な競争が行われなくても，結果が公正であったと思える選挙は，民主化の促進に貢献すると指摘できる。言い換えれば，結果が受け入れられない選挙は，民主化の失敗につながりやすい。他方，内戦後の和平プロセスでしばしば見られるような，各陣営にあらかじめ配分する議席を決定しておくといった種類の選挙は，政権交代の可能性を奪うため，多民族国家における一時的な和平プロセスといった特殊な状況を除いて，民主化の推進には貢献しないと言える[60]。

スペインでは，総選挙が憲法制定より先行して行われたため，憲法の内容が民主化改革と連動しており，憲法制定過程で改めて議論される部分が少なかった。ここから，憲法制定過程が合議によるものであったかどうかより，早期に成文憲法の制定がなされるかどうかの方が民主化にとって重要であると指摘できる。むしろ，憲法を争点化させないほうが，民主化がスムーズに進むと言える。スペインでは，総選挙に至る過程で必要な民主化改革の大部分は行われ，憲法制定過程は諸改革の結果を受けての条文化作業が大半であった。にもかかわらず，憲法制定過程はスペインの民主化過程にしては長い時間を費やす過程であった。もし総選挙前に憲法制定がなされていたら，さらに時間を要し，大混乱は免れなかったように思われる。

ルークスが指摘した，こうしたスアレスのあえて重要なことは争点化させないというリーダーシップのあり方から大統領制的手法を見出すことができる。リンスは，大統領制が民主化に適していないシステムであると指摘しているが，スアレスのリーダーシップは，議院内閣制を基礎におきながら，いわゆる大統領制の合意ないし支持調達方法を用いていた。こうし

---

60 例えば，権力分有の統合アプローチ。Sisk, Timothy D., *Power Sharing and International Mediation in Ethnic Conflicts* (New York: Carnegie Corporation, 1996), pp.27-45.

たスアレスのリーダーシップのあり方を分析すると，議院内閣制か大統領制かという議論に対して一石を投じられると考える。

　以上の知見を検証するために，本書で取り扱うべき論点についてこれまでの検討結果をもとに述べる。スペインの民主化は，スアレス政権によってなされた。とすれば，スペインの事例のように「権威主義体制内部からの民主化」では，スアレスがなぜ政権を握ることができたのか，またなぜスアレスが改革を成し遂げられたのか，その条件はどのようにして整備されたのかについて検討する必要があろう。オドンネルらに代表される民主化論においても，旧体制に言及されてきたが，一般に民主化研究は，権威主義体制の崩壊，移行，固定化のみを視野に入れているため，旧体制の崩壊原因を追及するにとどまり，権威主義体制末期の危機的な状況を強調するだけとなる[61]。実証的な歴史研究や民主化研究でも，非合法であった反体制派や西欧議会主義の成立を目指した体制内改革派の動向が議論されるだけであり，フランコ体制末期の政権を民主化に結び付けて論じるものは稀である[62]。スペインでは，スアレス政権によって急激に民主化がなされたため，分析をスアレス政権発足以後に限定した研究が多い。このような研究状況のため，一般にスアレスを穏健派と位置づけ，フラガを原理派とするのである[63]。しかし事実は異なり，フラガはフランコ体制末期において体制内改革派のリーダーであった。一方，スアレスはファシズム的機関の国民運動に所属しており，世間ではほぼ無名に近く，保守派と一般に認識されていた。実際に行った政策をみても，フラガは可能な限り反体制派の穏健派との協調を目指していたが，スアレスは反体制派との協調はパフォーマンスに終始した。結果は，フラガが反体制派からも体制派からも非難を浴びることになり，スアレスは体制派の支持を取り付け，政治改革法をフランコ国会で可決させることに成功したのである。このような認識

61　G. オドンネル・P. シュミッター前掲書，52-100頁。
62　スペイン民主化研究の代表的研究であるPowell, Charles T. (a), *op.cit.*, pp.15-104においても，スアレス政権以前で扱われているのは体制内改革派と反体制派の動きが中心である。
63　例えば，Weingast, Barry R., "Constructing Self-Enforcing Democracy in Spain" in Oppenheimer, Joe, and Morris, Irwin, (eds.), *From Anarchy to Democracy* (Stanford: Stanford University Press, 2004), pp.161-195.

のズレを解消するため、スアレス政権発足以前の状況について検討する必要があると考える。

　スアレスが強力なリーダーシップを発揮できた理由は、政治改革法を成立させる過程で彼が体制内部で確固たる地位を築き、国民投票で圧倒的な支持を得たからである。リンスは、フランコ国会の解体を成し遂げた政治改革法を成立させたことと極左とみなされていたPCEを含める形での普通選挙の実施が、スペインの民主化の成功にとって重要であったと述べている[64]。通常PCEは反体制原理派と見なされがちであるが、同党は1977年にユーロコミュニズム政党として生まれ変わり、スアレスに協力的であった。むしろ、通常穏健派として捉えられるPSOEは、1974年の党大会で政党史上初めてマルクス主義を標榜し、スアレスに敵対的であった。確かにPCEはフランコ体制による弾圧の対象であり続けたというスペイン固有の問題を認めることができるが、上記のような左派の動向において、民主化の画期をPCEの動向に集約させるという議論は、認識を誤らせるのではないかと考えられる。事実、反体制派内ではPCEとPSOEが対立し、一体となって行動することができなかった。これは反体制派の出遅れにつながり、民主化の主導権争いでは、反体制派はスアレスに機先を制されることになった。スアレスに有利な状況となったため、彼は反体制派の意見を聞き置くにとどめることができた。それゆえ、総選挙までは体制側を固めることに心血を注ぐことが可能となり、国民の支持も得て不動の地位を確立することができたのである。

　スアレスが一方的に決めた選挙制度は、反体制派から全く同意が得られなかった。しかし普通選挙にのっとって行われるとされる以上、普通選挙の実施を要求してきた反体制派は、選挙への参加を拒否することはできず、ほぼ全政党が選挙に参加した。そして結果を見れば、選挙のルールが特定の政党にとって有利なルールであったとは認められなかった。事前に

64　Linz, Juan J. & Stepan, Alfred,"The Paradigmatic Case of Reforma Pactada - Ruptura Pactada: Spain", *Problems of Democratic Transition and Consolidation: Southern Europe, Southern America, and Post-Communist Europe* (Barkeley: The Johns Hopkins University Press, 1996), pp.91-98; Linz, Juan J. (e),《La transición española en perspective comparada》en Tusell, Javier, y Soto, Álvaro,(eds.), *Historia de la transición 1975-1986* (Madrid: Alianza Editorial, 1996), p.23, p.30.

は反体制派は選挙の公平性に疑問を投げかけていたが，結果として予想以上の議席を反体制派が獲得したために，選挙がインチキとはみなさなかった。オドンネルらは，体制派が勝ちすぎないようにすることが出発選挙では肝要であると述べている[65]。この点に加えて，スアレスのリーダーシップがあったからこそスペインの出発選挙が成功を収めたと言える。

総選挙以後の憲法制定過程について，リンスは1996年に出版されたステパンとの共著，『民主主義の移行と定着の課題』において，憲法の制定環境が民主主義への移行と定着に関して重大な影響を及ぼすと論じている。またリンスらは党派的な憲法を一時的な多数派のみが承認し，一定規模の少数派が憲法修正を政治課題に掲げる状況は避けるべきだと述べ，スペインが辿った合意に基づく自由な憲法の制定が，最も民主主義への移行やその定着にとって好ましい経路であったと主張する[66]。つまり，リンスらはスペインの憲法制定過程が多数決ではなく，全会一致に近い形で，多様なアクターの意見を集約して政策決定がなされたという認識をもっている。しかし事実は，党派間で対立しており，憲法起草委員会における条文の決定は，大部分が多数決による決着であった。スペインでは憲法が公布されたとき，まさしくリンスが危惧した状態であった。憲法制定に携わった者は誰もが内容に不満をもっており，公布直後から憲法の修正を説く者もいたのである。

憲法の制定に先行して選挙を実施する場合，その過程で，様々な政治改革が必要となる。選挙が民主的であるならば，その後作成される憲法は，選挙の準備のために行った政治改革の内容を憲法制定過程では無視できない。この意味で，憲法の内容は，民主化と連動しており，改めて憲法制定過程で議論する余地は少ない。さらにスアレスは憲法制定過程とは別個に必要な政策を実行していったため，憲法の内容がスアレスの政策を後追いする形となった。このため，憲法制定過程がそれほど重要とはならなかったのである。しかしながら，民主的な成文憲法の存在は，対外的にスペインが民主主義国家であるということを承認してもらうために必要であった。スアレスの憲法に対するスタンスはまさしくこれであった。この点に

---

65 G. オドンネル・P. シュミッター前掲書，159-157頁。
66 J. リンス・A. ステパン前掲書，169-172頁。

つき，スアレスのリーダーシップを検討することは，スペインの民主化を解明するうえで重要な点となろう。

　最後に，民主化の完了について論じておこう。リンスらは，スペインのような多民族・多言語国家では「国家性(stateness)」の問題を解決しない限り，移行期は完了しないと主張する[67]。つまりリンスらは，多民族・多言語国家では，地域ナショナリズムの問題が解決しない限り，移行期は完了しないと主張するのである。

　他方，同じリンスらは国家単位の民主化を優先すべきであるとも論じている。リンスらは，最初に国政レベルの選挙を行ってから，民主的な連邦制を作りだす戦略を採るべきであると述べているからである[68]。この議論に従えば，民主化という問題は，まず国家単位で考えるべき問題である。くわえて，リンスらが懸念する地域ナショナリズムの問題は，地域ナショナリストによるテロ活動である[69]。こうしたテロ活動によって，多くの犠牲者が出たが，スペインの民主主義の根幹を揺るがすには至らなかった。スペイン特有の自治州国家制(Estado de las Autonomías)という地方自治システムの完成が，スペインの地域ナショナリズム問題の解決に資するとしても，自治州国家制は何をもってすれば完成なのか判然としない特殊な制度である。自治州国家制の大枠は，憲法制定期に決定されており，同制度の細部に至るまで完成しない限り，スペインの民主化が完成しないというのは暴論であろう。本書で用いるポリアーキーの基準に照らし合わせてみても，スペインの場合，憲法が完成した時点で民主主義国家となったと言え，本書がスペインの民主化過程の分析として憲法制定までを取り扱うことについて，一定の妥当性があると考える。

67　Linz, Juan J. & Stepan, Alfred, *op.cit.*, pp.98-107.
68　J. リンス& A. ステパン前掲書，73頁。
69　Linz, Juan J. & Stepan, Alfred, *op.cit.*, pp.98-107.

第2章　本書で用いられる概念と研究史上の位置

　第1章において，スペインの民主化と民主化論一般との関係性を示した。本章では，本書がスペインの民主化研究において，どのような位置づけとなるかを示したい。

第1節　スペインの民主化の特徴

　スペインの民主化の特徴について，ラメラスが分析を行っているので，それを本節の出発点としたい。ラメラスは，スペインの民主化について，(1)事前によく計画が練られたわけではないこと，(2)主役が政党ではなく個人であったこと，(3)民主化の主役が政治経験の浅い，必ずしも知識人とは言えない人たちだったこと，(4)国民の手によってなされた民主化ではなかったこと，の4点をその特徴として挙げている[1]。

　ラメラスが指摘した第1点目を検証するために，スペインの民主化を担った主要アクターがどのような計画を持っていたか検討してみよう。フランコの死後国王となるフアン＝カルロスの周辺では，明確な民主化ビジョンが練られていたとされている。例えば，フアン＝カルロスの家庭教師を務め，側近でもあったフェルナンデス＝ミランダ(Torcuato Fernández - Miranda)は，明確な民主化ビジョンを持っていたとされるが，そのビジョンはフランコ死後のフアン＝カルロス体制をどのようにソフト

---

[1] Lamelas, Antonio, *La Transición en Abril. Biografía Política de Fernando Abril Martorell* (Barcelona: Editorial Ariel, 2004), pp.74-79.

ランディングさせるかに重点が置かれ，必ずしも民主化政策と一致するものではなかったと言える。例えば，スペインの民主化にとって重要なポイントの1つである政治改革法は，最終的にフェルナンデス＝ミランダの手によってまとめられたが，「父なき原案」と言われ，様々なアクターが出した案をフェルナンデス＝ミランダがスアレス首相の指示でまとめたと考えられている[2]。では，その民主化を成し遂げたスアレス首相は明確なプランを持っていたのであろうか。

フアン＝カルロスと以前から親交のあったスアレスは，首相を退任してからしばらくしたあるインタビューにおいて，首相になった時点でPCEの合法化について何をすべきかわかっていたと述べている。ところが政治改革法については，「その当時，何をやるべきか明確だった人はいたのか」という質問に対して，スアレスは「誰もいなかった…」と答えている[3]。一方，反体制派の立場からPSOEのゴンサーレスは，スアレスが民主化政策全体の設計図をはじめから持ち合わせていたとは考えられないと発言している[4]。その一方で，ゴンサーレス自身は，スアレスと異なり，実現したかった野望や夢がはじめからあったとインタビューにおいて答えているが，野望や夢と語っているところからも，ゴンサーレスもスアレス同様，具体的な政策を持ち合わせていなかったと解釈することができる。

次にラメラスの述べた第2点目について考察する。フランコ体制では，1937年に出された政党統一令[5]により，ファランヘ党（Falange Española y

---

2 Fuentes, Juan Francisco, *Adolfo Suárez. Biografía política* (Barcelona: Editorial Planeta, 2011), pp.158-161.

3 Alameda, Sol (a),《Entrevista con Adolfo Suárez》, Juliá, Santos, Pradera, Javier y Prieto, Joaquín, *Memoria de la transición* (Madrid: Taurus, 1996), p.453. ただし，スアレスのインタビューには後付けの論理が多々見られ，スアレスの発言をそのまま鵜呑みにすることはできないとフエンテスは指摘する。インタビューの質疑応答において，回答に一貫性が見られないのはその証左であろう。Fuentes, Juan Francisco, *op.cit.*, p.395. このため，スアレスに関する一次資料を用いる際は，相当の注意が必要である。

4 Alameda, Sol (b),《Entrevista con Felipe González》, Juliá, Santos, Pradera, Javier y Prieto, Joaquín, *Memoria de la transición* (Madrid: Taurus, 1996), pp.541-542.

5 Decreto núm. 255, 20 de abril de 1937, Disponiendo que Falange Española

de las Juntas de Ofensiva Nacional: Sindicalista: FE y de las JONS)[6]に内戦で協力してくれた王党派伝統主義者を加えて新ファランヘ党(Falange Española Tradicionalista y de las Juntas de Ofensiva Nacional: Sindicalista: FET y de las JONS)(国民運動)[7]が結成され,フランコが党首となって同党以外の政党が禁止された。民主化期になって政党が合法化されたため,多くの政党は党首のイメージが最優先された個人商店のような性格であった。例えば,UCD＝スアレス,AP＝フラガというように有権者には解釈されていた。そして総選挙を経た後も,個人が政党よりも重視される傾向は続いた。前章で述べた「合意の政治」は,UCDとPSOEの合意というより,アブリールとゲラの合意であった。モンクロア協定も,政党の代表者が調印し,政党間の合意というよりは,個人が強調される結果となった。このような傾向は,一党制から複数政党制へと移行する場面では,よく見られることではあるが,PSOEやPCEといった老舗政党においても個人が活躍したところに,スペインの民主化の特徴がある。

　しかし,第3点目の,スペインの民主化の担い手は経験が浅く,どちらかといえば知識人ではない人々によってなされたというラメラスの主張は,修正すべきであろう。確かにラメラスが指摘するように,民主化の主役はフランコ体制下で要職を務めた経験豊富な政治家が担ったわけではなかった。経験豊富な政治家が活躍できないという現象は,PSOE内でも起きていた。経験豊富な政治家は,時に排除され,時に自主的に引退し,時に選挙で敗れて去らざるを得なかった。民主化を担った主力は,フアン＝カルロス世代と呼ばれるスペイン内戦を幼少期に迎えた1930年代生まれが中心であった。中には,ゴンサーレスやゲラのように,内戦を全く知らない1940年代生まれもいた。第一次スアレス内閣は,組閣当時,経験が浅い人々による内閣という意味で「非常勤講師内閣」と揶揄された。しか

---

　y Requetés se integren, bajo la Jefatura de S. E. el Jefe del Estado, en una sola entidad política, de carácter nacional, que se denominará "Falange Española Tradicionalista de las JONS", quedando disueltas las demás organizaciones y partidos políticos.
6　直訳すると,スペインファランヘ党と国民サンディカリスト攻撃団となる。
7　直訳すると,伝統主義的スペインファランヘ党と国民サンディカリスト攻撃団となる。

し，この表現は適切ではないと思われる。確かに国民の間で当時有名であったフラガやアレイルサ(José María de Areilza)は入閣せず，無名な人々ばかりで組閣されたように感じられるが，スアレス以外の閣僚は，非常に優秀な経歴の持ち主であった。また，閣僚経験者は少なかったが，次官級ポストの経験は十分であった。決して若さだけでスペインの民主化を達成したわけではなく，若いなりに政権運営の経験を積んでいたからこそ，スペインの民主化の主役になれたと考えられるのである。

ラメラスの第4点目の主張，「国民の手によってなされなかった民主化」について，ラメラスはその意味が「国民のために国民と共になされた民主化」であると述べている[8]。スペインの民主化は，社会運動に端を発した民主化ではない。反体制派の政治エリートからの民主化要求はあったものの，フランコ体制の政治エリートが，自らの意思で民主化を進めたものであった。フランコが亡くなった時点で，スペイン内戦の勝者と敗者の和解が主張されたが，国民からの民主化要求があったとは言い難い。ゆえに，国民が望んだ民主化とは言い難いのがスペインの民主化である[9]。

それでは，誰が望んだ民主化なのであろうか。国民が望んでいたわけではない民主化とは，もちろん「国外勢力によってなされた民主化」という意味ではない。アメリカなどから，国王周辺に民主化圧力がかかっていたのは事実であるが，その影響力は限定的であったと考えるべきである。スペインが民主主義体制になったという結果とその過程から逆算すれば，フランコ体制の政治エリートが民主主義を望んだということになる。ここではまずフアン＝カルロスが，民主化の立役者であったかどうかを検討しよう。確かに民主化における国王のイニシアティブを強調する研究は多数存在する。しかし，そもそも10歳時からフランコに育てられたフアン＝カルロスが，スペインを民主主義国家にしようと考えていただろうか。フラ

---

[8] Lamelas, Antonio, *op.cit.*, p.78.
[9] フランコが死去する直前の1975年の世論調査では，今後5年間で大きな変化があると思うかという問いに対して，何も変わらないと答えた人が42.6%いる。また，自由民主主義体制が最良の政治体制であると思うかという問いに対しては，41%の人がわからないと答えている。Hernández Sánchez, Alfredo, *La opinión pública en el tardofranquismo* (Valladolid: Universidad de Valladolid. Secretariado de Publicaciones e Intercambio Editorial, 2011), p.13, pp.57-58.

ンコは，フアン＝カルロスを三軍の士官学校に入学させると同時に帝王学を学ばせて，軍の最高司令官と将来の国家元首になるべく教育を施していたからである。国王が民主化したという議論のコロラリーとして，フアン＝カルロスの家庭教師を務めたフェルナンデス＝ミランダの政治学と憲法学の講義が，フアン＝カルロスの発想に影響を与えたとする見方が存在する。しかしフェルナンデス＝ミランダも，後に政党の合法化の発想で見るように，急進的な民主主義を唱えていたわけではないため，その影響力はアメリカ政府のそれ同様，限定的と言わざるを得ない。以上の検討から，フアン＝カルロスが西欧並みの議会制民主主義体制の樹立を唱えた背景としては，フランコ体制の政治エリートの多くがそれを最悪ではない選択として受け入れたのと同様，自らが安定的な地位において国王に就任するためであったと考えられる[10]。以下，その理由を簡単に述べる。

　ラメラスは，フランコが亡くなる前後には，ポストフランコ体制への道は，理論上，体制の継続，体制の断絶，体制の改革という3つの可能性が存在したと論じている。このような状況であったため，フランコ死後，国王就任直後のフアン＝カルロスの立場は，非常に不安定であった。フアン＝カルロスにとって，反体制派が主導権を握り，体制の断絶がなされること，すなわち共和国が樹立されて，王制が廃止されることは，一番あってはならないことであったと考えられる。その一方で，フランコ死去後，フランコ体制を不変のまま，フアン＝カルロスにフランコの代わりが務まったかと言えば，その可能性は非常に低かったと思われる。むしろ，民主的な反体制派が急進的な行動に出て，民主化要求の圧力を高め，共和制の樹立を目指したと考えられる。民主的な反体制派とフランコ体制派がフアン＝カルロスの下で共存していける唯一の可能性が，憲法にも規定された議会君主制であったと考えられる。その目的のために，フアン＝カルロスは民主化を主張したと考えるのが妥当である。

　ラメラスは，交渉や協定を前提とするフランコ体制の改革という道を選

10　もちろん，議会制民主主義に対する理解が乏しかったとしても，それとは別に国王の政治手腕は高いと考えることができる。アメリカから民主化支援を取り付けた背景には，国王の手腕が大きいと思われるからである。細田晴子(a)「スペインの民主化プロセス：フアン・カルロス国王と対米関係(1969-1977年)」『人文研究』171号，2010年，128-129頁。

んだことで，フランコ体制の継続派や断絶派を抑え込むことができたとするものの，ポストフランコ体制への道は実質的に体制の改革という選択肢しかなかったと論じている[11]。リンスは，前章で見たように「約定された断絶－約定された改革」という状態になったことを，スペインの民主化の秘訣として挙げている。

では，なぜ体制の継続と改革の対立が，体制内部で激化しなかったのであろうか。その問いを解決する鍵が，フランコ体制末期の政治エリートの動向にあると考えられる。1967年に成立した国家組織法[12]は，フランコ基本法体制の完成を目指して，主要な国家機関の権能とその相互の関係を体系的に整理した基本法であり，ポストフランコ体制を見据えて，様々な政治制度化の可能性に言及している[13]。この国家組織法成立以降，多くのフランコ体制の政治エリートは，フランコ亡き後に備えて，フランコ体制の政治制度化を目指して「政治的促進（desarrollo político）」を行うのである。ゆえにフランコ体制の政治エリートを比較政治学で言うところの原理派と穏健派に二分した場合，ほとんどが穏健派に分類されてしまうことになった。焦点はどういった改革を行うかということになり，いわゆる改革派と継続派の対立がほとんど起こらなかったのである。

もう1点言及すべきフランコ体制の特異性がある。それは，フランコ体制の政治エリートの多くが，フランコ体制を有機的民主主義（democracia orgánica）という独特な民主主義体制だと信じていたという点である。フランコ体制最後の内閣であったアリアス＝ナバーロ内閣は，行政府と立法府を分離するために国会改革法案（El proyecto de legislación sobre incompatibilidades parlamentarias）を国会に提出したが，国会議長であったロドリゲス＝デ＝バルカルセル（Alejandro Rodríguez de Valcárcel）は，「我が国の政治制度は，他の西欧諸国の体制と容易に同質化しないと知っているが…（中略）…我々は独自に進むべきであり…（中略）…なおかつ

11　Lamelas, Antonio, *ibid*., p.76.
12　Ley Orgánica del Estado, número 1/1967, de 10 de enero.
13　池田実「フランコ時代の基本法体制における国家元首の地位および権能」『日本法学』第73巻第3号，2008，251頁；武藤祥(a)「『暫定性』と『持続力』―権威主義体制の動態分析に関する一試論―」日本国際政治学会『国際政治「国際政治研究の先端　3」』第144号，2006，122頁。

ゆっくりと進むべきである」と述べ，フランコ体制のような有機的民主主義体制の利点こそが，行政と立法の結合であると述べ，法案の審議を却下した[14]。この国会議長の発言に示されるように，フランコ体制の多くの政治エリートは，フランコ体制を一種独特の民主主義体制であるとみなしていた。これを裏付けるように，多くのフランコ体制の政治エリートは，回想録において，自身が生来の民主主義者であったかのように回顧している。しかし有機的民主主義は，普通選挙を実施しないことを前提としていると考えられるため，ポリアーキーの基準を満たすことはできず，議会制民主主義とは異なる。その意味で，フランコ体制の政治エリートのほとんどが改革派であったとは言えても，民主主義者であったとは言えないのである。

　有機的民主主義がポストフランコ体制において存続する可能性については，多様な意見が存在した。また，フランコ体制を体現するシンボルは何かということを巡って，政治アクター間で意見が錯綜した。そのため，いわゆる穏健派が一枚岩であったわけではない。次節では，スペインの民主化を分析する準備として，本書で用いる概念を明示する。

第2節　本書で用いられる概念

　スペインの民主化研究では，いわゆる体制内の穏健派は狭義の開放派（aperturista）と改革派（reformista）に分類されるとするが，研究者によって定義が異なり，両者が混同されて研究されてきた経緯がある[15]。この問題を解決するために資すると考えられるのが，パウエルの研究である。

　パウエルは，開放派と改革派は異なるという前提で，全てがこの定義で分類できるわけではないとしながらも，改革派を「(1)フランコの死去以前から民主的な精神を支持し，積極的消極的を問わず1978年憲法の可決に貢献した者，かつ，(2)権威主義体制から民主主義体制への移行を可能にす

14　Tusell, Javier y G. Queipo de Llano, Genoveva, *Tiempo de incertidumbre. Carlos Arias Navarro entre el franquismo y la Transición* (Barcelona: Crítica, 2003), pp.139-140.

15　Miguel, Amando de, *Sociología del franquismo* (Barcelona: Ediciones Exito, 1978).

るために，常にフランコ体制の法体系を利用しようと考えていた者」と定義した[16]。そのうえでパウエルは，体制内改革派には3つのグループが存在したとする。すなわち，国民運動実務派[17]，フラガグループ，タシトグループである。

国民運動実務派は，1970年に最高裁判所の検事に就任したエレロ＝テヘドール (Fernando Herrero Tejedor)[18]を中心として集まった国民評議会 (Consejo Nacional del Movimiento)[19]の「10人の若手評議員の集い」がその核であった[20]。エレロ＝テヘドールを師と仰いでいたスアレスは，このグループのマージナルな存在であり，スアレスが首相に就任するまでは，国民運動実務派の若手の中心は，マルティン＝ビジャ (Rodolfo Martín Villa) であった[21]。

フラガグループは，1973年にフラガが政党結成の準備のために設立した動向調査株式会社 (Gabinete de Orientación y Documentación S.A.: GODSA) を中心に形成されたグループである。

タシトグループは，アルゴラ (Abelardo Algora) 全国カトリック布教協会 (Asociación Católica Nacional de Propagandistas: ACNP) 事務総長を中心に形成されたキリスト教民主主義者のグループである[22]。ACNPは，世俗のカトリック信徒団体で，スアレス内閣で閣僚となるオレハ (Marcelino Oreja)，カルボ＝ソテロ (Leopoldo Calvo - Sotelo)，オソリオ (Alfonso Osorio) らが所属していた[23]。彼らは1973年4月に活動を開始し，日刊紙「ヤ (Ya)」

16　Powell, Charles (f),《El reformismo centrista y la transición democrática: retos y respuestas》, *Historia y Política*, nº 18, 2007, p.50.
17　パウエルの定義では，ファランヘ党の青シャツ隊 (azules) と表記されている。ファランヘ党員は青シャツをユニフォームとしていた。
18　エレロ＝テヘドールは，国民運動に属していながら，オプス・デイのメンバーであった。オプス・デイについては，第3章注9を参照。
19　国民運動の諮問機関であったが，実質的に上院の役割を果たしていた。
20　Powell, Charles (f), *op.cit.*, p.54.
21　Martín Villa, Rodolfo, *Al servicio del Estado* (Barcelona: Editorial Planeta, 1984), p.49.
22　Huneuus, Carlos, *La Unión de Centro Democrático y la transición a la democracia en España. Colección "Monografía"* (Madrid: Siglo Veintiuno de España Editores, 1985), p.30.
23　Osorio García, Alfonso (a), *Trayectoria política de un ministro de la corona*

の発行を主な活動としていた[24]。タシトグループの理想は，キリスト教民主主義政党を作ることであったが，それほどイデオロギーへの固執はなく，体制内改革派という性格のみを有していた[25]。一般にキリスト教民主主義の政治イデオロギーは，社会的連帯や共同体意識については，社会民主主義の政治イデオロギーと共通し，国家の役割については，いわゆる小さな政府を志向する点で，自由主義の政治イデオロギーと共通する[26]。後述することになるが，UCD内部において，スアレスとキリスト教民主主義グループの対立が激化した理由の1つに，このキリスト教民主主義者のもつ複雑な政治イデオロギーとスアレスのそれがかみ合わなかった点を挙げることができる。

　パウエルは，これらのグループに所属していた者全てが体制内改革派であったわけではないとし，体制内改革派の中で最も重要な役割を果たしたのがタシトグループであったと主張する。なぜならタシトグループがUCD結成に大きな影響力を及ぼし，タシトグループのおかげでスアレスが1977年総選挙に勝利できたからである。後に検証するように，これは事実であるが，総選挙の勝利に大きく貢献したため有力であったという後付けの論理に過ぎず，フランコ体制末期の体制内改革派の中でタシトグループが必ずしも有力であったとは言えない。パウエル自身，キリスト教民主主義に近いイデオロギーを有しており，本書ではタシトグループの存在を強調しない立場をとる[27]。後に見るように，少なくともフランコ存命中は，体制内改革派のリーダーと目されていたのはフラガであった。

　このようにフランコ体制は，非民主主義体制ではあるものの，多元的な政治グループが存在し，リンスはフランコ体制を権威主義体制であるとし

(Barcelona: Editorial Planeta, 1980), pp.24-25.
24　Molinero, Carme y Ysàs, Pere, *La anatomía del franquismo. De la supervivencia a la agonía, 1945-1977* (Barcelona: Crítica, 2008), pp.184-185. yaとは「今こそ」という意味。
25　Hopkin, Jonathan, *Party Formation and Democratic Transition in Spain: The Creation and Collapse of the Union of the Democratic Centre* (London: Macmillan Press, 1999), pp.40-41.
26　水島治郎「キリスト教民主主義とは何か」田口晃・土倉莞爾編著『キリスト教民主主義と西ヨーロッパ政治』(木鐸社，2008)，19-44頁。
27　永田との会話より。2011年11月15日，スペイン・アルメリアにて。

た。リンスは，権威主義体制を画一化されたイデオロギーが存在せず動員が限定的であり，限定的な多元主義が存在する体制であると定義した[28]。既に述べたように，フランコはスペイン内戦終結後，ファシズム政党であったファランへ党を母体に，体制の中心的政治組織として国民運動(新ファランへ党)を形成した。しかし，国民運動が権力の座を独占することはなく，閣僚に占める党員の割合は最大で25％程度であった。また国民運動のイデオローグとしての影響力も限定的であった。党員数は，内戦終結の1939年までは毎年2倍増であったが，それ以降は90万人台で停滞した[29]。したがって国民運動は，公式にはフランコ体制唯一の支配集団であったが，実際は軍などと共に有力支配集団の1つでしかなかった[30]。さらに1959年に経済安定化計画が策定され，フランコ体制は自給自足経済政策(アウタルキア)を放棄し，市場経済政策を取り入れた。この政策転換にしたがって，経済テクノクラートが体制の重要な地位を占め，国民運動の地位は更に低下した。1958年には国民運動原則法[31]が制定されたが，その後も国民運動がフランコ体制において支配的な地位を占めるには至らなかった[32]。

　このような国民運動の状況を踏まえたうえで，本書では，国民運動を3

28　J. リンス(a)「権威主義体制」E. アラルト＆J. リッツネン『現代政党論』(宮沢健訳，而立書房，1973 (Juan J. Linz, "An Authoritarian Regime: Spain", in Erik Allard and Yrjo Littunen (eds.), *Cleavages, Ideologies and Party Systems* (Helsinki: Westermark Society, 1964)); Reprinted in Erik Allard and Stein Rokkan (eds.), *Mass Politics: Studies in Political Sociology* (New York: The Free Press, 1970)，177-178頁。

29　Payne, Stanly G.(b), *Fascism in Spain, 1923-1977* (Madison: The University of Wisconsin Press, 1999), p.370.

30　高橋進『国際政治史の理論』(岩波書店，2008)，7-9頁；J. リンス(a)同掲書，217-225頁；Linz, Juan J.(a), "From Falange to Movimiento - Organizacion: The Spanish Single Party and the Franco Regime 1936-1968", in Huntington, Samuel. P., and Moore, C. (eds.), *Authoritarian Politics in Modern Society: The Dynamics of Established One-Party Systems* (New York: Basic Books, 1970), p.170.

31　Ley Fundamental de 17 de mayo de 1958 por la que se promulgan los principios del Movimiento Nacional.

32　1950年代の国民運動の退潮については以下の論文が詳しい。武藤祥(b)「一九五〇年代におけるフランコ体制の岐路―経済成長路線の政治的起源―」『立教法学』第76号，2009，279-328頁。

つのタイプに分類する。第一のタイプは国民運動原理派である。彼らは国民運動がフランコ体制の根幹かつ原理であると主張し，原状回復を主張するグループである。代表的な人物として，ヒロン(José Antonio Girón de Velasco)を挙げることができるが，既に述べたように，フランコ体制末期において，このグループは少数派である。第二のタイプは国民運動開放派である。このタイプは国民運動の地位低下を憂慮し，国民運動の活性化を願うグループである。ある程度の激変措置も辞さない考えを持っていたと言うことができる。このグループの代表的な人物はアリアス＝ナバーロ内閣で国民運動事務総長を務めたウトレーラ(José Utrera Molina)である。マテサ事件という閣僚を巻き込んだ贈収賄・粉飾決算スキャンダルにおいて，経済テクノクラートを排除しようと，フラガと共に奮闘したソリス(José Solís Ruiz)もこのグループに含めることができる。第三のタイプは，既に説明した国民運動実務派である。

ここまで何度も論じてきたフェルナンデス＝ミランダは，どちらかと言えば第二のタイプであるが，発言と政策にブレが見られ，分類が難しい人物である[33]。なぜなら，後に見るように，フェルナンデス＝ミランダは憲法原案の国会採決において，理由もなく欠席しており，彼はパウエルが提示した改革派の要件を満たさないからである。

国民運動は支配集団のうちの1つでしかなかったため，フランコ体制内の勢力配置については，国民運動を含めて別途考慮する必要がある（図2－1）。リンスは，フランコ体制が限定的な多元性を有していることを根拠に，フランコ体制の反対派について分析し，非合法反対派(illegal opposition)の他に準反対派(semi opposition)と脱法的反対派(alegal opposition)の存在を明らかにした[34]。準反対派とは，体制に根本的には挑戦する意思はなく，むしろ権力に参加する用意はあるが，現在は権力に食い込めていないグループを指す。脱法的反対派は，体制の基幹的変革と社会・経済構造の基本的変革もある程度目標としているグループである。リンスの分類に従えば，国民運動原理派やブラス・ピニャール(Blas Piñar)

---

33 ヒルもフェルナンデス＝ミランダの分類の難しさを認めている。Gil Pecharromán, Julio, *El movimiento Nacional (1937-1977)* (Barcelona: Editorial Planeta, 2013), p.117.
34 Linz, Juan J.(a), *op.cit.*, pp. 171-259. 訳語については，高橋進前掲書に従った。

ら体制内原理派は，準反対派となる。例えば，ヒロンは長年労働相を勤めたが，1970年代は全く権力の中枢に組み込めない存在であった。脱法的反対派に該当するのは，体制内開放派／改革派である。先ほどのパウエルの定義を援用すれば，開放派の改革は，フランコ体制の維持を前提とした体制の変革であったのに対し，改革派は，議会制民主主義を視野に入れていたグループであると解釈できる。

　フランコ体制全体の見取り図と国民運動の関係とは別に，フアン＝カルロス周辺の動向も示す必要がある。フアン＝カルロスの人間関係は，フランコの片腕であり，フランコ体制最初の首相であるカレロ＝ブランコ (Luis Carrero Blanco) に依存しており，カレロ＝ブランコの死後は開放派の経済テクノクラートやスアレスら一部の親交ある人間に限られていた[35]。このことからもフアン＝カルロスの地位は，非常に不安定であったと言え，アメリカへの働きかけや民主化の推進は，自らの地位の安定化を目的として行われていたと考えることができる。

　図2－1は，本書が検討を開始する出発点における体制内の勢力分布を可能な限り図式化したものである。当然のことながら，流動的かつ複雑なフランコ体制末期勢力分布を簡略化した図で正確に描くことは不可能であるが，本書の議論を理解する上で有益であると思われるため提示した。前章において検討したように，各政治アクターは，時間の経過や争点によって政治的態度を変化させる。したがって，各アクターの政治的態度が不変であるとは考えていない。図の具体例において，矢印が示されているところは，そのアクターの政治的態度が時間の経過または争点によって変化することを示している。例えば，国民運動実務派であっても，争点によっては体制内改革派とはみなせない場合もある。また，図で示されている破線の境界線は流動的であることを示している。したがって図2－1は，専ら本書をより容易に理解するための分析概念であり，少なからず実態とは乖離している。

　この図を用いて，体制内部の対立について簡潔な説明を与えると以下の通りとなる。カレロ＝ブランコ存命中の主な対立は，体制内開放派内で

35　Preston, Paul (a), "Spain in Crisis: the assassination of Carrero Blanco and its aftermath", *Iberian Studies*, vol.3, No.1, (spring 1974), p.34.

図2-1 体制内の勢力分布

	体制内改革派	体制内開放派	体制内原理派
目標	議会制民主主義 ヨーロッパ化	国民運動の活性化	原状回復
国民運動	国民運動実務派	国民運動開放派	国民運動原理派
オドンネル・シュミッターモデル	穏健派	穏健派→原理派	原理派
リンスによる分類	脱法的反対派 ↓ 体制派	体制派 ↓ 準反対派	準反対派
具体例	フラガグループ タシトグループ	アリアス=ナバーロ ウトレーラ ←フアン=カルロス派 スアレス	ブラス・ピニャール ヒロン フェルナンデス=クエスタ
イデオロギー	左		右

出所：Linz, Juan J. (b),"Opposition in and Under an Authoritarian Regime: The Case of Spain" in Dahl, Robert A. (eds.), *Regimes and Oppositions* (New Heaven and London: Yale University Press, 1973), pp.171-259; Powell, Charles (f),《El reformismo centrista y la transición democrática: retos y respuestas》, *Historia y Política*, nº18, (2007), pp.49-82; オドンネル・シュミッター『民主化の比較政治学—権威主義支配以後の政治世界』(未来社, 1986)を参考に筆者作成。

の対立であった。すなわちウトレーラら国民運動開放派とフアン=カルロス派といった経済テクノクラートの対立であった。ただし，同じ経済テクノクラートでも様々な人物がおり，例えば，カレロ=ブランコと非常に親しかったロペス=ロドー（Laureano López Rodó）と後にスアレス内閣において税制改革を担当するフェルナンデス=オルドーニェス（Francisco Fernández Ordóñez）では，政治的立ち位置が大きく異なっている。フェルナンデス=オルドーニェスは，全国産業公社（Instituto Nacional de Industria: INI）の総裁を務めた後，一時期，反体制派に与している。体制内改革派や体制内原理派は，政権の中枢から退けられていたために，彼らの対立が政権の中枢で行われることはなかった。

　アリアス=ナバーロが首相に就任すると，フアン=カルロスに親しい経済テクノクラートは大部分が政権中枢から退けられ，ウトレーラら国民運動開放派と体制内改革派が政権中枢に取り込まれた。体制内改革派と国

民運動開放派は激しく対立したため，国民運動開放派はその対立に体制内原理派を加えた。国民運動開放派のウトレーラは，国民運動原理派であるヒロンと共闘する場面が見られるのはその1例である。実は，フランコ存命中のアリアス＝ナバーロ政権下では，民主化政策がほとんど推進されなかったため，体制内改革派と体制内開放派を分類することが困難である。そのため，対立の軸が国民運動対非国民運動になってしまった。この対立は，国民運動開放派が政権から排除され，国民運動実務派が政権中枢に加わると，構図に変化が生じたのである。

　フランコが亡くなり，フアン＝カルロスが国王になると，政権の主力は体制内改革派となり，体制内開放派は準反対派の地位となった。フラガによる政治改革によって，体制内改革派と体制内開放派の違いは明確になった。体制内開放派は，フラガの革新的な政治改革を受け入れなかったからである。

　スアレスが首相になると，スアレスは急速に同図における政治イデオロギーの左端へと進む。この説明からもわかるように，スアレスには確固たるイデオロギーがなかった。政治改革法の成立や総選挙の実施という課されたノルマを実行したために，結果としてスアレスは改革派と称されることになるが，当初彼自身が体制内改革派のイデオロギーを有していたわけではなかったのである。

第3節　スペインの民主化研究における本書の位置づけ

　本節では，これまでの先行研究と比して，本書がどのように位置付けられるのか考察する。序章で見たように，スペインの事例は「旧権威主義体制が主導した民主化」であるので，本書は体制内部の政治アクターの行動に焦点を当てて分析する。

　他方，社会運動などのダイナミズムが圧力をかけた影響でスペインの民主化がなされたとする研究群が存在する。このように社会運動の影響力を重視した代表的な研究の1つに，マラバイとサンタマリアのものがある[36]。彼らは社会運動が政府に圧力をかけ，その圧力に屈した政府が民主

36　Maravall, José María and Santamaría, Julián, *op.cit.*, pp.71-108.

化を達成したとする。彼らの議論に対し，本書は以下の点で貢献できると考えられる。仮に政府が民主化を実行しようとする動機が社会運動の影響力によったとしても，実際に民主化政策を実施するのは政府である。政府の民主化政策が失敗に終われば，民主化は失敗してしまう。本書は，体制内部の政治アクターがどのようにして民主化政策を実施したかについて検討するものであり，彼らの議論をより充実させることができると考える。

　また，外交史の観点から，外国の圧力がフアン＝カルロスに及び，スペインの民主化がなされたとする研究群が存在する[37]。アメリカによるフアン＝カルロスへの支援が民主化の成功率を高めたのは事実であるが，スアレスのリーダーシップがあってこそ，スペインの民主化は成功したと考えられる。同様に国際政治学の観点から，ハンチントンはスペインの民主化がなぜ起こったかについて構造的な要因で説明しているが，どのようにして民主化がなされたかについては言及していない[38]。本書の言及は専ら内政に限定している。諸外国の影響というファクターは，内政がどのように展開されたかという研究があれば，よりその効果が理解できるようになると考えられる。

　本書と同様，体制内部の政治エリートの動向に焦点を当てた研究も多数存在する。代表的な研究として，パウエルのものとパロマーレスの研究が挙げられる。パウエルのそれは，政治史の観点から，スアレスのリーダーシップに焦点を当てた研究である[39]。しかし彼の研究は，フェルナンデス＝ミランダの秘密文書に依存していると考えられるため，国王フアン＝カルロス１世による民主化という面が強調されてしまっている。スペインの民主化において，国王による民主化という面が強調されてしまう背景に

37　細田晴子(a)前掲書；Powell, Charles T. (g),《El papel de los Estados Unidos en la transición democratica española》, Martín García, Oscar y Ortiz Heras, Manuel, *Claves internacionales en la Transición española* (Madrid: Los Libros de Catarata, 2010), pp.65-98.
38　S. P. ハンチントン『第三の波―20世紀後半の民主化―』坪郷實・中道寿一他訳，三嶺書房，1995 (*The Third Wave: Democratization in the Late Twentieth Century*, Oklahoma: University of Oklahoma Press, 1991).
39　Powell, Charles T. (a), *op.cit.*

は，国王がインタビューに答える形で1994年に出版された『国王』という自伝による影響が大きい[40]。また，1995年には，フェルナンデス＝ミランダの親族によってスアレス批判が展開された[41]。スペインの民主化研究は，このように国王の影響下にあるため，スペインの民主化期の軍部について研究をしたアグエロの研究も，全面的にフアン＝カルロスのリーダーシップに依存して論じられている[42]。

一方，パロマーレスは，フランコ体制末期からの体制内改革派の動向に着目し，彼らの活動がスペインの民主化をもたらしたと論じている[43]。しかしパロマーレスの中心的な関心は，フラガを中心とした体制内改革派による様々な会合や夕食会などの結社活動であり，彼らの行動が直接スペインの民主化を成功へと導いた鍵であったと言うことは難しい。彼らが会合を通じて様々な民主化アイデアを生み出したことは事実であり，そのアイデアの一部は実際に民主化で用いられていくが，スアレス政権において，体制内改革派が周辺の存在になっていくことから，彼らの活動を正当に評価するためには，スアレス内閣での体制内改革派を分析する必要があり，この点において，本書が貢献できると思われる。

40　J. L. ビラジョンガ『国王　スペイン国王　ドン・フアン・カルロスI世との対談』(荻内勝之訳，オプトコミュニケーションズ，1994 (*El Rey: Conversaciones con D. Juan Carlos I de Borbón*, Barcelona: Plaza & Janés, Editores, 1994))。同書は，1993年にフアン＝カルロスの父，ドン・フアンが亡くなった後に出版されている。

41　Fernandez-Miranda Lozana, Pilar and Fernandez-Miranda Campoamor, Alfonso, *Lo que el Rey me ha pedido: Torcuato Fernández-Miranda y la reforma política* (Barcelona: Plaza & Janés Editores, 1995). フェルナンデス＝ミランダがスペイン民主化の父であったことを明らかにした研究であるが，スアレス批判と受け取れる。同書が出版されて，スアレスはかなりの精神的苦痛を味わったとフエンテスは述べている。Fuentes, Juan Francisco, *op.cit.*, pp.521-524. スアレスが反論として用意したものが，Hernández, Abel, *Fue posible la concordia* (Barcelona: Editorial Planeta, 1995)。

42　Agüero, Felipe, *Soldiers, Civilians, and Democracy: Post-Franco in Comparative Perspective* (Baltimore and London: The Johns Hopkins University Press, 1995).

43　Palomares, Cristina, *The Quest for Survival after Franco. Moderate Francoism and the Slow Journey to the Polls, 1964-1977* (Brighton: Sussex Academic Press, 2004).

パロマーレスが体制内の「男性」の会合について検討していると捉えると，ラドクリフは，民主化期の「女性」の集まりの役割について論じていると捉えることができる。ラドクリフは，フォーマルではない，インフォーマルな女性の集まりにこそ，民主主義が浸透していく下地があったとして，女性によるインフォーマルな集会が，スペインの民主化にとって重要であったと論じている[44]。ラドクリフは，フランコ体制末期においてイデオロギーに囚われない女性の活発な議論は，民主化を推進する下からの運動のエネルギーになったと論じている。しかしスペインの民主化期は，それほど女性に活躍の場が与えられなかったこともあって，女性の政治エリートの活躍は，数人に限定された。こうした議論は，その後にスペインの民主主義が定着し，安定していく中で効果が見えていくものであると考えられる。

　以上のように，体制内部の政治エリートに焦点を当てた研究の中でも，スアレスのリーダーシップに着目したものはそれほど多くない。スアレスに関する伝記を除けば，パウエルやリンスによる研究があるだけである[45]。

　近年ようやくスペインの民主化研究に関して，地方の存在を強調する研究が登場した。エレラによる研究は，中央レベルでは憲法が成立して民主化が完了したとしても，地方レベル，特に市町村レベルでは少なくとも1980年頃までフランコ体制時のそれと何ら変化がなかったことを強調し，民主化は中央と地方で別々の歩みを展開したと主張した[46]。しかし彼の分析では，地方の民主化は中央レベルでの民主化が一段落した1979年から始まっている。つまり，中央と地方の民主化が別々に展開されたと言って

---

[44] Radcliff, Pamela (a), "The Revival of Association Life under the Late Franco Regime: Neighbourhood and Family Associations and the Social Origins of the Transition", Townson, Nigel, *Spain Transformed: The Franco Dictatorship: 1959-1975* (New York: Palgrave, 2007), pp.140-162.

[45] Linz, Juan J. (d), "Innovative Leadership in Spain's Transition to Democracy", Sheffer, Gabriel (eds.) *Innovative Leaders in International Politics* (Albany: State University of New York Press, 1993), pp.141-186.

[46] Herrera González de Molina, Antonio, 《Los procesos de democratización durante la transición española》, *Historia Social*, nº71, 2011, pp.161-179.

も，中央における民主化の影響が地方に波及したために，地方での民主化が開始されたと考えるべきである。となれば，地方レベルでの民主化論を研究するうえでも，中央レベルの研究のより一層の充実は重要となろう。

　以上の検討から，本書は，こうした研究状況を踏まえて，体制内改革派とスアレスの係わりあいを検討する過程で，スアレスのリーダーシップについて検討する。体制が主導した民主化という前提で，政治エリートの動向に着目して，どのようにスペインの民主化がなされたのかという点を明らかにすることは，スペイン民主化研究において，意義のあることであると考える。

第3章　体制内改革派による政治改革と民主化への道

　本章では，アリアス＝ナバーロ内閣の政策と体制内改革派の活動を交えて考察する。同首相は，フランコが最後に指名した首相であったと同時に，フアン＝カルロスが国王になってから最初に指名した首相であった。

第1節　アリアス＝ナバーロ内閣の成立

　フランコは，カレロ＝ブランコ首相の暗殺を受けて，急遽新首相の選出を迫られた。しかし，フランコは首相代行となったフェルナンデス＝ミランダの首相就任は拒否したものの，具体的な首相候補を挙げず，カレロ＝ブランコと比べて若い世代に属し，治安の改善に手腕を発揮できる人物を首相の条件として挙げるにとどめた[1]。フランコがフェルナンデス＝ミランダの首相就任を拒否した理由は，彼を体制内改革派と考えたからではないであろう。フランコは，フェルナンデス＝ミランダがフアン＝カルロスに近い人物ということ以上に，社交性のない彼の性格が首相には不向きと判断し，首相代行を務めていたにもかかわらず，彼を首相にはしなかったのである[2]。

---

[1] フランコの侍医であったビセンテ・ヒルは，フランコには既に決断力がなかったと証言している。Gil, Vicente, *Cuarenta años* (Barcelona: Editorial Planeta, 1981), pp.55-61; Ortí Bordás, José Miguel, *La transición desde dentro* (Barcelona: Editorial Planeta, 2009), p.153.

[2] Fuentes, Juan Francisco, *op.cit.*, p.103.

写真2　フェルナンデス＝ミランダ（1968年頃）

Fundación San Pablo CEU depositadas en el Museo Adolfo Suárez y la Transición（Cebreros- Ávila- España）

特定の首相候補がいなかったため，体制内の各政治勢力は，所属する政治グループの政治的プレゼンスを高める目的で，自身の所属する政治グループから首相を輩出しようとした。カレロ＝ブランコという絶対的な存在がなくなった状況では，誰もが首相になるチャンスがあると考えられたからである。特に国民運動原理派／開放派の人たちは，自分たちのグループから首相を送り出そうと躍起となった。例えば国民運動原理派のヒロンは，ファシズムへの回帰を唱え，国民運動開放派のウトレーラは，国民運動中心の国造りを主張してフェルナンデス＝ミランダを首相候補に推した[3]。カレロ＝ブランコと懇意であった経済テクノクラートのロペス＝ロド―外相もカレロ＝ブランコ路線の継続を訴えて首相候補に名乗りを挙げた。

　首相の選出は，王国顧問会議(Consejo del Reino)[4]が作成したリストから，国家元首，すなわちフランコが選ぶという，国家組織法に定められた方式にのっとった。王国顧問会議は，フランコの指示のもと，治安対策に手腕を発揮できる人物を念頭に，首相の選定を進めた結果，ロドリゲス＝デ＝バルカルセル国会議長，ヒロン元労働相，海軍のニエト＝アントゥーネス(Pedro Nieto Antúnez)元海相，フラガ，アリアス＝ナバーロ前内相の5人に絞り，そのリストの中からフランコは，アリアス＝ナバーロを選出した[5]。フランコが治安対策にこだわった理由は，労働環境の改善を訴えるデモやストライキ，バスク民族主義者によるテロが治安の悪化を招いており，これらの問題を解決することが急務だったからである。

3　Girón de Velasco, José Antonio, *Si la memoria no me falla* (Barcelona: Editorial Planeta, 1994), p.230; Utrera Molina, *José, Sin cambiar de bandera. Edición revisada y aumentada* (Barcelona: Editorial Planeta, 2008), pp.101-102; Tusell, Javier y García Queipo de Llano, Genoveva, *op.cit.*, p.57.
4　王国顧問会議とは，1947年に制定された国家元首継承法に規定された国家元首の諮問機関。
5　アリアス＝ナバーロが首相に選出された経緯は必ずしも明確ではない。アリアス＝ナバーロは消去法で首相に選出されたとするのが一般的な見方である。ロドリゲス＝デ＝バルカルセルは自ら辞退した。フランコは原状回復を唱えるヒロンと議会制民主主義を唱えるフラガを首相候補にすることを嫌い，ニエト＝アントゥーネスについては，高齢ゆえに選出を見送った。*Oneto, José, Arias entre dos crisis* (Madrid: Cambio 16, 1975), pp.31-39.

アリアス＝ナバーロは，内務省治安局長を務めた経歴を持つ治安問題の専門家であった。そのためフランコは，アリアス＝ナバーロが治安対策優先の組閣を行うと予想していた。しかし実際の組閣の陣容を見ると，アリアス＝ナバーロは「調整型」の政治家であったと言える。組閣に際して，自身の出身省庁である内務省の人間を多く入閣させてはいるものの，多様な勢力を入閣させているからである。

第一次アリアス＝ナバーロ内閣の最大の特徴は体制内改革派が中心となり，カレロ＝ブランコ前内閣とは異なって，経済テクノクラート色が薄められたことである[6]。前内閣を代表する閣僚であったロペス＝ロドー前外相ら多くの経済テクノクラートは閣僚から排除され，代わりにガルシア＝エルナンデス（José García Hernández），アントニオ・カロ（Antonio Carro Martínez），ピオ・カバニージャス（Pío Cabanillas Gallas）らが入閣し，それぞれ第一副首相兼内相，総理府長官，情報観光相となった。彼らの入閣は，アリアス＝ナバーロの首班指名に協力したことによる論功行賞の側面もあったと言えよう[7]。他方彼らの入閣は，後の民主化においても大きな意味を持っていたと考えられる。カバニージャスはフラガの下で情報観光次官補を務め，フラガに師事していた。カロ総理府長官は，当時タシトグループの中心人物であり，彼は後のスアレス内閣で入閣することになるオレハやラビージャ（Landelino Lavilla Alsina）を登用した。

アリアス＝ナバーロが登用した人物は，総じて体制内改革派の中心的存在であったフラガと関係を持っていた。実はアリアス＝ナバーロは，当時駐英大使であったフラガを呼び寄せて入閣させようと考えていたが，フランコの同意が得られずに断念した[8]。

フラガは1962年から1969年までフランコ内閣で情報観光相を務め，大臣在職中，少なくとも体制内では，将来の民主化を担う人物と考えられていた。しかしフラガは1969年にソリス国民運動事務総長と共にマテサ事

---

6 フエンテスは第一次アリアス＝ナバーロ内閣を国民運動の地位が回復した内閣として捉えているが，その具体的な例はデ＝ラ＝フエンテを挙げるにとどまっている。Fuentes, Juan Francisco, *op.cit.*, p.104.
7 Tusell, Javier y García Queipo de Llano, Genoveva, *op.cit.*, pp.61-62.
8 López Rodó, Laureano, *Claves de la transición. Memorias IV* (Barcelona: Plaza y Janés, 1993), pp.8-10.

件と呼ばれる汚職スキャンダルの全容をマスメディアに公開し，そのことがフランコの不評を買ったのであった。マテサ事件では既に体制の主流であったオプス・デイ[9]勢力も関わっていたとされ，フラガらの狙いはオプス・デイ勢力の減退であったが，このことでフラガは大臣を解任され，結果的にフランコ存命中にフラガが再び閣僚となることはなかった。王国顧問会議の作成した首相候補リストには名前が挙がっていても，首相になることはなかったのである。

しかし第一次アリアス＝ナバーロ内閣は，フラガこそ入閣はしていなかったが，そのフラガに師事する体制内改革派が中心となった内閣であった。この内閣の発足は同時に，フアン＝カルロスに近しい経済テクノクラートが政権から排除されたことを意味したのである。

このように第一次アリアス＝ナバーロ内閣は，体制内改革派が中心となり，経済テクノクラートが排除された内閣であったが，アリアス＝ナバーロは可能な限り勢力の均衡を失しないよう図っている。例えば，3人の副首相人事においては，第一副首相には自身に近い人物を配置したが，第二，第三副首相は，カレロ＝ブランコ前内閣の閣僚を留任させてバランスを図った。第二副首相兼財務相には経済テクノクラートであり，フアン＝カルロスに近いバレーラ＝デ＝イリモ（Antonio Barrera de Irimo）を任命し，第三副首相兼労働相には国民運動開放派のデ＝ラ＝フエンテ（Licinio de la Fuente）を配置した。

カレロ＝ブランコ内閣と比較すれば，アリアス＝ナバーロは国民運動を重視して組閣したと言えた[10]。実はカレロ＝ブランコは，国民運動を政権中枢から遠ざけようと試みており，フランコも1950年代頃から国民運動が体制において果たす役割を軽視する傾向にあった。主な理由は，国民運動の存在が市場経済の導入やヨーロッパ諸国との交流において，障害になると考えられていたからである。アリアス＝ナバーロも国民運動原理派を政権から排除したものの，他方，国民運動開放派からはウトレーラ国民運

---

[9] カトリック教会の組織の1つ。オプス・デイとはラテン語で神の御業という意味で，エスクリバ＝デ＝バラゲー（José María Escrivá de Balaguer）が創設した。D. ル・トゥルノー『オプス・デイ―カトリックの新しい動き』（尾崎正明訳，白水社，1989）（*L'Opus Dei*, Paris: Presses universitaires de France, 1984）。
[10] Fuentes, Juan Francisco, *op.cit.*, p.104.

動事務総長ら4名を入閣させたのである[11]。

アリアス＝ナバーロ内閣は，カレロ＝ブランコ内閣よりも派閥均衡型内閣となった。体制内改革派がアリアス＝ナバーロ内閣の中心になったために，フラガの政策や意思の反映が可能となったのである。このことは，フラガの改革派のリーダーとしての名声を高めることにつながり，やがて到来する民主化期に重要な役割を担う素地を生んだ。

しかし多様な勢力を入閣させた結果，閣内の統一は難しくなった。アリアス＝ナバーロ政権の一貫性のない政策と相まって，特に閣外に存在した国民運動勢力との対立は激しいものとなったのである。

第2節　第一次アリアス＝ナバーロ内閣による政治改革

アリアス＝ナバーロは，1974年2月12日の国会において，「2月12日の精神」と呼ばれることになる所信表明演説を行った。この「2月12日の精神」でアリアス＝ナバーロは，①市長と県議会議長を任命ではなく公選とし，両者を国会議員（プロクラドール　Procurador）とすることなどを柱とする地方制度法の制定，②国会を審議機関とし，行政との差別化を図ることを目的とする国会改革法の制定，③組合とその活動に関する法律の制定，④改革の柱とされた政治結社憲章の制定の4点を主張した。中でも地方制度法と国会改革法については，それぞれ1974年5月31日と6月30日という政策履行期限を明記し，具体的な政策プログラムとして公表されたものであった[12]。

この「2月12日の精神」は，カロの総理府チームとカバニージャスの情報観光省チームが作成に当たり，後に憲法案のポネンテとなるガブリエル・シスネーロス（Gabriel Cisneros）総理府組織関係局副局長がカバニージャスの国会答弁を起草したのであった[13]。

カバニージャスは，フラガと共にGODSAの前身において，1970年頃か

11　Tusell, Javier y García Queipo de Llano, Genoveva, *op.cit.*, p.64. しかしアリアス＝ナバーロの本心では，国民運動実務派のエレロ＝テヘドールを国民運動事務総長に据えたかったが，この時点では実現しなかった。

12　Tusell, Javier y García Queipo de Llano, Genoveva, *ibid.*, p.71.

13　Fuentes, Juan Francisco, *op.cit.*, p.107.

ら政治改革案について議論していた。したがって，カバニージャスが起草に加わった「2月12日の精神」は，フラガと共に検討した政治改革案がベースになっていると思われるので，「2月12日の精神」は一定以上フラガの意向を反映していたと考えることができる。

　保守的と思われたアリアス＝ナバーロが，このような改革を前面に押し出した演説を行った背景には，フランコ亡き後のポストフランコ体制への不安感があった。フランコ体制は，1967年に制定された国家組織法をもって制度的に完成したとされるが，その細部に至っては「2月12日の精神」で制度化を目指すと謳われたように，依然制度化されていないものが多くあった。アリアス＝ナバーロによれば，フランコ体制はフランコあっての体制であり，フランコ死後，フアン＝カルロスのもとでも体制が機能するためには，制度化を進めなくてはならない。したがってアリアス＝ナバーロは「2月12日の精神」を民主化プログラムではなく，フランコ亡きフランコ体制を安定させるための政策プログラムとして捉えていた[14]。

　フランコ体制の多くの政治家は，いわゆる西欧民主主義を個人による民主主義，すなわち無機的民主主義であると批判し，フランコ体制を家族や組合といった有機的共同体を重視した有機的民主主義であると評価していた。中にはロドリゲス＝デ＝バルカルセルのように，有機的民主主義は，無機的民主主義より進化した民主主義の形態であると考えている者もいた。こうした者たちの間でも，フランコ亡き後は彼に依存しないために，体制の制度化が必要であると考えている者が一般的であったが，「2月12日の精神」ほどの大改革が必要であるとの認識を持っている者は少なかったのである。

　他方，フラガを中心とした体制内改革派は，ヨーロッパ諸国への接近が念頭にあり，一定の政治改革なくしてヨーロッパ諸国から受け入れられることはないと考えていた。しかし，どの程度の政治改革が必要かについては，体制内改革派と開放派の間で一致した見解はなかった。既に述べたように，この時期のアクターを体制内改革派と体制内開放派に分類することは困難である。体制内改革派と開放派の分離を可能とする争点が，第一次

14　Doval, Gregorio, *Los últimos años del franquismo (1969-1975)*（Madrid: Editorial Síntesis, 2007）, pp.356-358.

アリアス=ナバーロ内閣期では争点化しなかったためである。このことから，フラガの発想だけが，体制内改革派の中でも際立って進歩的であったと言え，フラガは西欧諸国並みの議会制民主主義を確立しなくてはならないと考えていた。フラガ以外の体制内改革派および開放派の政治家は，大多数のフランコ体制の政治家と同様，フランコ体制は一種の民主主義体制であり，ヨーロッパ諸国に受け入れてもらうために体制の微調整は必要だとしても，フランコ体制の解体が必要とは必ずしも考えていなかったのである。

結局，主にこうした有機的民主主義を支持するグループと体制内改革派／開放派の意見対立が原因で，「2月12日の精神」で表明された改革は，ほとんど実行に移されなかった。アリアス=ナバーロ内閣は，地方制度法案と国会改革法案については「2月12日の精神」で謳った期限を大幅に過ぎた1974年9月に国会に提出したが，体制内原理派の国会議長，ロドリゲス=デ=バルカルセルが両法案の審議を拒否した。両改革案によって，フランコ体制の制度的な良さが失われるというのがその主な理由であった。結局第一次アリアス=ナバーロ内閣では，国会改革の審議が行われることはなく，地方制度改革についても，体制の根幹にかかわる問題ではなかったにもかかわらず，地方制度憲章[15]として成立したのは，フランコが亡くなる2日前の1975年11月18日であった。しかも地方自治制度は，後に新憲法が公布され，自治州（Comunidades Autónomas）として広範な自治権が付与されることとなったため，同憲章自体が実行に移されることはなかったのである。

組合とその活動に関する法案に至っては，アリアス=ナバーロは治安に悪影響が及ぶことを懸念して制定の延期を指示し，結局そのまま審議されなかった。

「2月12日の精神」最大の目玉であった結社法は，「2月12日の精神」4本柱の中では最も審議され，かつ立法化された政策であったが，体制内改革派は，中途半端な内容とみなしていた。他方，国民運動開放派のウトレーラ国民運動事務総長は，結社を国民評議会に配置できれば，体制において周辺化の進む国民運動が再び脚光を浴び，同組織の活性化につながる

15　Ley 41/1975, de 19 de noviembre, de Bases del Estatuto de Régimen Local.

と考えていたため，この結社法には関心を寄せていた[16]。

　1967年に制定された国家組織法には，結社の自由が認められると考えることができる条文が新たに加わった。それ以来，国民運動の傘下に結社を作ることが認められれば，国民運動の政権での地位が向上すると考えられ，これまで何度も法案化が試みられてきた。1973年に当時のフェルナンデス＝ミランダ国民運動事務総長は，国民運動の内部に多元的な勢力を代表する結社の形成を試みた。しかしフランコの同意を得ることができず，挫折した。このフェルナンデス＝ミランダの結社案には，フラガも反対していた。国民運動の内部に多元性を求めることは困難であるとフラガは考えていたからであった。

　アリアス＝ナバーロ内閣が国民評議会に提出した政治結社法案は，カロを中心に行政研究所のオルテガ＝イ＝ディアス＝アンブローナ(Juan Antonio Ortega y Díaz-Ambrona)所長のチームが作成した。オルテガ＝イ＝ディアス＝アンブローナは，後にスアレス内閣において，法務次官補や教育大臣を務める人物である。同法案は，それまで国民運動の内部にすら結成が認められない結社を国民運動の外に結成しようとするフラガ案に沿った，より改革色の強いものであった[17]。

　この法案は，結社活動全般の監督官庁を内務省に定め，最高裁判所に違法審査を委ねるとした点でこれまでの議論からすれば画期的なものであった。しかし国民運動の内部に結社を形成するのであれば，国民運動開放派の政策に合致し，彼らの支持を得られるが，国民運動外の結社を目指すとなれば，国民運動開放派が政策に反対することは明らかであった。

　同法案は1974年11月22日に閣議決定されたが，フランコはこの体制内改革派グループが作成した政治結社法を承認しなかった。フランコは，政治結社の承認，監督，停止，解散といった権限は国家元首直属の国民評議会に付与されるべきものと述べ，体制内改革派グループによる結社法案は廃案となった。またフランコは，政治結社が合法となるためには，首相，国民運動の長(すなわちフランコ)，国民運動事務総長の3人が承認した法律でなくてはならないとし，シスネーロスによれば，フランコは政治結社

16　Utrera Molina, José, *op.cit*., p.140.
17　Palomares, Cristina, *op.cit*., p.130.

についてアリアス＝ナバーロに「ドアを半分開けておけ」と指示した[18]。つまり、政治結社の合法化はやむを得ないが、その政治結社が、即時議会制民主主義における主役となる政党としての機能を持ってはならないということがフランコの意向であったと考えられる。

フランコの命令を受けて、国民評議会で準備されていた政治結社に関する草案を政府と国民評議会の合同で再検討し、12月21日に政治結社憲章[19]が成立した。政治結社憲章により設立可能となった結社は、国民運動の原理原則の範囲内で設立されるものとし、その所管は国民評議会となった。この政治結社憲章には国民運動原理派も一定の理解を示し、成立に至ったのである。

成立した政治結社憲章は、1969年7月に国民評議会で可決した草案に大部分が類似していた[20]。体制内改革派が模索した政治結社と比べると、以下の点が問題であった。1つ目の問題点は、政治参加がフランコ体制特有の有機的民主主義に基づかなくてはならなかったことである。端的な例を挙げれば、政治結社を組織し、それに加盟することができるのは、家父長や組合の代表だけであった。2つ目の問題点は、政治結社が国民運動の枠内で結成されなくてはならなかったことである。この表現の意味するところは曖昧であり、後に述べるような問題が発生した。3つ目の問題点は、政治結社の承認、停止、解散の判断が国民評議会に委ねられたため、それらの判断が恣意的に行われる危険性を秘めたことであった[21]。

当初体制内改革派グループが構想していた政治結社からすれば、大幅に保守的な憲章となった。フラガが主催していたGODSAや後に結成されるGODSAの拡大版である「独立研究連盟株式会社(Federación de Estudios Independientes Sociedad Anónima: FEDISA)」は、この憲章が自由な政治

---

18 パロマーレスによるシスネーロスへのインタビュー。Palomares, Cristina, *ibid.*, p.127.
19 第一次アリアス＝ナバーロ内閣で成立した結社法を本書においては政治結社憲章と呼ぶ。Decreto - ley 7/1974, de 21 de diciembre, por el que se aprueba el Estatuto Jurídico del Derecho de Asociación Política.
20 Martín Merchán, Diego, *Partidos Políticos* (Madrid: Servicio Central de Publicaciones de la Presidencia del Gobierno, 1981), pp.100-101.
21 *Cambio 16*, 9-15 de diciembre de 1974.

活動を行う上で不十分であり、また「国民運動の原理原則の範囲内」という文言が意味するところが不明確であったため、この結社法に基づく結社を形成しなかった[22]。実際、審査は厳しく、エレロ＝テヘドールの命を受けて、スアレスが中心となって結成した御用政党である「スペイン国民連合(Unión del Pueblo Español: UDPE)」[23]も結社綱領に問題があるとして、国民評議会から一度差し戻しを受けている[24]。他にも、国民運動固有のシンボルや名称を政治結社に用いることはできないとする条項が憲章に存在したが、国民運動の一部の者たちで結成した「ファランヘ党」は、それらを用いたため、国民評議会は同結社の申請を却下している[25]。このように、政治結社憲章には様々なハードルがあり、同法に基づいて結成された結社は、UDPE等わずか10結社のみであった[26]。他方、登録に成功した結社は構成員数に応じて助成金を受け取り、最も構成員の多かったUDPEは、1975年11月23日に2350万ペセタの支給を受けている[27]。

　政治結社憲章は、民主化を促すにしては明らかに不十分な法律であった。しかしフランコ体制において政治結社の存在が認定されたことは、後の民主化にとって重要であったと考えられる。1974年末の時点での政治結社の存在が、不十分な形ではあるものの公認されたことで、1976年の政治結社法を巡る議論では、結社を認める・認めないという議論より一歩

22　政治結社憲章が非常に曖昧な文言で書かれているため、国民評議会への問い合わせは非常に多かった。Archivo General de la Administración (AGA), Presidencia, (9) 017, 001, caja 51/10012.
23　当初、エレロ＝テヘドールはUDPEの党首にオルティー＝ボルダスを指名したが、オルティー＝ボルダスは固辞したため、スアレスが党首となった。Ortí Bordás, José Miguel, *op.cit.*, pp.174-178. UDPEには他に後に憲法制定期に活躍するフェルナンド・アブリール(Fernando Abril Martorell)などが名を連ねている。Molinero, Carme y Ysàs, Pere, *op.cit.*, p.216.
24　AGA, Presidencia, (9) 017, 001, caja 51/10017.
25　ファランヘ党はシンボル、結社名を変えて登録している。Molinero, Carme y Ysàs, Pere, *op.cit.*, pp.214-215, AGA, Presidencia, (9) 017, 001, caja 51/10014.
26　他にUDPE並みの有力結社として、「現代問題研究会(Asociación Nacional para el Estudio de Problemas Actuales: ANEPA)」がある。
27　AGA, Presidencia, (9) 017, 001, caja 52/01967, Pagos efectuados a asociaciones políticas.

先に進み，どのような結社までを合法とするかという議論を可能にしたからである。

しかし見てきたように，「2月12日の精神」は，ほとんど政策として実現されることはなかった。唯一政治結社憲章だけが，フランコによって大幅な修正が加えられたものの，民主化において多少の影響を及ぼした政策であったと言えるが，民主化に直接貢献したとは言い難い。なぜなら最も有力な結社であったUDPEですら，フランコ死後は多くの者が脱退し，APの一グループに過ぎなくなるからである。むしろアリアス＝ナバーロ内閣における構成勢力の変容の方が，より直接的に民主化に影響を及ぼしたと考えられる。そこで次節では，アリアス＝ナバーロ内閣と国民運動の対立について検討する。この対立により，体制内の勢力図に変化が起こるからである。

第3節　国民運動との対立：勢力図の変容

第一次アリアス＝ナバーロ内閣期は，国民運動原理派／開放派と体制内改革派の対立が激しさを増していった時期であった。当のアリアス＝ナバーロ首相も国民運動を政権中枢から遠ざけようと試みており，通常，本会議で行われる演説の原稿は，事前に国民運動事務総長のチェックを受けることになっていたが，「2月12日の精神」の議会演説は，本会議前に国民運動事務総長のチェックを受けることはなかった。それでも国民運動開放派のウトレーラ国民運動事務総長は「2月12日の精神」の斬新さに魅了され，当初はアリアス＝ナバーロ内閣に協力する姿勢を見せていた。

しかしアリアス＝ナバーロは組閣段階から，国民運動の中でも実務派を重視する姿勢が見られる。例えば，実現はしなかったものの，アリアス＝ナバーロは国民運動実務派のエレロ＝テヘドールを入閣させようとしていた。他方，アリアス＝ナバーロは「極」とみなせる勢力を排除の対象とした。したがって，体制内原理派は，排除の対象であった。

このようなアリアス＝ナバーロの姿勢に，ブラス・ピニャールら体制内原理派は反発し，アリアス＝ナバーロを改革派と決めつけ，政府との対決姿勢を強めていた。中でも国民運動原理派のヒロンは，1974年4月28日の国民運動の機関紙アリーバ紙に，後にヒロナソ（ヒロンの一撃という意

味)と呼ばれることになる「ホセ＝アントニオ・ヒロンの政治宣言」と題する寄稿を行った[28]。ヒロンは「スペイン国民がフランコと国民革命に対する誓いを破って欲しいと(政府は)願っているようだ…」から始まる寄稿文で，痛烈に「2月12日の精神」を批判した[29]。この記事の効果がどれほどであったか，正確に評価することはできないが，アリアス＝ナバーロはヒロナソ後の1974年6月，国民運動のバルセロナ大会における演説で「2月12日の精神」は国民運動の原則の枠外に展開するものではないと主張を変え，体制内改革派を失望させるに至った。

　しかしこうした方針転換によるアリアス＝ナバーロの国民運動開放派／原理派への懐柔策は失敗に終わる。ヒロンはその後「全国在郷軍人連合会(Confederación Nacional de Excombatientes: CNE)」の会長に就任し，体制内原理派を集め，政府との対決姿勢を強めた。彼らは政治改革への抵抗派(inmobilista)とみなされ，俗にブンケル(塹壕派)と呼ばれることになった。ウトレーラとヒロンは，基本的な考え方が異なるため，必ずしも共闘はしなかったが，国民運動を政治アリーナから排除しようという試みに対しては，互いに協力する場面が見られたのである[30]。

　アリアス＝ナバーロは，国民運動原理派／開放派との協調が困難であると悟ると，再び体制内改革派の圧力に押される形で1974年9月には一転して，「2月12日の精神」に限界はないと述べ，再度国民運動開放派／原理派の怒りを買った。このようにアリアス＝ナバーロは，状況によって主張が二転三転し，態度を一貫することはできなかった。アリアス＝ナバーロの態度は，体制内改革派と国民運動原理派／開放派の圧力にさらされ，揺れ続けたのである。

　このようなアリアス＝ナバーロと国民運動原理派／開放派の対立におい

28　*Arriba*, 28 de Abril de 1974.
29　プレゴはヒロンの狙いが体制内改革派のカバニージャス失脚にあったと断じている。Prego, Victoria (a), *Así se hizo la transición* (Barcelona: Plaza & Janés, 1995), pp.127-134.
30　ヒロンはウトレーラに依頼される形で『アリーバ』に寄稿したと述べているが，それは真実ではない可能性が高い。ウトレーラはヒロナソが原因で，政権内外の立場が悪くなったと述べている。Girón de Velasco, José Antonio, *op.cit.*, p.232; Utrera Molina, José, *op.cit.*, pp.113-124.

て，フランコの存在が大きな役割を果たした。高齢のフランコは，特定の誰かを支持すると表明しなかったため，必ずしも国民運動を支持していたとは言えないが，体制内改革派による政治改革が国民運動の抵抗によって挫折することを期待し，国民運動原理派／開放派による政権への抵抗活動をフランコは容認していた。他方，フランコによる意見表明はほとんどなかったため，アリアス＝ナバーロも国民運動原理派／開放派も自らの行動がフランコの意思と一致すると考えていた。フランコが返事を書いたかどうかはわからないが，多くの政治家がフランコに自らの政治理念を手紙に書いて送っている[31]。フランコ体制の政治家にとって，自らにフランコの後ろ盾があるかどうかが，決定的な意味を持っていたのである。

そのフランコは1974年7月9日，体調を崩し，入院した。そこで入閣していた体制内改革派は，この機会を利用して，フランコを政治アリーナから排除しようと画策したのである。政府は，国家元首が病気の際にはその後継者，つまりフアン＝カルロス王子が，臨時国家元首を務めるという国家組織法第11条の適用をフランコに求めた。この作戦は，入院を機にフランコに引退してもらい，いち早くフアン＝カルロス体制を築こうとするものであった。体制内改革派は，たとえフアン＝カルロスの政治理念がどのようなものであっても，フランコよりは政治改革が実行しやすいと考えたのであった。フランコは国家組織法第11条の適用に同意し，フアン＝カルロスは臨時国家元首に就任した。

その後フランコは驚異的な回復を見せ，7月30日には退院したが，フランコは退院してすぐに国家元首に復帰しようとはしなかった。フランコはこの時，自らの体調に鑑み，国家元首から引退しようと考えていたように見受けられる[32]。

フランコが引退してしまっては，国民運動の後ろ盾がなくなると危機感を覚えたウトレーラ国民運動事務総長は，事前にアリアス＝ナバーロ首相と相談することなく，8月28日にフランコと会談した。ウトレーラは，フランコを国家元首から引退させて，体制の解体を企てている者がおり，

---

[31] フランコ財団 (Fundación Nacional Francisco Franco: FNFF) にはフランコに宛てられた手紙が多く残っている。

[32] Tusell, Javier y García Queipo de Llano, Genoveva, *op.cit.*, pp.120-125.

それを阻止するためには，フランコが国家元首に復帰する必要があると訴えた[33]。ウトレーラの訴えが功を奏したのか，9月1日にフランコは国家元首に復帰した。こうしてフランコを引退させて，国民運動勢力を弱体化させ，政治改革を実行するという体制内改革派の試みは失敗に終わったのである。

　その後復帰したフランコによって，体制内改革派は大打撃を受けることとなった。10月28日に，フランコは閣僚の目玉であったカバニージャス情報観光相を更迭した。フランコはカバニージャス更迭の理由として，出版物の監督をする立場にいながら，その責務を果たさず，違法な出版物が氾濫している状態を野放しにしていることを挙げた。カバニージャスは情報の自由化を展開し，極力出版物の検閲を行わなかった。ブラス・ピニャールらブンケルが展開していた政府批判にフランコが与したのであった。ブラス・ピニャールらは『新しい力』誌で「首相殿(Señor Presidente)」と題した記事を書き，「あなたとは協力できない…」と政権批判をしていたのである[34]。

　更に翌日，アリアス＝ナバーロ内閣の経済政策を担当していたバレーラ＝デ＝イリモ第二副首相兼財務相は，カバニージャス情報観光相の辞任が決定打となって辞任した。バレーラ＝デ＝イリモの経済政策は，オイルショックに対応するためには不十分であったが，アリアス＝ナバーロは，政治改革と治安維持に重点を置いており，経済政策を軽視する傾向にあったことから，バレーラ＝デ＝イリモのアリアス＝ナバーロに対する不信感は増大していた。バレーラ＝デ＝イリモとカバニージャスが閣僚ポストを去ったため，彼らによって任命されていたオレハ情報観光次官補や財務省傘下のフェルナンデス＝オルドーニェスINI社長も辞任した。フラガとのパイプ役として知られるカバニージャスだけでなく，バレーラ＝デ＝イリモ，その両者の配下の人物が相次いで辞任したため，その影響が他の閣僚にも及んで連鎖的に閣僚の辞任を招く可能性があった。この内閣の危機に乗じて，国民運動開放派は，更なる辞職者を募り，アリアス＝ナバーロ内

33　Utrera Molina, José, *op.cit.*, pp.153-160.
34　*Fuerza Nueva*, n°403, septiembre de 1974, 引用元はMolinero, Carme y Ysàs, Pere, *op.cit.*, pp.201-202.

閣の倒閣を試みたのである。この事態を打開するために，アリアス＝ナバーロはフランコに内閣改造を求めたが，フランコはこれを認めず，辞任ポストだけを埋めるよう指示した。アリアス＝ナバーロは，内閣改造をしない代わりに，国民運動開放派のウトレーラ国民運動事務総長とルイス＝ハラボ（Francisco Ruiz-Jarabo y Baquero）法務相の更迭を求めたが，フランコはそれも許可しなかった[35]。

ところが10月31日には，フラガの旧友であるエレラ（León Herrera Esteban）が情報観光相に，カベジョ＝デ＝アルバ（Rafael Cabello de Alba y Gracia）が第二副首相兼財務相に就任し，新たな辞職者を出すことなく，事態は収拾された。後任の閣僚人事については，フランコが口を挟むことなく，首相の思い通りになった[36]。しかし国民運動開放派による倒閣は失敗に終わったものの，組閣時の二枚看板を失ったアリアス＝ナバーロ内閣は，大きくその政治改革能力を低下させることになったのである。

閣内の体制内改革派と国民運動との対立は，翌1975年の内閣改造で決着する。1975年になると，フランコの体調は更に悪化し，国家元首としての職務執行能力は，ほぼゼロになった。フランコによる人事介入はないと考えたアリアス＝ナバーロは，国民運動原理派／開放派を重要ポストから一掃した。まず，「2月12日の精神」一周年記念式典を故意に報道しなかったことを理由に，ヒロナソを掲載した『アリーバ』の編集長，アントニオ・イスキエルド（Antonio Izquierdo）を解任した。

1975年2月24日には，国民運動開放派のデ＝ラ＝フエンテ労働相が辞任した。辞任の理由は，アリアス＝ナバーロがデ＝ラ＝フエンテ労働相の準備していた労働基本法にほとんど興味を示さなかったためであった[37]。しかしこの時の閣僚の辞任は，カバニージャスが辞任した時と異なり，政

---

35 アリアス＝ナバーロは組閣当初から，一部の閣僚を疎んじていた。アリアス＝ナバーロは1974年春頃，フランコにウトレーラら閣僚数人を更迭するよう書簡を送っている。

36 アリアス＝ナバーロはフランコに閣僚候補リストを送っており，そのリストに記載された人物が閣僚に就任している。FNFF, nº 26046. FNFF, nº 3315.

37 de la, Fuente, Licinio《*Valió la pena*》*Memorias de Licinio de la Fuente. De la guerra a la Transición. Un periodo apasionante de nuestra historia reciente*（Madrid: Editorial EDAF, 1998），pp.220-228.

権の危機を招かなかった。むしろ，全てアリアス＝ナバーロの思い通りになったのである。アリアス＝ナバーロは内閣改造をフランコに要求し，フランコはそれを黙認したため，ついにアリアス＝ナバーロは，ウトレーラを閣僚から排除し，代わりに国民運動実務派であるエレロ＝テヘドールを後任の国民運動事務総長として入閣させることに成功した。エレロ＝テヘドールが閣僚になると同時に，スアレスが国民運動副事務総長としてエレロ＝テヘドールの補佐役に就任し，スアレスが初めて中央政界での要職に

写真3　スアレスの政治上の師　エレロ＝テヘドール（右側）

Fundación San Pablo CEU depositadas en el Museo Adolfo Suárez y la Transición (Cebreros- Ávila- España)

就いたのであった[38]。

　この内閣改造により，国民運動の閣僚は実務派となった。この人事が可能となった一番の理由は，フランコの職務執行能力がゼロになっていたことであろう。フランコの後ろ盾がなくなってしまった国民運動原理派／開放派は，政権中枢から排除されることになったのである[39]。

　この第一次アリアス＝ナバーロ改造内閣は，体制内改革派と国民運動実務派が共存した内閣であり，このことはその後開始される民主化にとって大きな意味を持った。民主化において主役となるフラガとスアレスは，それぞれ体制内改革派と国民運動実務派に分類することができ，この時点ではどちらも入閣はしていないものの，この第一次アリアス＝ナバーロ改造内閣が成立したことにより，体制内改革派を中心としたフラガグループと国民運動実務派を中心としたスアレスグループが，政権の主勢力になっていく土壌を得たのである。

　ただし，本書では議論の都合上，スアレスグループと銘打ったが，この時点でのスアレスの名はマスメディアの間ではおろか，中央政界においても無名に近い存在であるということに留意する必要がある。スアレスとフアン＝カルロスの個人的な交流からフアン＝カルロス周辺ではその名前が取りざたされていたものの，この時点でのスアレスは，国民運動実務派の中心人物では決してなく，国民運動の若手の1人に過ぎなかったのである[40]。

38　しかしエレロ＝テヘドールは就任後わずか4カ月で交通事故により非業の死を遂げ，後任にエレロ＝テヘドールと対立していたソリスが就任すると，スアレスも副事務総長を辞任することになった。

39　Soto Carmona(a), Álvaro, *Atado y bien atado? Institucionalización y crisis del franquismo* (Madrid: Biblioteca Nueva, 2005), pp.195-196.

40　1974年の「将来を担う政治家ベスト20」にスアレスは登場していない。またスアレスが国民運動に所属することになったきっかけは，師事していたエレロ＝テヘドールが国民運動に属していたからという理由に過ぎない。スアレスは，王党派・反ファランへのアルトサーノ(Hermenegildo Altozano)の庇護で官僚になろうと試みている。この意味で，垂直組合に最初から属していたマルティン＝ビジャとは異なり，スアレスは若手国民運動の中でも外様であった。当時の国民運動実務派若手のホープは，既に国民運動の要職を歴任し，バルセロナ県知事を務めていたマルティン＝ビジャであったと言えるだろう。

第 3 章　体制内改革派による政治改革と民主化への道　89

写真4　スアレス

Fundación San Pablo CEU depositadas en el Museo Adolfo Suárez y la Transición (Cebreros- Ávila- España)

他方，政治改革において，改造内閣は更なる成果を挙げることはなかった。前年を上回る勢いの労働運動がスペイン全土で展開され，治安対策に重点を置かざるを得なかったからである[41]。また，西サハラの領有権を巡ってモロッコとの外交問題が発生し，政治改革はフランコが亡くなってフラガが主導するまで一時休止となった[42]。
　次節では，アリアス＝ナバーロ内閣による政治改革が停滞している間，体制内改革派が，どのような活動をフランコ体制末期に行っていたかについて概観する。

第4節　体制内改革派による「結社」活動

　前章で指摘したように，フラガグループ，タシトグループ，国民運動実務派は体制内改革派とみなせるグループであった。このうち国民運動実務派は，政治結社憲章に基づいて結成されたUDPEに大部分が合流した。その他の2つのグループは，政治結社憲章に基づいて政治結社を結成しなかった。本節では政治結社という形態をとらずに活動した体制内改革派2グループについて検討する[43]。
　フラガは1969年に閣僚を解任された頃から，将来的にフランコ体制において政治結社が合法化されると予測し，その準備のために結成されたのが，GODSAであった。GODSAは，フラガが駐英大使としてスペインを離れる直前の1973年秋に設立され，公式には会社として1974年5月に登録された[44]。
　GODSAの構成員は，20代から40代の若手が中心であり，彼らの大部分は弁護士や学者であった。「2月12日の精神」の起草者の1人であったシ

Fuentes, Juan Francisco, *op.cit.*, pp.50-53, p.106.
41　1975年8月26日，対テロに関する政令法を施行。Decreto - ley 10/1975, de 26 de agosto, sobre prevención del terrorismo.
42　フランコ体制末期から民主化期以降の米西関係については，細田晴子(b)『戦後スペインと国際安全保障―米西関係に見るミドルパワー外交の可能性と限界』(千倉書房，2012)。
43　フランコ体制では，1964年に結社法(政治結社法ではない)が認められ，1951年には商業取引をする結社，すなわち会社を認める法律が存在していた。
44　Palomares, Cristina, *op.cit.*, p.120.

スネーロスも参加していた。

　シスネーロスによれば，GODSAの目標は主に2つであった。1つは，政治的マニフェストを作成するための研究機関となること，もう1つは，専門家や公務員を集めて，政治運動の拠点にすることであった[45]。言い換えればGODSAの目標は，スペインの政治システムを近代化させ，そのために国民の支持を獲得することにあった。しかし会社として設立されたGODSAの公式な設立目的は，世論調査，研究報告書の販売などを行うとされたのである。

　フラガは，駐英大使としてロンドンに赴任してから，頻繁に食事会を開き，各国大使，スペインやイギリスの閣僚，財界著名人，当時まだスペインでは非合法政党であったPCEのラモン・タマメス（Ramón Tamames）までをも招待して情報交換を行った。このような食事会は，全てフラガのポケットマネーで催されたものであった[46]。中でもフラガが最も多くの出費をした活動が「マヌエル・フラガ＝イリバルネ賞」であった。同賞は最も優秀なジャーナリストを表彰する賞として創設された。フラガは，情報観光相時代にフラガ法と呼ばれる出版物の一部自由化を行った出版法を制定しており，同賞はその名前からフラガ法を想起させるものであった。一般にフラガ法は，実質的な検閲強化であったとみなされているが，フラガ自身は，フラガ法の制定に誇りをもっていた。フラガ賞の授賞式を口実に，スペインに帰国し，国内で活動するカバニージャスらGODSAのメンバーと懇談する機会ができたのであった[47]。

　このようにフラガがロンドンを中心に様々な活動をする一方で，カバニージャスはスペイン国内において，フラガを慕う若手の政府高官を指揮し，またアリアス＝ナバーロの政治改革を牽引しながら，GODSAを運営し，フラガとのパイプ役を担ったのである[48]。

　しかしフラガが開催した夕食会やカバニージャスらが主催したGODSAの集会，フラガ賞などは，著名人や反体制派の活動家が集う機会を設け，

45　パロマーレスによるシスネーロスへのインタビューより。Palomares, Cristina, *ibid*., p.121.
46　*Cambio 16*, 17-23 de noviembre de 1975.
47　Palomares, Cristina, *op.cit*., p.133.
48　López Rodó, Laureano, *op.cit*., p.22.

果ては一般の国民にまでフラガの名を知らしめることになったが、これらの活動によって、政治的に重要な決定がなされるほどには発展しなかった[49]。逆にフランコの側近とされる人物からは、更にフラガは疎まれ、警戒されるようになった。例えば、ロドリゲス＝デ＝バルカルセル国会議長は、フラガの派手な凱旋帰国および国内での行動を見て、首相にでもなったかのようだと皮肉ったのである[50]。

このようなフランコの側近からの心象の悪さが、フラガが後の民主化の担い手に成り得なかった理由の1つとして考えられる。フラガは体制内の有力者の中でフランコに唯一嫌われていた人物と言え、また、フアン＝カルロスとしてもフランコの側近と折り合いの悪いフラガを民主化の担い手として首相に任命することは難しかったと考えられる。

一方、タシトグループは、キリスト教民主主義勢力を糾合するために1973年5月に結成された。タシトグループは、日刊紙『ヤ(Ya)』を発行しながら、政治結社の自由を獲得すること、国連の世界人権宣言で認められている権利をスペインの法体系に盛り込むことを目標として挙げていた。これらの目標を達成した上で、最終的にスペインがヨーロッパ共同体(EC)へ加盟することを望んでいた[51]。

タシトグループは、一時的に加盟していた人も含めれば、最大で90人にもなり、アリアス＝ナバーロ内閣の次官級ポストに就いていたオレハやラビージャらも加入していた[52]。彼らの多くはフアン＝カルロスと親しい間柄にあったため、後にフアン＝カルロスが国王になると、オレハ、オソリオ、カルボ＝ソテロ、デ＝ラ＝マタ(Enrique de la Mata)、レゲーラ(Andrés Reguera)らは閣僚となった。また、タシトグループは、国民運動とは距離を置いており、特別意識していなかったGODSAとは異なっていた[53]。

---

49 Palomares, Cristina, *op.cit.*, p.124.
50 López Rodó, Laureano, *op.cit.*, p.94.
51 Tácito, *Tácito* (Madrid: Iberico Europea de Ediciones, 1975), pp.44-46.
52 Powell, Charles T. (b), "The 'Tacito' Group and the Transition to Democracy, 1973-1977", in Lannon, Frances and Preston, Paul, (eds.), *Elites and Power in Twentieth-Century Spain* (Oxford: Clarendon Press, 1990), p.259.
53 Palomares, Cristina, *op.cit.*, p.125.

民主化期にプレゼンスを拡大していくタシトグループであるが，フランコ体制末期における彼らの存在感は薄かった。そこで，タシトグループは，当時カトリック系の大物政治家であったシルバ＝ムニョース (Federico Silva Muñoz) と友好な関係を築こうとしたが，彼はあまりタシトグループと交流しようとはしなかった[54]。シルバ＝ムニョースは，公共事業相を務めた閣僚経験者で，ACNPの副会長であった。タシトグループをはじめ多くの人がシルバ＝ムニョースを体制内改革派とみなし，積極的にシルバ＝ムニョースと交流を持とうとしたが，実際のシルバ＝ムニョースは，既に進歩的ではなくなっていたと，当時の彼の政治認識からみなすことができる。このように，民主化前夜の過渡期の政治状況では，どの政治アクターも相互にどのような政治的立ち位置であるか，確証がなかったのである。

シスネーロスによれば，フアン＝カルロスも，もともと友好関係のあったタシトグループの個々人とは頻繁に接触したが，団体としてのタシトグループとは決して会おうとはしなかった。政党の存在が非合法の中，また，民主化後の世界において有力な政治グループがどれなのか不透明な中で，フアン＝カルロスは，特定のグループと懇意になることは危険と判断したのである[55]。

既に指摘したように，タシトグループの構想や発想は先駆的であったものの，当時のスペイン政界におけるタシトグループの政治的プレゼンスは決して高くなかった。そこで，タシトグループの政治的プレゼンスを高めるべく，オソリオは，政治結社憲章に基づく結社を結成しないと決定した1974年12月に，フラガ，アレイルサ，シルバ＝ムニョースによる「三者同盟」を構想したのであった[56]。

アレイルサは，フアン＝カルロスの父，ドン＝フアン (Juan de Borbón y Battenberg) と親密な外交官で，一般に王党派自由主義者で体制内改革派とみなされ，1960年代に駐仏大使を辞任してからは，フランコ体制と距

54　Álvarez de Miranda, Fernando, *Del "contubernio" al consenso* (Barcelona: Editorial Planeta, 1985), p.72.
55　パロマーレスによるシスネーロスへのインタビュー。Palomares, Cristina, *op.cit.*, p.129.
56　*Cambio 16*, 27 de enero-2 de febrero de 1975.

離を置いてきた人物である。ここで注意が必要なのは，アレイルサが王党派であるといっても，必ずしもフアン＝カルロスとも懇意であったとは言えない点である。1969年にフアン＝カルロスがフランコの後継者に指名されてから，ドン＝フアンとフアン＝カルロスの関係は悪化していたと言われているからである。ドン＝フアンはフランコに自分こそが正統な王位継承者であると主張する書簡を多数送っている[57]。ドン＝フアンは，王位継承権を放棄せず，スペイン王太子の称号であるアストゥリアス王子（Príncipe de Asturias）を名乗り続けたため，フアン＝カルロスはスペイン王子（Príncipe de España）とならざるを得なかった。このような経緯があるため，ドン＝フアンと懇意のアレイルサが，フアン＝カルロスとも友好的であったとは考えにくいのである。

「三者同盟」は，体制内改革派の政治的プレゼンスを大きく高める試みであった。この構想実現のために，フラガは1974年12月31日に，GODSAが作成した改革案をアリアス＝ナバーロに送付した。その内容は，普通選挙によって選出された議員による議会の創設，西欧社会で普遍的に与えられている諸権利の賦与，労働組合の合法化，政教分離であった。フラガはこれらの諸改革をフランコの死後，フアン＝カルロスのもとで実行するとした[58]。

シルバ＝ムニョースも「三者同盟」という構想があることを1975年1月14日のアリアス＝ナバーロとの会談において伝えた。アリアス＝ナバーロはその構想を好意的にとらえ，その「三者同盟」を軸に国民運動の枠内で政治結社を結成し，その党首に自ら就任すると述べた[59]。

フラガは，1月22日にアリアス＝ナバーロ内閣の主要閣僚と会談した。その会談においてアリアス＝ナバーロは，フラガに御用政党であるUDPEの党首に就任するよう要請したが，フラガは先に提示した政治改革を実行しなければ要求は受け入れられないとし，交渉は決裂した[60]。フラガの政

57　FNFFに多数散見される。
58　Fraga Iribarne, *Manuel(e), Memoria breve de una vida pública* (Barcelona: Editorial Planeta, 1980), p.341.
59　Silva Muñoz, Federico, *Memorias políticas* (Barcelona: Editorial Planeta, 1993), pp.302-307.
60　Gilmour, John, *op.cit.*, p.86.

治改革案をフランコが承認しないことを知っていたアリアス＝ナバーロは，フラガの要求を受け入れることはできなかったのである。アリアス＝ナバーロは，事前にフランコとフラガの政治改革案について議論しており，その時フランコはフラガの政治改革案を見て，「どの国のためにこれ（政治改革案）を彼（フラガ）は書いたのだろうか？」と言っていたのである[61]。

結局「三者同盟」が結成されることはなかった。主役三人が揃って行われた1月24日の約300人が集まった集会において，アレイルサはフラガを支持すると正式に表明したが，シルバ＝ムニョースはフラガの政治改革案が実現不可能であるとして，フラガを支持しなかった[62]。シルバ＝ムニョースがフラガを支持しなかったため，カバニージャスやオレハらは，シルバ＝ムニョースを支持しないと決め，フラガもシルバ＝ムニョースについて明言を避けたため，「三者同盟」構想は破談となった。フラガやアレイルサはこの同盟に積極的であったが，シルバ＝ムニョースにはあまり同盟を結ぶメリットがなかった。フラガによれば，シルバ＝ムニョースは「三者同盟」のリーダーとして全てを掌握したかったが，当時は既にフラガやアレイルサの方が彼よりも慕う者が多く，全権掌握がままならなかったために，「三者同盟」に積極的でなかった[63]。

結成当初から政治的プレゼンスの低いタシトグループは，結局，政治的プレゼンスを高める方法を巡って意見が対立して分裂し，タシトグループは，更に政治的プレゼンスを低下させることになった[64]。その後，タシトグループは，はじめに2つに分裂し，分裂した2つのグループから離脱した者たちによって3つ目のグループが形成されたと解することができる。第一のグループはオレハに代表される立法化された政治結社の規定が求めるものと比べて不十分であり，現状に甘んじることなく，更なる権利拡大を求めるため，同法に基づく政治結社を結成しないというグループである。第二のグループは，オソリオに代表されるような政治結社憲章は不

61　Palomares, Cristina, *op.cit*., p.135.
62　Silva Muñoz, Federico, *op.cit*., p.303.
63　パロマーレスによるフラガへのインタビュー。Palomares, Cristina, *op.cit*., pp.135-136.
64　Álvarez de Miranda, Fernando, *op.cit*., p.72.

十分ではあるが、結社を結成しなければ政治的プレゼンスは高まらないため、政治結社を結成するというグループである。第三のグループは、アルバレス=デ=ミランダ(Fernando Álvarez de Miranda)に代表される、タシトグループを離脱して民主的な反体制派に接近したグループである。

このうちオレハのグループがタシトグループの主力となった。第二のグループを代表するオソリオは、シルバ=ムニョースと共に、キリスト教民主主義を標榜するスペイン民主連合(Unión Democrática Española: UDE)を結成した[65]。UDEはマスメディアの注目を集め、カルボ=ソテロ、デ=ラ=マタ、レゲーラら後のUCDで活躍する面々も加入した。しかしUDEは、オソリオがスアレス内閣で第二副首相になるまで結社として認められなかった。その理由は、UDEの綱領に憲法改正を掲げており、フランコがそれを認めなかったからであった。このため、UDEが有力な政治結社となることはなかった[66]。

フラガは1975年2月にマドリードにおいて、タシトグループとGODSAのメンバー、アレイルサ、カバニージャス、フェルナンデス=オルドーニェスらを集めて、会合を開いた。この会合において、スペインの置かれた難しい政治状況に対応するためには、体制内改革派同士協力する必要があるとして、その結果誕生したのが、FEDISAであった。

FEDISAは、1975年7月に会社として誕生した。加入者は総勢75名にもなり、その中には後のスアレス内閣で閣僚となるリカルド・デ=ラ=シエルバ(Ricardo de la Cierva)やフエンテス=キンターナ(Enrique Fuentes Quintana)も名を連ねていた[67]。FEDISAは今までのような「結社」とは異なり、全員が同じ権限しか持たないように配慮された。例えば、出資金は一律とし、社長は6カ月ごとにアルファベット順で就任する輪番制と決められた[68]。

しかしこのような共同体組織は長続きしなかった。FEDISAはフランコが亡くなった後、フラガらが閣僚として入閣すると、FEDISAの中心メンバーが多忙になり、自然消滅してしまった。FEDISAは組織的には失敗で

65　Silva Muñoz, Federico, *op.cit.*, pp.337-340.
66　Palomares, Cristina, *op.cit.*, pp.139-140.
67　*Cambio 16*, 28 de junio-7 de julio de 1975.
68　*Informaciones*, 11 de julio de 1975.

あったが，FEDISA内で構想された政治改革案などは，カバニージャスらが結成し，UCDの核となる民衆党(Partido Popular: PP)に引き継がれていくのである[69]。

このように体制内改革派による「結社」活動は，知識の蓄積，人的交流の活性化という意味では意義のあるものであったが，どの活動もその後の民主化に直結したとは言い難い。しかしこのような知識の蓄積や人的交流による勢力の流動化が，フランコ死後のフラガによる政治改革において政治局面の変化を促し，それらが活かされるようになるのである。

第5節　フラガによる政治改革とスアレスの台頭

1975年11月20日にフランコが亡くなると，11月22日にフアン＝カルロスが国王，国家元首となった。フアン＝カルロスは，国王戴冠演説で，「スペインの歴史において新たな局面」の開始であり，「近代的で自由な社会」の創設のために「効果的な国民の合意」が必要となると述べた[70]。フアン＝カルロスのこの演説は，フェルナンデス＝ミランダによって起草されたものであり，民主化を意図したものであったと一般に解されているが，演説内容はアリアス＝ナバーロによる「2月12日の精神」と大差なく，多くのフランコ体制の政治家は，その後に大きな変化，すなわち真の民主化がなされるとは考えていなかった。

他方，この演説は，この時点の国王の立場が不安定であることを示すものでもある。フランコ体制を一種独特の民主主義体制であると考えている勢力は依然として多数おり，明確な民主化の意思を示すことは，自らの地位を危うくさせるものに他ならなかったからである。国王がこのような立場にあったため，最初から目立つ動きをせず，フアン＝カルロスは，アリアス＝ナバーロに首相留任を命じた[71]。一方，このような限られた条件の

69　Areilza, José María de (b), *Crónica de libertad 1965-1975* (Barcelona: Editorial Planeta, 1985), p.170.
70　Powell, Charles T. (e), *España en democrácia, 1975-2000* (Barcelona: Plaza & Janés, 2001), p.145.
71　国王がアリアス＝ナバーロに首相留任を命じたのは事実であるが，アリアス＝ナバーロがどのような主張をしたのかは必ずしも明確ではない。ここで

下で，国王は，忠臣フェルナンデス＝ミランダを国会議長にすることができた。国会議長は王国顧問会議の議長を兼ね，アリアス＝ナバーロが首相に選出されたように，首相候補者リストは王国顧問会議で作成されるため，後にスアレスを首相にする上で重要な人事であった[72]。

　国王の留任要請に従い，アリアス＝ナバーロは新たに組閣を行った。この第二次アリアス＝ナバーロ内閣も，引き続き内閣の主力は国民運動実務派と体制内改革派であったと言えるが，引き続き多様な勢力が入閣している。タシトグループからはオソリオが総理府長官として，軍からはサハラにおいて功績のあった原理派のフェルナンド・デ＝サンティアゴ (Fernando de Santiago y Díaz de Mendívil) が第一副首相兼国防担当として入閣を果たした。国民運動実務派からは，スアレスとマルティン＝ビジャが，それぞれ国民運動事務総長と組合担当相として初入閣を果たした。マルティン＝ビジャは，国民運動実務派若手のリーダー格で，後にスアレス内閣で要職を歴任する人物である。体制内改革派ではフラガがイギリスから帰国して第二副首相兼内相に就任し，王党派自由主義者のアレイルサも外相として入閣を果たした。

　この第二次アリアス＝ナバーロ内閣の人事において重要な点は，フラガが入閣を果たしたこと，それまで次官級だった人物が入閣を果たし，世代交代が達成されたことである。体制内改革派による「結社」活動は，主要な参加者が閣僚となったために停滞したが，閣僚同士となったことを契機として，タシトグループがフラガら体制内改革派に接近した。タシトグループは，グループから多数の閣僚を送り出したことで政治的プレゼンスが高まり，マルティン＝ビジャを中心とした国民運動実務派（スアレスグ

は2つの説を挙げておく。1つは国家組織法に首相の任期は5年と規定されていたために，アリアス＝ナバーロが辞任には応じなかったとする説。もう1つは，急激な変化は慎んだ方がよいというフェルナンデス＝ミランダの進言に基づき，フアン＝カルロスが渋々アリアス＝ナバーロを留任させたという説である。Tusell, Javier y García Queipo de Llano, Genoveva, *op.cit.*, p.243; Carr, Raymond and Fusi, Juan Pablo, *Spain: Dictatorship to Democracy* (London: George Allen and Unwin, 1979), p.208.

72　国家元首継承法 (Ley de Sucesión en la Jefatura del Estado) 第4条参照。

写真5　フェルナンデス＝ミランダ(左側)とフアン＝カルロス国王夫妻(右側)
(1980年頃)

Fundación San Pablo CEU depositadas en el Museo Adolfo Suárez y la Transición（Cebreros- Ávila- España）

ループ)と共に第二次アリアス＝ナバーロ内閣の中心となったのである[73]。
　ところでアリアス＝ナバーロは，それまでフランコの意思と信じてフランコ体制の制度化に取り組み，改革を主張してきたが，フランコの死を契機に自らの信念の拠りどころを失い，また，改革が自らの手を離れてフラガに移っていると感じ，フラガへの対抗意識から改革よりもフランコ体制

---

[73] 例えば，オソリオはフラガとの親交は深かったが，第一次スアレス内閣の第二副首相兼総理府長官に就任している。このように，スアレス派は国民運動実務派の若手を中心としながらも一部の体制内改革派を取り込み形成されていった。

の維持・継続に力点を置く主張を繰り返すようになっていくのである。

　1975年12月15日に国民に向けて行われたアリアス＝ナバーロの演説は，フラガが中心となって作成した。その内容は，「完全化と改革」によって「スペインの民主主義」を達成し，そのためには「国民の自由や権利，特に結社の権利」についても拡大し，「代表機関の選出基盤を拡大」するために改良すると宣言するものであった[74]。ここまでは「2月12日の精神」を発展・継続させる形で政治改革を行っていくと宣言するメッセージとして受け取れるが，フラガは加えて，スペインの政治及び法秩序の集合体が「西洋共同体と高い同質性を持つように」努めると演説原稿を書き，アリアス＝ナバーロはフラガの作成した原稿通り演説したのであった。しかしアリアス＝ナバーロは，このような国民向けの演説をしておきながら，独自に演説原稿を作成して，国民向けの演説とは異なるコンセプトの演説を立て続けに2回行うのである。1976年1月19日の国民評議会総会では「我々の政治システムを完成させる」と述べ，続いて28日の国会における所信表明演説では，「2月12日の精神」の継続という曖昧な主張をしたのであった[75]。

　政治改革に対してアリアス＝ナバーロが非協力的であるとことが明白になる中で，フラガは「民主的な正統性の確立」と「体制の解体の回避」という2つの相反する課題を両立させることが政治改革を行ううえで最も困難な課題であると認識していた。そこでフラガは，「暫定措置」として政治改革を行うことにした。その意味は，どの程度の政治改革であれば，フランコ体制の継続を願う原理派も容認し，どの程度の民主化改革であれば，民主的な反体制派や他のヨーロッパ諸国がスペインを民主主義国家として認めるのか，その両者の妥協点を探ることに主眼を置くということであった。「加算方式の民主化」と言われるこの方式を端的に表現したものが，「何の改革が必要か見極めるまでに2週間，政策を決定するまでに2カ月，実行までに2年」というスローガンであった[76]。フラガは，1976年1月に以下の改革案を示した。その柱は，①多元的な政治グループを合法

74　Prego, Victoria (a), *op.cit.*, p.372.
75　Molinero, Carme y Ysàs, Pere, *op.cit.*, pp.231-233.
76　Gilmour, John, *op.cit.*, pp.106-107.

化する結社法の制定，②集会の自由を与える集会法の制定，③国会設置法の改正であった。特に③については，二院制へと改組し，下院を秘密普通選挙で300人を選出して，家長などが投票する従来の「家族」代表議会と代替させ，上院は様々な代表が選出される機関として，市議会や県議会からの間接選挙によって各県から2人ずつ計100人，各50人ずつの職能代表と組合代表，各40人ずつの常任議員と国王による勅撰議員で構成されるとした。40人の常任議員は75歳定年まで半永久的に国民評議会評議員である「アジェテの40人(los cuarenta de Ayete)[77]」に配慮したものであった[78]。フラガの政治改革を一口で言えば，フランコ体制の枠組を可能な限り活かして行われる改革であったと言える。例えば上院に常任議員を置くという構想は，国民評議会を上院に改組するという狙いが窺える。

他方，フランコが亡くなるまでは，事実上民主化要求をしてこなかった反体制派は，フアン＝カルロスが国王になると，民主化要求をするようになった[79]。早急な民主化を望む反体制派には，フラガの改革案はフランコ体制の枠を維持することにかなりの力点が置かれているように見え，受け入れられないものであった。民主的な反体制派は「フランコ体制の解体または憲法制定期間を設けた代替の民主制」を要求し，その憲法制定期間とは「普通選挙によって選出された人々を基礎として広く協議し，国家や政府の形態と自由や政治的権利について決定する」期間に，と提案していた[80]。言い換えれば，民主的な反体制派は，フランコ体制の解体を大前提に，選挙で選ばれた議員を中心に共和制か君主制かという体制の在り方について議論したいと要求したのである。

一方，フラガの民主化戦略は，穏健な反体制派を優遇し，政府の交渉相手となる反体制派を人工的に作り出そうとするものであった。体制内外

---

77 フランコ勅撰の最も信頼の厚い評議員40人のこと。75歳の定年を迎えるまで，半永久的に評議員で居続けることができた。アジェテとはサン・セバスティアンにあったフランコの別荘の名に由来する。Bardavío, Joaquín y Sinova, Justino, *Todo Franco. Franquismo y antifranquismo de la A a la Z* (Barcelona: Plaza & Janés Editores, 2000), pp.176-177. 国家組織法第22条b)参照。
78 Molinero, Carme y Ysàs, Pere, *op.cit*., p.234.
79 具体的な反体制派の活動については第5章に記述する。
80 Molinero, Carme y Ysàs, Pere, *op.cit*., p.237.

の穏健派同士で民主化に関する協定を結び、体制内外の原理派を排除しようと考えたのであった。この戦略実行のため、フラガは非合法であったPSOEとその労働組合、労働者総同盟UGTが、スペイン国内において全国大会を行うことを容認した。それぞれ5月22日と4月14日に行われ、それは集会の自由が認められた集会法が成立する前のことであった。他方、フラガは体制内原理派のブラス・ピニャールらが結成していた合法的な結社「新しい力」の集会を公共の秩序が乱れる恐れがあるとして、集会法が成立した後であったにもかかわらず、開催を認めなかった。このフラガの決定に不満を思った体制内原理派は、フラガに対して対決姿勢を強めていった。

　またフラガは、4月30日にPSOEのゴンサーレス書記長と会談した。その会談において、フラガは民主化を進めるべく、体制内外の穏健派同士で

写真6　フラガ(左側)とゴンサーレス(右側)（1983年頃）

Fundación San Pablo CEU depositadas en el Museo Adolfo Suárez y la Transición（Cebreros-Ávila-España）

の協定締結を主張したが,ゴンサーレスはPSOEだけを相手とした協定での民主化には同意できないとして協定の締結を拒否した。フラガは他にも軍人や財界人,自身の政治改革に反対すると思われる人物と会談を重ねたが,政治改革に対する反発を招くだけに終わり,理解を得ることはできなかった[81]。

1976年初頭から労働環境の改善などを要求するストライキやデモが続発していた。その中で,フラガは,アレイルサ外相と共に欧州諸国へ自らの改革案を訴えるため,頻繁に外遊した。しかし,フラガの度重なる外遊の成果は乏しく,むしろ政治家の評価としてはマイナスであった。それを物語るひとつのエピソードとしてビトリア事件への対応がある。ビトリア事件とは,1976年3月3日にスペイン北部ビトリアにおいて,警官隊がデモ隊に発砲し,3人の死者と多数の怪我人を出した事件である。慣例に従った対応であれば,アリアス=ナバーロがその時主張したように,戒厳令を出したうえで,軍を現地に派遣して,デモ隊を鎮圧するといった対応が取られたであろう。ところが,フラガが西ドイツ公式訪問のために不在であったため,内相代行となったスアレスは,戒厳令も出さなければ,軍も現地に派遣せず,警官隊の非を認めることで事態の鎮静化を図った。この選択が功を奏し,更なる死傷者を出すことなく,問題解決に至ったのである。フラガが緊急帰国したのは,事件解決から48時間後であった。フラガは内相であるにもかかわらず,国内に注意が向いていないとして,政府内外から批判にさらされた。他方,オソリオをはじめ体制内外の政治家は,スアレスの事件解決能力を高く評価した[82]。このビトリア事件への対応が,次期首相をスアレスにすると国王に決断させた理由の1つであると考えられている。このようにフラガの失政は,自らの政治家としての評価を著しく下げ,スアレスの政治的名声を高めてしまったのである。

一方,政権の主導権をフラガに奪われたくないアリアス=ナバーロは,政治改革に消極的であったものの,1976年2月11日にアリアス=ナバーロを議長,スアレスを副議長として,政治改革について議論するため,政

---

81 反発に関しては,Gilmour, John, *op.cit.*, pp.112-126,様々な人物と会談をした証拠として,Fraga Iribarne, Manuel (f), *op.cit.*, pp.23-52.
82 Osorio García, Alfonso (a), *op.cit.*, p.69.

府・国民評議会合同委員会（Comisión Mixta Gobierno - Consejo Nacional）の初会合を開いた。同委員会は，スアレスの提案で設置されたものであった。同委員会の参加者は，当時の体制派勢力を結集したといえる陣容であり，政府からはフラガ，デ＝サンティアゴ，ビジャール（Juan Miguel Villar），アレイルサ，アントニオ・ガリーゲス（Antonio Garrigues），ソリス，オソリオ，マルティン＝ビジャといった閣僚級が参加した。国民評議会からは多様な勢力が参加し，体制の論客として名高いフエジョ（Jesus Fueyo），ヒロンら国民運動原理派，ガルシア＝エルナンデス，テクノクラートのロペス＝ブラボー（Gregorio López - Bravo），国民運動開放派からはフェルナンデス＝ミランダ，ミゲル・プリモ＝デ＝リベラ（Miguel Primo de Rivera），国民運動実務派からはオルティー＝ボルダス（Jose Miguel Ortí Bordás），サンチェス＝デ＝レオン（Enrique Sánchez de Léon）が参加した。

　この委員会会合は4月21日まで毎週のように合計十数回開かれたが，多様な勢力が参加していたために意見の集約が困難となり，政府はこの委員会での政治改革に関する意見の集約を諦め，政治改革関連法案を直接，国民評議会及び議会で議論することにした[83]。

　こうして政府は1976年6月11日，国民評議会第一委員会に「国会設置法とその他の基本法改正」案を提出することになった[84]。ポネンテには，デ＝ラ＝フエンテ元労働相，オルティー＝ボルダス，新聞記者でもあるロメロ（Emilio Romero），長年スアレスの顧問及びスピーチライターを務めたエドアルド・ナバーロ（Eduardo Navarro Álvarez）らが名を連ねた。法案が委員会に提出されるのに先立って，国民評議会評議員は各々が同法案に対し様々な意見を提示した。評議員間で議題に対する理解力に差があり，また異なる発想を持っているため，ある者は支離滅裂な提案を行い，ある者は一定の理解を示し，ある者は強硬に政府案に反対した。代表的な反対意見として，ウトレーラは「政治システムに内包される全ての機関に関す

83　Molinero, Carme y Ysàs, Pere, *op.cit.*, p.237, p.295. 例えばフラガは政府・国民評議会合同委員会の議論が困難なものであったことを証言している。Fraga Iribarne, Manuel (d), *op.cit.*, p.41.
84　El proyecto de ley de reforma de la Ley Constitutiva de las Cortes y otras Leyes Fundamentales. Molinero, Carme y Ysàs, Pere, *op.cit.*, p.295.

る決定や構成に関与する権限を国民に」与えることには賛成だが，この法案の真の目的は，「新たな体制を作ろうとするもの」に他ならないため，政府案に反対であると述べた[85]。他にも，オリオル(Antonio María de Oriol y Urquijo)元法相は，民主的な反体制派に理があったような改革を行ってはならないと主張して政府案に反対し，国民運動女性部の長を長年務めているピラール・プリモ＝デ＝リベラ(Pilar Primo de Rivera)は，政府が提案する改革を行うことによって，内戦という過去の悲劇が再びもたらされるとして，政府案に対して全面的に反対した。

　様々な意見の中で，興味深い意見はガリカノ(Tomás Garicano)のものであったとモリネロとイサスは評している。国民運動原理派と開放派が多く集まる国民評議会の中で，最も体制内改革派に近いとされたガリカノは，フランコ体制の政策は一貫して「自由化と大衆の参加を拡大する」ものであったとし，進化すればするほど「民主主義」へと近づくのは当然であるが，我々の間でさえもこの「民主主義」という用語の定義について，了解が得られていないと述べた。ガリカノは政府案について，結社法と集会法については賛成していたが，「国会設置法とその他の基本法改正」については，どのような体制を作るにしても中途半端であると考えていた[86]。

　政府は，国民評議会評議員の意見があまりにも多様なため，事実上黙殺し，政府原案(フラガ原案)をほぼそのまま第一委員会に提出した。この法案は，フランコ基本法と矛盾する法律が存在することを明らかにし，その矛盾は体制が発展した結果生じたものであるとして，フランコ体制が法的に一貫性をもった体制であるためには，基本法の修正が必要であるとするフランコ体制史上最も画期的な政治改革法案であった。ポネンテは，フランコが亡くなり，フランコという特殊な存在が消滅した今，王政に対応するための必要な改革であると政府案への支持を訴えた。

　しかし評議員の中で法案に対する不信感が広がっていたため，同法案を国会に提出するか・しないかを問うた国民評議会第一委員会における採決では，賛成２，反対11，棄権２という結果で否決された[87]。棄権票を投じ

85　AGA, presidencia, (9) 17,001, caja 51/10033, Sugerencias de los Consejeros Nacionales del Movimiento.
86　Molinero, Carme y Ysàs, Pere, *op. cit.*, p.242.
87　AGA, Presidencia, (9) 17,001, caja 51/10029, Proyecto de Ley de Reforma de la

た者の中には，ポネンテも含まれていた。フラガは，評議員から妥協を引き出そうと様々な交換条件を用意していたが，交換条件を提示する段階に到達する前に，挫折したのであった[88]。

そこで6月30日に新たなポネンテを結成して，委員会での賛成が得られるように妥協した修正版「国会設置法とその他の基本法改正」案を国民評議会第一委員会に提出した。今回のポネンテには，ガルシア＝エルナンデス前第一副首相やスアレスのスタッフであるオルティス (Manuel Ortiz Sánchez) 国民運動バルセロナ県代表とイグナシオ・ガルシア (Ignacio García López) 国民運動副事務総長が加わった[89]。修正した法案では，君主制の導入には政治改革が必要であるものの，フランコ基本法の枠を拡大してまで体制の整備を行わないとした。そのため，この国会設置法案の特徴は，国民評議会を上院へと改組し，下院を「家族代表」議会の性質を持たせるものとしたことだけに限定された。その他には特に目新しい点はなく，前回の法案に比べると曖昧な表現が増えた結果，国民評議会第一委員会での採決において，賛成20，反対1，棄権3という結果で賛成票が多数を占め，同法案の国会への提出に賛同が得られた[90]。

国民評議会での国会設置法の改正に関する議論と並行して，フラガは民主主義において不可欠と考えられる集会の自由を認める集会法と現在の政党法の原型となる政治結社法の成立を目指した。集会法[91]は既に多くの団体が集会を開いていたこともあって，1976年5月25日に大きな問題もなく可決・成立した。

政治結社法案は6月9日に国会へ提出された。この政治結社法案と1974年12月に成立した政治結社憲章との最大の違いは，政治結社の監督官庁を国民評議会から内務省へと移管させる点にあった。フェルナンデス

Ley Constitutiva de las Cortes y otras Leyes Fundamentales.
88　フラガが用意していた妥協として，例えば，「アジェテの40人」に代わる常任議員を上院に残すこと，勅撰議員や選出議員を増やすことで譲歩を引き出し，賛同を得ようと考えていたが，反対票が予想以上に多く断念した。Molinero, Carme y Ysàs, Pere, *op.cit.*, p.244.
89　Molinero, Carme y Ysàs, Pere, *op.cit.*, p.295.
90　AGA, Presidencia, (9) 17,001, caja 51/10029, Proyecto de Ley de Reforma de la Ley Constitutiva de las Cortes y otras Leyes Fundamentales.
91　Ley 17/1976, de 29 de mayo, reguladora del Derecho de reunión.

＝クエスタ (Raimundo Fernández Cuesta) ら3人の体制内原理派は，彼らが内戦を引き起こした原因であると考える政党が復活してしまうことを危惧し，同法は国民運動原則法第8章に違反し，国民評議会の権能を奪う改革であるとして同法案を非難した。この主張に対して，政治結社法を擁護する演説を行ったのが，スアレスであった。スアレスは，スペインが昔から「多元性を有した社会」であったと述べ，「政党と呼ぶかどうかはともかく」知識人の間だけでなく，労働者の間でも「組織化された勢力」が既に存在することを認め，政治結社法を成立させることは，街では普通に存在していることを政治社会においても普通にするだけのことであると演説したのであった。このスアレスの演説は，多くの国会議員の支持を取り付け，政治結社法案は賛成337，反対92，棄権25で可決・成立した。このうち国民評議会評議員は賛成64，反対28，棄権9であった。

　スアレスの演説が高評価を得て，抵抗勢力の中心であった評議員の反対票が少なくなった理由は，スアレスが「アジェテの40人」と呼ばれる常任の評議員となっていたことが効果を発揮していると考えられる。スアレスは，集会法が成立した5月25日に，ヒロンの妨害工作にもかかわらず，「アジェテの40人」と呼ばれる国民評議会の常任評議員に選出されていた。同法案の採決において反対票を投じた者の多くは，ヒロンやウトレーラといった国民運動原理派／開放派，軍人やブラス・ピニャールといった体制内原理派であった。スアレスが遭う最初の難関である政治改革法の採決においても，反対票を投じる彼らを説得することは困難であったと考えられるため，常任評議員であること及びその常任評議員による演説は，説得可能な議員を全て説得したと言えよう。

　しかし政治結社法が成立した午後，ギプスコアで発生した民族主義テロリスト，「バスクと自由 (Euskadi Ta Askatasuna: ETA)」によるテロのため，「国民運動の原則に反する集会」や「結社」を違法とすると規定された刑法172条他の改正は，後日持越しとなった。このため，政治結社法が成立したと言っても，依然として法的に反体制派の政党が合法化されるためには，更なる法改正が必要であった[92]。

92　Molinero, Carme y Ysàs, Pere, *op.cit.*, pp.245-248. スアレスの演説はPrego, Victoria (a), *op.cit.*, pp.474-477.

このようにフラガを中心として政治改革が進められたが，政治結社法が成立する頃には，アリアス＝ナバーロは閣僚から政治改革に対する消極的な姿勢を非難され，また体制内原理派からは政治改革を中止するよう要求されていた。アリアス＝ナバーロとフアン＝カルロスの関係は最初からよいとは言えず，むしろ悪化していた。フラガによる政治改革にしても，民主的な反体制派からの期待感は薄く，第二次アリアス＝ナバーロ内閣は，1976年夏頃には体制内外の圧力にさらされ，いつ崩壊してもおかしくない状況にあった。

　その中でスアレスは，先にも見たように，閣僚への抜擢，フラガ不在の間の代役，「アジェテの40人」への選出，政治結社法支持演説など，この時点では国民の間で広く知られた存在ではなかったが，体制の中で確実に頭角を表していた。結果的に，政治結社法の支持演説で高評価を受けたことで，スアレスが首相候補になり得る地位を得たと言えよう[93]。

　アリアス＝ナバーロは1976年7月1日に突如国王から首相を更迭されたが，意欲を喪失していたために反抗もしなかった。アリアス＝ナバーロ内閣は総辞職し，フラガによる政治改革は突如終わりを告げた。新首相にはスアレスが選ばれ，フラガは下野してAPを結成し，民主化プロセスで，スアレスとの間で民主化を巡る主導権争いを繰り広げるのである。

93　Abella, Carlos, *op.cit.*, pp.83-84.

第 4 章　体制内部完結型の政治改革：
　　　　　体制内部における主導権争い

第 1 節　スアレス内閣の成立

　国王フアン＝カルロスは，1976年7月1日にアリアス＝ナバーロ首相を更迭した[1]。フランコ存命中から継続して首相を務めていたアリアス＝ナバーロは，国王との関係があまりよくないことは遍く知られており，多くの人が今度新たに選ばれる首相こそ国王の意中の人物であると考えていた。首相の選出は，アリアス＝ナバーロが選出された時と同様，王国顧問会議で選出された3名の候補から国王が指名するという方式が採られた。エル・パイース紙は，アレイルサ外相，フェルナンデス＝ミランダ王国顧問会議長，フラガ内相，グティエレス＝メジャド（Manuel Gutiérrez Mellado）中将，ベガ＝ロドリゲス（José Vega Rodríguez）マドリード管区司令官という3人の文民と2人の軍人のうちのいずれかが新首相になると予想していた[2]。実際に首相に選出されることになるスアレスの名は，予想首相候補者の中になかった。結果として，新聞が予想した首相候補は1人も当たらなかった。実際にスアレスが首相の座を争った相手は，ACNPの副会長を務めたシルバ＝ムニョースとテクノクラートのロペス＝ブラボーで

---

[1] 国家組織法（Ley Orgánica del Estado, número 1/1967, de 10 de enero）第15条 c）に基づくと考えられる。首相の任免権は，国家元首が有していた。
[2] *El País*, 2 de Julio, 1976.

あった。さらに，王国顧問会議でのスアレスの評価は，三番手であった。

国民の間でのスアレスの知名度は，当時非常に低かった。スアレスは，エレロ＝テヘドールの私設秘書から出発して，セゴビア県知事，国営放送の社長，国民運動副事務総長を経て，アリアス＝ナバーロ内閣では国民運動事務総長として初入閣を果たし，1976年5月には，国民評議会の常任評議員になっていたが，国民の間ではアレイルサやフラガと比べて無名に近い人物であった。少なくとも，体制内改革派のアレイルサとフラガに比べて，スアレスは国民運動のポストを歴任してきたことから，保守的な人物であると多くの人が思っていたのである。

したがって，国王がスアレスを首相に指名したことは，世間では予想外の出来事として扱われた。スアレス本人も確実に首相になれるとは思っていなかったようで，スアレス夫人は，スアレスが首相に指名された日には知人の結婚式に出席するためイビサ島に出かけており，アレイルサが組閣の準備を自宅でしていたのとは対照的であった[3]。マスメディアにとってスアレスの指名は意外なだけでなく，その反応は概ねネガティブなものであった。後にスアレス内閣で文化相となるリカルド・デ＝ラ＝シエルバは，「なんという誤りだ，とてつもない間違いだ」と題する寄稿を行っている[4]。

スアレスが首相に選ばれた経緯は，以下のように説明できる。スアレスが国営放送の社長を務めていた頃，監督官庁の大臣であったサンチェス＝ベジャ（Alfredo Sánchez Bella）情報観光相と折り合いが悪く，当時，国民運動事務総長であったフェルナンデス＝ミランダと業務について頻繁に相談していた。フェルナンデス＝ミランダは，フアン＝カルロスの家庭教師を務めた人物で，フアン＝カルロスの側近であった。フェルナンデス＝ミランダを介してフアン＝カルロスとのパイプができたスアレスは，国営放送を用いてフランコの後継者となるフアン＝カルロスを好意的に宣伝した。フアン＝カルロスの旅行先での人々の歓迎ぶり，スポーツに打ち込んでいる様子，勉強している内容などを放送し，フアン＝カルロスのイメー

---

[3] Lamelas, Antonio, *op.cit.*, p.67.
[4] *El País*, 7 de Julio 1976.

ジアップを図った⁵。これらのやりとりにより，フアン＝カルロスの信頼を勝ち取ったスアレスは，以後フアン＝カルロスに重用されることとなったのである。アリアス＝ナバーロ内閣でのスアレスの入閣は，フアン＝カルロスの意向を受けたフェルナンデス＝ミランダの尽力があったからとされている⁶。フェルナンデス＝ミランダは，首相人事において国王の意中の人物であるスアレスが首相候補となるべく，王国顧問会議長の権限を最大限使ってスアレスが首相候補に残るよう尽力したのである。

　フアン＝カルロスは，スアレスを首相に選んだ理由に，彼の先見性を挙げている⁷。しかし，フアン＝カルロスは，個人的に忠誠を誓ってくれる人物を好んだと言われているため，スアレスの先見性に着目していたとしても，個人的な忠誠を誓ってくれるかどうかの方がより重要であったと考えられる⁸。フラガとフアン＝カルロスの関係がそれほどよくなかったのは，フラガがフアン＝カルロスに個人的な忠誠を誓わなかったからであると言うことができる。フアン＝カルロスは，後に政治改革法となって具体化する政治改革を忠実に実行してくれる人物を首相として求めていた。フアン＝カルロスから見れば，先見性があり，自分に忠実なスアレスは，最適な人物であったと言えよう。

　他方スアレスは，出世欲の強い人物であり，子供の頃から首相になりたいと述べていた⁹。後年，「国王の頭の中にはすでに貴方の姿があったと思われるか？」という問いに対して，スアレスは，「私は，冗談とも本気とも取れない形で，彼が王子の時代から，首相になりたいと(彼に)言ってきた。なぜなら，本質的に，何をすべきか(私は)わかっていたからだ」と答えている¹⁰。このことから，国王の望む「民主化」を遂行すれば，首相になれると考えていたと思われる。また，「すべきこと」の意味は，民主化

5　Lamelas, Antonio, *op. cit.*, p.56.
6　Fernandez - Miranda Lozana, Pilar and Fernandez - Miranda Campoamor, Alfonso, *op.cit.*, pp.120-121.
7　J. L. ビラジョンガ前掲書，120頁。
8　Powell, Charles T. (a), *op.cit.*, p.33.
9　Herrero, Luis, *Los que le llamábamos Adolfo* (Madrid: La Esfera de los Libros, 2007), p.23.
10　Alameda, Sol (a), *op.cit.*, (Madrid: Taurus, 1996), p.454.

写真7　スアレス（左側）と国王フアン＝カルロス1世（右側）

Fundación San Pablo CEU depositadas en el Museo Adolfo Suárez y la Transición（Cebreros- Ávila- España）

ではなく，フアン＝カルロスの望むことと解釈することもできよう。フラガは，スペインを西欧諸国と同等の議会制民主主義を実現するという大志を持っていたが，スアレスは，少なくとも首相に就任した頃に理想の政治理念といったものを有していたとは考えにくく，民主化を指揮すれば首相になれるくらいに考えていた人物であることが窺える。スアレスは，出世のためであれば，カトリックの信徒団体にも，国民運動にも所属し，確たるイデオロギーを持たなかったため，フラガら体制内改革派とは一線を画す存在であった。スアレスが国民運動に所属していた理由は，単に国家公務員試験を不合格になり，将来の首相候補と目された鬼才のエレロ＝テヘドールの私設秘書を務めたからに他ならない。学業劣等生であったスアレスは上役にかわいがられる性格をしていた。この武器を最大限活かすことで，エレロ＝テヘドールに取り入って国民運動の要職を歴任し，フアン＝カルロスに気に入られて首相になったと言うことができる[11]。

　他方，フアン＝カルロスの望む民主主義は，限定的な民主主義であったと言える。フランコ体制の下でフランコに次期国家元首として英才教育を施されたフアン＝カルロスが，民主主義について深い理解を示していたとは考えにくいからである。またフアン＝カルロスに政治学の講義を行ったのは，たとえ議会制民主主義を理解していたとしても，スペインにおいて議会制民主主義を実践しようとしていたかどうか疑わしいフェルナンデス＝ミランダであったという点も重要な論点となる。スアレスが首相となるための工作を行い，政治改革法の原案を作成し，スペインの民主化の父として称えられるフェルナンデス＝ミランダだが，フラガのように，スペインを西欧民主主義国家と同等の国家にするという意志を持っていたとは考えられないからである[12]。なぜなら，フェルナンデス＝ミランダが国民運動事務総長を務めていた時，フラガらは自由な政党活動を望んでいたのに対し，フェルナンデス＝ミランダは，国民運動の傘下組織としての政治

11　Fuentes, Juan Francisco, *op.cit.*, pp.21-56.
12　フェルナンデス＝ミランダを民主化の父として位置付ける代表的な研究に，Fernandez - Miranda Lozana, Pilar y Fernandez - Miranda Campoamor, Alfonso, *op.cit.* がある。しかしこの研究は，フェルナンデス＝ミランダの娘と甥が資料を囲い込んで書いたものであり，検証が不可能なため，同研究の主張を全面的に受け入れることはできない。

結社を考えていたからである。この事実から，フェルナンデス＝ミランダは，スペインにおいて西欧諸国並みの議会制民主主義の実現を考えていなかったと思われる。また一貫して共産党の合法化を認めない点は，フランコ体制の政治家に共通する点であった。このようなフアン＝カルロスの背景を考慮すると，国内外の諸政治勢力が納得し，自らの地位も保全される議会制民主主義の成立が，唯一自らの地位を安定させる方法であったため，フアン＝カルロスは「民主化」を主張したと言うことができる。

このようにスアレス内閣は，フアン＝カルロスとフェルナンデス＝ミランダの意向を受けて，政治改革法を成立させるために組閣された内閣であったと言うことができる。フアン＝カルロスの意のままに動くかどうかという観点から，フラガは首相に不適任であった。しかしスアレスの手腕は未知数であったため，新聞にはスアレスは組閣できないのではないかという疑念を呈する記事も掲載された。ようやく組閣できても閣僚となった人物の年齢は比較的若い人が多かったため，フェルナンデス＝オルドーニェスは，同内閣を「非常勤講師内閣」と揶揄したのであった[13]。

「非常勤講師内閣」と揶揄された第一次スアレス内閣ではあったが，アリアス＝ナバーロ内閣からの留任・配置換えの閣僚は多かった。スアレスを含めると閣僚全体の半数となる10人が，留任・配置換えの閣僚であった。軍部大臣3人は全員留任し，陸相，海相，空相にはそれぞれアルバレス＝アレナス (Félix Álvarez-Arenas y Pacheco)，ピタ＝ダ＝ベイガ (Gabriel Pita da Veiga y Sanz)，フランコ＝イリバルネガライ (Carlos Franco Iribarnegaray) が，引き続きそれぞれの任に就いた。デ＝サンティアゴも第一副首相を継続することになった。その他の閣僚は，オソリオ第二副首相兼総理府長官を中心に，タシトグループから複数人留任・配置換えを含めて入閣した。スアレスが強く希望した人事として考えられるのが，アブリールの農相任命である。アブリールは，農業技師であり，スアレスが，セゴビア県知事を務めていた頃に知り合い，それ以来家族ぐるみの付き合いをしていた。スアレスがアブリールに政治家になるように勧め，アブリールはスアレスの盟友と呼べる存在となった。後のスアレス内閣で副首相となるアブリールは，第一次内閣のポストこそ農相であったが，スアレ

---

13 *El País*, 6 de julio de 1976; Powell, Charles T. (a), *op.cit.*, p.203.

写真8　アブリール

Agencia EFE

スが最も信頼し，相談する相手であったため，実質的には副首相の役割を担うこととなったのである[14]。スアレスが最も影響力を行使できると考えられる国民運動からはマルティン＝ビジャとイグナシオ・ガルシアが入閣を果たした。イグナシオ・ガルシアは，アリアス＝ナバーロ前内閣において，スアレスがエドアルド・ナバーロの推薦を受けて，国民運動副事務総長に任命した人物であった[15]。

14　Lamelas, Antonio, *op.cit*., pp.49-68, 87-88.
15　García López, Ignacio, 《Testimonio de Ignacio García López. Dieciocho

表4－1　第一次スアレス内閣の陣容（発足時）

ポスト	名前	備考
首相	アドルフォ・スアレス	前国民運動事務総長
第一副首相	フェルナンド・デ＝サンティアゴ	留任
第二副首相兼総理府長官	アルフォンソ・オソリオ	前総理府長官・タシトグループリーダー格
外務	マルセリーノ・オレハ	タシトグループ
内務	ロドルフォ・マルティン＝ビジャ	前組合担当相・国民運動系
法務	ランデリーノ・ラビジャ	タシトグループ
陸軍	フェリス・アルバレス＝アレナス	留任
空軍	カルロス＝フランコ・イリバルネガライ	留任
海軍	ガブリエル・ピタ＝ダ＝ベイガ	留任
財務	エドゥアルド・カリーレス	タシトグループ
産業	カルロス・ペレス＝デ＝ブリシオ	留任
商務	ホセ・ジャドー	オレハの義兄
公共事業	レオポルド・カルボ＝ソテロ	前商務相・タシトグループ
農業	フェルナンド・アブリール	スアレスの盟友
住宅	フランシスコ・ロサノ	留任
労働	アルバロ・レンヒッフォ	商務官僚
教育	アウレリオ・メネンデス	商法の権威
情報観光	アンドレース・レゲーラ	タシトグループ
国民運動事務総長	イグナシオ・ガルシア	前国民運動副事務総長
組合担当	エンリケ・デ＝ラ＝マタ	保健・衛生分野の官僚

Prego, Victoria, *Diccionario de la Transición*, Barcelona: Debolsillo, 2003 を参考に作成

　このような経緯でスアレス内閣は組閣されたため，スアレスが全ての閣僚をコントロールできる状況にはなかった。閣内不一致が懸念され，同内閣の統治能力にも疑問が投げかけられていた[16]。その不安は，スアレス内閣最初の仕事，すなわち，アリアス＝ナバーロ内閣で成立した政治結社法が有効となるための刑法改正の審議において，露呈することになった。審議内容や経過については，後に述べるが，同法案の採決において，閣僚のデ＝サンティアゴが反対票を投じ，大量の反対者を出しての可決，成立であった[17]。通常，野党の存在しないフランコ国会の審議では法案に大量の反対票が投じられることはなく，刑法改正の採決結果は異例であった。例

---

meses》, Ortiz, Manuel, *Adolfo Suárez y el bienio prodigioso*（Barcelona: Editorial Planeta, 2006), p.252.
16　*El País*, 8 de julio de 1976.
17　Ortiz, Manuel, *Adolfo Suárez y el bienio prodigioso*（Barcelona: Editorial Planeta, 2006) p.90.

えば，1971年11月25日から1975年11月25日の4年間で国会において審議された法案は98本あったが，約半数が満場一致で可決し，残りの法案の反対票も1票から33票であった[18]。

刑法改正の採決において反対票を投じたデ＝サンティアゴ第一副首相は，後に労働組合の合法化政策にも反対し，それが引き金となって1976年9月に閣僚を辞任した。この刑法改正での混乱は，スアレス内閣に前途が多難であると認識させた[19]。政治改革法を国会で成立させるためには，体制内での政権基盤を安定させ，多くの協力者が必要であるとスアレスに悟らせるのに十分な効果を持ったのであった。その協力者となるのが，フラガら体制内改革派である。次節では，フラガグループの動向について論じる。

第2節　フラガの下野

フアン＝カルロスは，フラガにスアレスと共に民主化改革に取り組むよう要請した[20]。そこでスアレスは，フラガに公正取引委員会委員長にあたるポストを用意したが，フラガは固辞し，下野した。体制内改革派の中心的存在であるという自覚があったフラガは，国民運動事務総長しか閣僚経験のない若いスアレス首相のもとで，辺境ポストに着任するということは考えられなかったからである。

スアレスが首相になったという事実は，フラガに大きな失望感をもたらした。カバニージャスは再三会談を要請したが，フラガに面会できたのは，1976年8月17日とスアレスの組閣から1カ月以上が経過してからであった。その会談はアレイルサを含めた三者で行われ，今後の政治状況について相互に意見交換を行った。今後，憲法制定がなされるであろうという点で三者の見解は一致し，アレイルサは，憲法が自由民主主義に基づくものであれば，普通選挙によって憲法制定会議の議員が決められ，その議員間で憲法について議論がなされるであろうとの見方を示した。このアレ

18　Aguilar, Miguel Angel, *Las ultimas cortes del franquismo* (Barcelona: Editorial Avance, 1976), p.6.
19　Lamelas, Antonio, *op.cit.*, p.106.
20　Gilmour, John, *op.cit.*, p.135.

イルサの見解に同意したフラガは,閣僚ポストを失ったこの状況こそがチャンスと捉え直した。総選挙が実施されるのであれば,早くから総選挙の準備をしたほうが有利であり,政府に関わっていないフラガは,選挙の準備に専念できるからである。こうしてフラガらは,体制内改革派を中心とする包括政党を作り上げ,総選挙で勝利し,憲法制定会議において指導的な立場になるというシナリオを描き,それを目指すこととなった[21]。

まずフラガが取りかかったことは,総選挙を戦うための政党[22]作りであった。しかしフラガが主催していたGODSAを母体とした民主改革(Reforma Democrática: RD)には,十分な資金はなく,資金力のある者と協力する必要があった。その相手としてフラガが選んだのは,先にアレイルサとの「三者同盟」に反対した,UDEの党首,シルバ＝ムニョースであった。シルバ＝ムニョースは,閣僚経験のある政治家で,キリスト教民主主義者との人脈もあり,スペイン信用銀行(Banco Credito Español: BANESTO)の役員を兼ねていた[23]。フラガは彼と協力関係を築くことで資金面のみならず,有能な人材の獲得が可能と考えたのであった。

以上のような計画を前提に,1976年9月13日に再びアレイルサらとの三者会談が行われ,フラガはシルバ＝ムニョースと結成する新党に,アレイルサらを誘った。しかしアレイルサは,先の「三者同盟」にシルバ＝ムニョースが反対したことを挙げて,保守的なシルバ＝ムニョースと結党すべきでないと主張した。アレイルサは,カバニージャスらタシトグループと協力したほうが,総選挙において有利であるとフラガに主張し,アレイルサとカバニージャスは,フラガの新党に加わらなかったのである。

こうして盟友と呼べる存在であった,体制内改革派のアレイルサやカバニージャスと決別したフラガは,主要な結社を集めて,国民運動結社連盟(Federación de Asociaciones del Movimiento: FAMO)を結成した。これがAPの前身となった。FAMOには,シルバ＝ムニョース,フラガの他に,

---

21 Penella, Manuel, *Los origenes y la evolucion del Partido Popular: Una historia de AP I 1973-1982* (Salamanca: Caja Duero, 2005), p.153.
22 法的手続き上は,政治結社だが,本書では政党と呼ぶ。政治結社が正式に政党となるのは,1978年12月のことである。Ley 54/1978, de 4 de diciembre, de Partidos Políticos.
23 Bardavío, Joaquín y Sinova, Justino, *op.cit.*, pp.610-611.

マルティネス＝エステルエラス(Cruz Martínez Esteruelas)，ロペス＝ロドー，フェルナンデス＝デ＝ラ＝モラ(Gonzalo Fernández de la Mora)，フェルナンデス＝クエスタがリーダーを務める結社が合流した。FAMOに合流した人物の中にはフランコ体制の継続を主張する体制内原理派もいた。むしろフラガと近い考えを持つ体制内改革派はいなかった。特にフェルナンデス＝クエスタは極めて原理的なファランへ党員であり，フラガが内相時代に衝突したブラス・ピニャールらと親しい人物であった[24]。

アレイルサら体制内改革派の盟友と決別してでもフラガがFAMOを結成した背景には，県知事らが集計した調査結果があった。同調査では，有権者の2／3がFAMOを支持し，総選挙を行えば，50県のうち少なくとも30県でFAMOが勝利する，というデータを示していたからである[25]。さらにフラガが懸念していた政治資金の問題は，FAMOの代表者の多くが金融界に通じていたため，解決した。シルバ＝ムニョース以外にも，マルティネス＝エステルエラスはマルク銀行(Banca March)，ロペス＝ロドーはオプス・デイの幹部であったから，大衆銀行(Banco Popular)，大西洋銀行(Banco Atlántico)，バンクユニオン(Bankunion)とつながりを持っていた。これらの銀行は，全て当時のスペインを代表する大銀行であった。そしてFAMOが正式に保守政党となった際には，7銀行から合計11億2500万ペセタの融資が受けられると報道されていた[26]。スアレス政府の計上する補正予算の額と比べると，この融資額は巨額であったと言うことがわかる。

フランコ体制末期の治安悪化，石油危機に端を発する景気後退等の状況を打開するためには，強力な保守政権が必要であるとフラガは考えていた。そのため，フラガが募った協力者は，保守色の強い，どちらかといえばフランコ体制を擁護する立場の人物ばかりであった。改革派であり中道というフラガのイデオロギー特性を支持していたRDのメンバーやカバニージャスらは，体制内原理派と結党するというフラガの決定に落胆した。特にカバニージャスは，先の三者同盟が頓挫した元凶であるシルバ＝

24　Bardavío, Joaquín y Sinova, Justino, *ibid.*, p.255.
25　Gilmour, John, *op.cit.*, p.136.
26　*Cuadernos para el diálogo*, 25 de septiembre de 1976, 9 de octubre de 1976.

ムニョースと再び協力関係を結ぼうというフラガの行動が理解できず，フラガと決別したのである。

RDからカバニージャスが離脱したように，FAMOに合流した他の政治結社においても，党内分裂が生じた。オソリオらUDEのメンバーは，フランコ体制の擁護を掲げる政党に合流するというシルバ=ムニョースの決定に反対し，シルバ=ムニョースをUDEから追放した。そこでシルバ=ムニョースは，新たにスペイン民主行動 (Acción Democrática Española: ADE) を結成して，APに合流することになった。マルティネス=エステルエラスのUDPEにおいても，スアレスと親しい国民運動実務派が離党した。

実現しなかった「三者同盟」は，中道政党を結成するという計画であった[27]。以来，その中道という響きに惹かれて，多くの者がフラガ，アレイルサ，シルバ=ムニョースのもとに集まった。オソリオやカバニージャスもそのうちの1人と言えよう[28]。当時のスペインでは，「中道」と「『断絶』ではない『(民主化)改革』」は，同義で用いられていた。しかし，フラガの中道の解釈は少々異なり，「中道とは極端な右ではないという意味である」とフラガは主張している[29]。この時点のフラガの頭の中に反体制派である左派と提携するという発想はなかったと考えられるため，幅広い右派を取り込むために中道を主張していたと考えられる。また，民主化を眼前にした過渡期の政治状況では，極端なイデオロギーをもったアクター以外，どのような政治理念を持っているか判然としないということもフラガがこのような選択をした理由として挙げられる。例えばシルバ=ムニョースは，その後の活動を見れば，議会制民主主義を推進する人物ではなかったが，フラガは，シルバ=ムニョースと積極的に連携しようとした。かつてはオソリオも，シルバ=ムニョースを体制内改革派とみなしていた。このように，各アクターの政治理念には，体制変動期においては理解し難いものがある。

1976年10月9日，FAMOを基礎に，7つの政治結社が合流する形でAP

27　Powell, Charles T. (a), *op.cit.*, pp.43-44.
28　Powell, Charles T. (a), *ibid.*, p.231.
29　Penella, Manuel, *op.cit.*, pp.156-157.

表4－2　APに合流した政治結社と代表者

代表名	結社名	
マヌエル・フラガ＝イリバルネ	民主改革	Reforma Democrática
フェデリコ・シルバ＝ムニョース	スペイン民主行動	Acción Democrática Español
クルース・マルティネス＝エステルエラス	スペイン国民連合	Unión del Pueblo Español
ラウレアーノ・ロペス＝ロドー	地域行動	Acción Regional
ゴンサロ・フェルナンデス＝デ＝ラ＝モラ	スペイン連合	Unión Nacional Española
エンリケ・トマス＝デ＝カランサ	社会民衆連合	Unión Social Popular
リシニオ・デ＝ラ＝フエンテ	社会民主主義	Democracia Social

Gilmour, John, *Manuel Fraga Iribarne and the Rebirth of Spanish Conservatism 1939-1990*（Lewinston, Queenston and Lampeter: The Edwin Mellen Press, 1999）を参考に筆者作成。

が誕生した[30]。APに合流した結社とその代表者は，表4－2のとおりである。APの設立に関わった7人は，「偉大なる7人（Los siete magníficos）」と呼ばれることになった。APの設立メンバーの中には，フェルナンデス＝デ＝ラ＝モラのように，政党政治を否定する発言をし，官僚制の重要性を説いていた人物もいた。

スペイン国内に限らず，周辺諸国からも，民主化の担い手とみなされていたフラガが，フランコ体制の擁護を主張する人たちと共に結党したことは衝撃をもたらしたのである。

結党後すぐにフラガとロペス＝ロドーが中心となって選挙公約を作成した。選挙公約においてAPは，1960年代において奇跡の経済成長を成し遂げたフランコ体制の有用性をアピールした。フラガはいわゆる左派が，国際的な支援を受けていることを知っていた。フラガは，そのような左派に対抗するためには，右派も国際的な支援を受ける必要があると考え，イギリスの保守党やフランスのゴーリストを見習った強力な保守政党を作ろうとしたのであった[31]。

なぜフラガは結党を急いだのであろうか。ギルモアは，ポルトガルからスペインに亡命していたスピノラ将軍の存在を挙げている。スピノラは，

30　FAMOからの主な変更点は，フェルナンデス＝クエスタが抜け，代わりに，トマス＝デ＝カランサ（Enrique Thomas de Carranza）の社会民衆連合（Unión Social Popular）とデ＝ラ＝フエンテの社会民主主義（Democracia Social）が新たに参加したことである。

31　Osorio García, Alfonso (a), *op.cit.*, p.205.

ポルトガルのように，左派によって革命を起こされ，政府を転覆されたくなければ，素早く右派の結束を強めて連合しなければならないと説いた。その話を聞いたフラガは，迅速に右派を連合させる必要があると感じ，APの結成を急いだのである[32]。

フラガの選挙戦略は，フランコ体制の政治家をまとめ上げ，他の右派勢力を泡沫勢力にするというものであった[33]。フラガは，APがフランコ体制の政治家を中心とした大勢力になれば，総選挙を非常に有利に戦えると考えていた。またフラガは，小政党が乱立する選挙戦になると予想していた。そうなれば，マスメディア上では各政党は頭文字で報道されることとなり，フラガはAPの名が様々な政党による「単なる文字の乱立」の中に埋もれさせないことが重要であると考えていた。そのため，大物政治家をAPから立候補させ，政治的イデオロギーを明確にしようとしたのである[34]。フラガと決別したアレイルサとカバニージャスも，APに遅れて1976年12月にタシトグループを中心にPPを結成するが，PPに加入したメンバーのネームバリューや実績は，APに大きく劣っていた。APに所属した政治家の当時の知名度や経歴に鑑みれば，首相としてまだ何の実績もないスアレスとPPが組んだとしても，APを脅かす存在にはなり得ず，当時，APは圧倒的な存在感を示していたと言えよう。

その後の政治過程をみれば，フラガは体制内原理派に近い人物と結党したと言える。このAP結党をもってフラガがフランコ体制擁護へとシフトしたと論じる研究は多数存在する。しかしこの時のフラガは自分が体制内原理派に近いアクターと結党したという認識を持っていなかったのではないだろうか。繰り返しになるが，民主化という体制変動期において，各アクターの政治理念は流動化する。またフランコ体制において長年政治家を務めてきたアクターが，議会制民主主義において，どのような政治理念をもって行動するかを予測することはできない。後に見るように，民主的な反体制派にも，反体制派連合を結成する際，その中に民主的でない組織が含まれた。また，民主化という体制変動期では，保守＝旧体制の原状回復

---

32 Gilmour, John, *op.cit.*, p.138.
33 Powell, Charles T. (a), *op.cit.*, p.231.
34 Fraga Iribarne, Manuel (a), *La monarquía y el país* (Barcelona: Editorial Planeta, 1977), pp.227-235.

を主張する者と捉えられがちであり，保守を自認することは，反民主化を主張していると世間からみなされやすい。この点をフラガは認識しておらず，必ずしもフラガが右傾化したとは言えないのである。むしろフラガの選挙戦略の失敗に起因することと言えよう。

さらにフラガの選挙戦略のミスは続く。フラガは，APをアピールする場において，「強力」の意味を履き違え，威圧的な態度で臨み，そのフラガの態度は，権威主義体制を想起させるものとなってしまった。このためフラガは，中道穏健の人として好意的な印象を抱いていた左派系のマスメディアからも孤立した。唯一，保守系新聞，*ABC*紙だけが「政治連合の結成は，最終的に国に利益をもたらす。そのための，相互理解，忍耐，個人の犠牲を辞さないAPの勇気ある行動」として高くAPを評価した[35]。

このようにマスメディアからも孤立し，ロペス＝ロドーによれば，AP内各会派の指導者とフラガとの関係は，目的や考えの違いから，徐々に悪化していったが[36]，それでも，体制内原理派と開放派をまとめあげることに成功したフラガは，APを体制内最大の政治グループへと押し上げた。そしてAPの最初の目標は，政府が取り組んでいる政治改革法の成立に関与し，国会審議においてAPの存在価値をアピールすることとなった。

第3節　政治改革法成立に向けて

第1項　政治改革法以外のスアレスの政策

スアレス内閣は，フアン＝カルロス体制を安定させることを最大の目的として組閣された。しかし，体制の安定化に寄与すると考えられた政治改革法を成立させることが政権の中心的な目標ではあったものの，内閣発足の1976年7月から政治改革法が成立する12月までの5カ月間，それだけに専念していたわけではない。スアレスは，軍事裁判所や治安裁判所など複数の裁判所が混在し一元化されていない司法制度，労使一体となっている組合のあり方など，フランコ体制の政治制度を改革する必要があると認

35　*ABC*紙を除き，各紙はフラガがAPを結成したことに対し痛烈に批判した。Gilmour, John, *op.cit.*, pp.139-140；*ABC*, 10 de octubre 1976, 21 de octubre 1976.
36　ロペス＝ロドーは後にAPに参加したことは間違いであったと述懐している。Gilmour, John, *ibid.*, p.140, 142.

識し，同時に，オイルショックに端を発する経済危機にも，素早く対応する必要があると考えていたのである[37]。

　スアレスは，就任直後の所信表明演説において，政治改革だけが課題ではなく，複数の課題が存在すると主張し，フラガが「(政治)改革」を強調したのとは対照的であった。むしろ所信表明演説の中で「改革」を想起させる表現は，「もしスペイン社会が，民主的な正常化を熱望するのであれば，達成できるよう取り組もうではないか」という発言と，「将来の政府が，多数のスペイン人の自由で自発的な意思の結果，結成される政府であることを望む」といった発言のみであり，スアレスの演説は，あまり刺激的ではなかったと言える[38]。スアレスは，「街中では単に普通のことを政治においても普通にしよう[39]」というフレーズを政治結社法案審議の演説以降好んで用い，スアレス内閣のスローガンとなった。以上のことから，スアレス内閣による政治改革の特徴は，「民主化」といった刺激的な言葉を避け，「変化」を強調しなかった点にある。既に述べたように，多くのフランコ体制の政治家は同体制をある種の民主主義体制であるとみなしており，「民主化」という言葉には過敏な反応を示す懸念があったからと考えられる。

　スアレス内閣が1976年末までの5カ月間で成立させた法律・政令法の数は，34本にものぼる。そのうち18本が，議会の審議を経ない政令法であった。審議が紛糾する可能性のある法案は，全て政令法を用いて成立させていったのである。本項では，その中でも重要と考えられる施策について概観することにする。

　この時期のスアレス内閣が成立させた法律で一番多いものは，経済対策

37　Lamelas, Antonio, *op.cit.*, pp.58-59.
38　Suárez, Adolfo(c),《Primer mensaje del Presidente Suárez al pueblo español (6 de julio de 1976)》, Sánchez Navarro, Ángel J., *La transición española en sus documentos* (Madrid: Centro de Estudios Políticos y Constitucionales, 1998), pp.287-289.
39　この有名なセリフは，フェルナンド・アブリールの兄であるホアキン・アブリール(Joaquín Abril)発案のものであったとセバスティアン・ジョンパール(Sebastián Llompart)が述べている。ここからもアブリールとスアレスが家族ぐるみの付き合いをしていたことが窺える。Lamelas, Antonio, *op.cit.*, p.95.

に関わるものである。7月19日に，失業者対策として合計81億3400万ペセタの補正予算を組み[40]，穀物の輸入が遅延したことにより発生した損害に対する補償として，5904万2344ペセタの補正予算を組んだ[41]。そして7月30日には失業対策，価格統制，農業・製造業への投資を柱とする緊急対策政令法[42]と住宅取引に関する減税を定めた政令法[43]を成立させた。その後も8月10日には，株式市場への投資を活性化させるための緊急対策政令法[44]と失業給付金の改定と失業者救済をより進める政令法[45]を制定し，続いて8月24日には，財政再建ならびに輸出と国内消費の奨励に関する政令法[46]を制定した。最終的に，総合的な経済対策として，10月8日に経済対策に関する政令法[47]で価格上昇などのインフレ抑制を試みた。その他にも，12月4日には，合計16億8216万9464ペセタの補正予算を組み，漁業関係者に対し高騰し続ける燃料費を助成する法律[48]を成立させた。

40　Ley 24/1976, de 19 de julio, sobre concesión al presupuesto en vigor de la sección 17,《Ministerio de Obras Públicas》; 19,《Ministerio de Trabajo》; 21,《Ministerio de Agricultura》, y 25,《Ministerio de la Vivienda》, de varios créditos extraordinarios, por un importe total de 8.134.000.000 de pesetas, para la realización de obras en Andalucía y Extremadura con objeto de combatir el paro obrero.

41　Ley 26/1976, de 19 de julio, de concesión al presupuesto en vigor de la sección 23,《Ministerio de Comercio》, de un crédito extraordinario de 59.042.344 pesetas, para abono de indemnizaciones por perjuicios ocasionados a consecuencia de retraso en la importación de cereales.

42　Real Decreto - ley 11/1976, de 30 de julio, sobre acciones urgentes en relación con el paro, los precios, el sector agrario y la inversión productiva.

43　Real Decreto - ley 12/1976, de 30 de julio, sobre inversión en vivienda.

44　Real Decreto - ley 13/1976, de 10 de agosto, sobre medidas urgentes para estimular la inversión en Bolsa.

45　Real Decreto - ley 15/1976, de 10 de agosto, por el que se modifica la base de cotización y se perfecciona la acción protectora por desempleo.

46　Real Decreto - ley 16/1976, de 24 de agosto, por el que se dictan medidas fiscales, de fomento de la exportación y del comercio interior.

47　Real Decreto - ley 18/1976, de 8 de octubre, sobre medidas económicas.

48　Ley 37/1976, de 4 de diciembre, sobre concesión al presupuesto en vigor de la Sección 23,《Ministerio de Comercio》, de un crédito extraordinario de 1.682.169.464 pesetas, para subvencionar al Sector de la Pesca por los suministros

これらの矢継ぎ早に導入された経済対策は結果から見れば不十分であったものの、スアレス内閣が政治改革法成立だけに没頭し、経済対策を全く行ってこなかったという指摘は不適切であることを物語る事例である[49]。
　その他、スアレス内閣は、組織改革を意図する法律を成立させた。8月28日に道路・運河・港湾技術者、公共事業技術者、公共事業の設計工、その他公共事業省に入省する技術者の定員を増加させる法律[50]を可決させ、12月7日には、国税調査官、大学教員の定員を増加させる法律[51]を可決させた。他にも、公立の物理学の学校[52]、公的資金を管理する機関[53]、公務員組合[54]の創設に関する法律を成立させた。特に公務員組合の創設は、フランコ体制では、労働組合が非合法であったため、デリケートな問題であった。既に触れたように、デ＝サンティアゴ第一副首相は、スアレスの労働組合を合法化する政策に反対して、閣僚を辞任している。そのため公務員組合の創設は、世間の目を欺くかのように、政令法で行われている。後に述べるように、最終的に労働組合の合法化は、1977年4月に行われ

---

de gas - oil y fuel-oil desde el 1 de enero al 30 de junio del corriente año.

49　経済政策については1982年に成立するPSOE政権まで行われなかったとする研究は多く存在する。例えば、Gunther, Richard, Diamandouros, P. Nikiforos, and Sotiropoulos, Dimitri A., *Democracy and the state in the new Southern Europe* (Oxford: Oxford University Press, 2006). 総選挙以後経済対策を実施したとする研究はあるが、1976年時点で経済対策をスアレス政権が実施していたと記載する研究は、ほぼ皆無である。

50　Ley 33/1976, de 26 de agosto, sobre fijación de plantillas de los Cuerpos de Ingenieros de Caminos, Canales y Puertos; Ingenieros Técnicos de Obras Públicas, Delineantes de Obras Públicas, Ingenieros Industriales al servicio del Ministerio de Obras Públicas y Técnicos Mecánicos de Señales Marítimas.

51　Ley 35/1976, de 4 de diciembre, sobre ampliación de las plantillas presupuestarias de los Cuerpos de Inspectores y Ayudantes de Inspectores del SOIVRE., Ley 36/1976, de 4 de diciembre, sobre fijación de plantillas de los Cuerpos de Profesorado de Escuelas Universitarias.

52　Ley 34/1976, de 4 de diciembre, sobre creación del Colegio Oficial de Físicos.

53　Real Decreto - ley por el que se crea el Cuerpo Especial de Gestión de la Hacienda Pública.

54　Real Decreto - ley 19/1976, de 8 de octubre, sobre creación, organización y funciones de la Administración Institucional de Servicios Socio-Profesionales.

るが，公務員組合の創設が1976年10月に行われているということから，スアレスは1976年の時点ですでに労働組合の合法化を意図していたということが言えよう。

　他に重要なところでは，1976年7月にフランコ体制が政治犯と認定した者を釈放する恩赦法[55]を政令法で成立させた。しかしその内容は，反体制派からすれば不十分であった。なぜなら生命を脅かす暴力に加わった者は，恩赦法の対象から除外されたため，多くの者が釈放されなかったからである[56]。スアレスが政治改革の最大の障壁と考えていた軍部に対しては，昇進制度の改正を試みて，懐柔を図っている[57]。

　経済対策と中央の政治改革に専念するという方針から，地方分権化や司法制度改革を延期したのもスアレスによる政策の特徴である[58]。地方制度憲章は，既に述べたように，フランコの死去直前に成立したが，スアレスは2度にわたり施行を延期し，暫定自治州設置の際には同法を活用したが，実質的には憲法の成立に合わせて，施行されないまま廃止となった[59]。

　このようにスアレス内閣は，中心的な課題を政治改革としつつ，喫緊の経済対策も実行していたことが，成立した法律から窺える。オドンネルら

55　Real Decreto - ley 10/1976, de 30 de julio, sobre amnistía.
56　Powell, Charles T. (a), *op. cit.*, p.207.
57　Ley 31/1976, de 2 de agosto, de modificación de las Leyes 84/1965, de 17 de julio, y 78/1968, de 5 de diciembre, en lo referente a las condiciones de ascenso del personal de las Fuerzas Armadas en el 《Grupo de Destinos de Arma o Cuerpo》 y 《Escala de Tierra》 y de 《Escalas y ascensos en el Cuerpo de Oficiales de la Armada》, respectivamente.
58　Real Decreto - ley 24/1976, de 26 de noviembre, por el que se prorroga el plazo para la articulación de la Ley 42/1974, de 28 de noviembre, de bases, orgánica de la Justicia.
59　Real Decreto - ley 22/1976, de 12 de noviembre, por el que se prorroga el plazo para la articulación de la Ley 41/1975, de 19 de noviembre, de Bases del Estatuto del Régimen Local, Real Decreto - ley 25/1976, de 23 de septiembre, por el que se prorroga el plazo para la articulación de la Ley 41/1975, de 19 de noviembre de Bases para el Estatuto de Régimen Local, Ley 47/1978, de 7 de octubre, de derogación de la Ley 41/1975, de 19 de noviembre, de Bases del Estatuto de Régimen Local.

による研究に代表される協定主議論と呼ばれる民主化論は，民主化のための政治改革が最も優先され経済政策や社会政策を後回しにしている。そのため，民主化において経済・社会改革を重視する立場の研究から協定主議論は批判されてきたのである[60]。しかしスアレスの対応を見れば，実際に政権を担った者は，最重要課題が民主化であっても，目の前の不況や労働環境の悪化に対して，対策を練らないということはあり得ないということがわかる。確かにこの時期のスアレスが採った経済対策は，危機からの脱出という観点からは不十分であったが，スアレスの採った行動は，民主化において政治改革と社会改革どちらを優先すべきという議論が不毛であることを示唆している。

次項では，スアレスが国民から圧倒的な支持を獲得し，体制内で主導的な地位を得ることになる政治改革法の取り組みについて論じる。

第2項　政治改革法

政治改革法は，フランコ基本法(Leyes Fundamentales del Reino)七法と同格の地位にある法律である。フランコ体制は憲法を持たず，基本法の集合体が，その役割を担っていた。つまり政治改革法は，最高法規としての成立を目指したものであった。しかし，その手続きに関しては，基本法の改正という手順を踏んだ。フランコ体制の基本法は，国家組織法の成立をもって完成したと考えられており，新たな基本法の追加であっても，基本法の改正とみなされたからである[61]。フランコ基本法の改正には，国会の採決において出席議員の3分の2かつ総議員の過半数の賛成をもって国民投票に付し，国民から過半数の賛成を得ることが必要であった[62]。

政治改革法は，全五条と経過措置，最終規定からなる簡素な法律であった。第1条で国民主権と基本的人権の尊重，国会の立法権について，第2条で二院制の実施や両院の性格について，第3条では憲法改正手続きにつ

---

[60] ただしオドンネルらも社会改革の必要性について全く言及していないわけではない。むしろ本来彼らは社会改革の重要性を強調する立場の研究者である。G. オドンネル・P. シュミッター前掲書, 125-143頁。
[61] 池田実前掲書, 1429-1450頁。
[62] Ley de Sucesión en la Jefatura del Estado, de 24 de julio de 1947, articulo 10 y 15.

いて，第4条では下院の上院に対する優越について，第5条では国王について記していた。経過措置では，同法成立後の総選挙の在り方，総選挙後の議会運営の仕方について書かれた[63]。

　政治改革法の草案は，1976年の8月20日から22日にかけて，わずか数日でフェルナンデス＝ミランダが作成したことになっている[64]。しかしフェルナンデス＝ミランダは，1970年頃の国民運動事務総長時代に国民運動とフランコ体制の進化を訴える演説を行っているため，政治改革法の原案は古くからあったと考えられる。1970年4月27日の国民評議会での演説において，フェルナンデス＝ミランダは，国民運動がフランコ体制の基幹であり，国民運動の更なる進化のためには，国民評議会の権限強化と国民運動内部の政治結社の創設が必要であると訴えているからである[65]。このことから，政治改革法は，新たにフェルナンデス＝ミランダによって数日で構想されたものである可能性やフアン＝カルロスの指示で作られた可能性は低いと思われる。

　実際政治改革法の内容は，国民運動内部の国民評議会の権限を強化して国会と対置させるという，国民運動開放派が構想していた代表的な改革案とそれほど大きな違いはない。つまり政治改革法は，既に見たフラガの「国会設置法とその他の基本法改正案」のように，真の西欧議会制民主主義を目指したものとは言い切れないものである。その証拠に，フラガ案の発想を受け継いだと考えられるラビージャとエレロ＝デ＝ミニョン（Miguel Herrero de Miñon）が考案した政治改革案をスアレスは実現困難であるとして採用しなかった[66]。

　フェルナンデス＝ミランダが，政治改革法を第8番目の基本法として考案した理由は，国会審議において対立を少なくして，同法の成立を容易にするためだけではなく，フアン＝カルロスによるポストフランコ体制の完成を最小限の努力で行うためであった。フェルナンデス＝ミランダは，フ

63　Ley 1/1977, de 4 de enero, para la Reforma Política.
64　Fernández-Miranda Lozana, Pilar y Fernández-Miranda Campoamor, Alfonso, *op.cit.*, pp.225-227.
65　Torcuato Fernández-Miranda,《Discurso del ministro secretario general del Movimiento》, 27 de abril de 1970.
66　Ortiz, Manuel, *op.cit.*, pp.115-116.

ランコ基本法を一部調整するだけでフアン＝カルロス治世下においても同基本法体制が有効性を持つと考え，新規に憲法を制定する場合には憲法改正手続きを要求し，政治改革法には憲法改正規定が設けられたのである。フェルナンデス＝ミランダの改革プランでは，政治改革法成立後，同法の履行として，総選挙を実施するというものであった。つまり，政治改革法の規定に従って，新たな憲法を作成するということをフェルナンデス＝ミランダは考えていなかったように思われる。この点についてはスアレスも同様の意見を持っていたと考えられ，後に述べるように，スアレスが民主的な憲法制定にあまり意欲的でなかったことからもそれは窺える。

政治改革法の成立に向けて，スアレスが最も注意を払った勢力は軍部であった[67]。軍部の反対を受けては，政治改革法の成立どころか最悪の場合，政権の転覆も考えられたからである。スアレスは政治改革法の草案をもとに，1976年9月8日，三軍の司令官クラス総勢28名[68]を首相官邸に招き，アルバレス＝アレナス陸相の協力を仰ぎつつ，政治改革法の概要説明と成立の必要性を政治改革法がフランコ基本法に反しないことを強調しながら3時間にわたって訴えた。スアレスは軍部の動向を警戒していたが，軍人の持つ法的・政治的知識の乏しさでは，政治改革法成立の意味を理解することができず，容易に説得できると考えていた[69]。

この軍人向けの説明会の詳細は不明であるが，スアレスは，軍部に影響を及ぼす可能性のある計画や政策について，ほとんど何も話さなかったとされる[70]。エル・パイース紙によると，スアレスの説明の後にアルバレス＝アレナス陸相が全体をまとめ，その後いくつかの質問が出た。陸相は，軍の関心はスペインの一体性であり，それを脅かさない限り，首相の政治改革を支援していくと述べた。その他，PCEに関する質問がスアレスになされたが，スアレスは，一般的な共産党が，政党の合法化条件を満たすことはないと回答した。このようなスアレスの説明を聞いたため，軍幹部で政治改革法に異議を唱える者はなく，スアレスによる説得は大成功を収め

67 　J.L.ビラジョンガ前掲書，151-153頁。
68 　他にも最高軍事裁判所長官，治安警備隊長，王宮警備隊長が出席した。
　　Agüero, Felipe, *op.cit.*, notes 20, p.268.
69 　Powell, Charles T. (a), *op.cit.*, pp.220-221.
70 　*El País*, 9 de septiembre de 1976.

たのであった[71]。

　軍部の同意が得られたところで，スアレスは1977年9月10日に政治改革法案を閣議決定し，国民向けに政治改革法の内容についてテレビ演説を行った。スアレスは政治改革法の目的が，スペインの法体系を現実に合致させるための作業であるとし，スローガンである「街中では単に普通のことを政治においても普通にする」と主張し，そのためには全ての国民が議論に参加すべきであるとした。議論への参加は，政党と選挙を通じて行われると述べた。他方，改革を強調する話はせず，繰り返し政治改革法は最小限必要な改革であり，何か新しいものを生み出すものでも，何かを消し去るものでもないとした。スアレスは一通り，政治改革法の説明をした後，当時スペインが置かれている困難な経済状況について触れたが，短期的な経済対策以外は，フランコ体制からフアン＝カルロス体制への「移行」を最優先にすると主張した[72]。この政治改革法に関するテレビ演説のように，スアレスは国民向けのテレビ演説を多用し，政治におけるテレビの有効性を理解していたことがわかる。

　その後慣例に基づき，政治改革法案は，国民評議会へと送られた。スアレスは，国民評議会においても，軍幹部への説明会同様，政治改革法案の概要を述べるだけで，評議員に対して具体的な説明をすることはなかった。国民評議会での審議は，事前に予想されたよりも反対が少なく，政治改革法案そのものへの修正要求というよりは，上院の性格の変更や選挙制度の注文などがなされた。したがって，国民評議会での審議は簡単に結審し，1976年10月8日，修正を条件に賛成80票，反対13票，棄権6票で政治改革法案の国会提出が認められた。しかしスアレスは国民評議会での修正提案を受け入れず，修正しないまま1976年10月15日に，政治改革法案を国会に提出した[73]。

　国民評議会は，単なる国民運動の議決機関であったため，厳密には国家機関ではなかった。また既に見たように，スアレスは国民評議会の常任評

71　Agüero, Felipe, *op.cit.*, pp.74-75.
72　Suárez, Adolfo (a),《La reforma política. Mensaje del 10 de septiembre de 1976》, *Un nuevo horizonte para España. Discursos del Presidente del Gobierno 1976-1978* (Madrid: Presidencia del Gobierno, 1978), pp.17-31.
73　Ortiz, Manuel, *op.cit.*, p.122.

議員であり，国民評議会における発言力の大きさがあったため，国民評議会の議決を無視できたと考えられる。そもそも国民評議会での採決における反対票の少なさは，スアレスが国民評議会の常任評議員であったことが大きく影響していると考えられる。常任評議員であるスアレスの提案には多くの評議員が盲目的に従ったのである。

既に述べたように，政治改革法が成立するためにはフランコ基本法の改正要件を満たす必要があったため，国会の出席議員の3分の2かつ全議員の過半数の賛成を得なければならなかった。そのためには，国会議員の説得が不可欠であった。その目的に重要な役割を果たしたのが，先にフラガを中心に結成されたAPであった。選挙連合という形でAPを結成したフラガは，国会議員をAPに勧誘した。フラガの呼びかけで議員約500人の内，180人余りがAPに加入し，AP所属議員は全議員の3分の1になった。フラガは，現職国会議員が民主的な選挙を経てもそのまま当選し，総選挙後もAPは大勢力を維持できると考えており，国会議員の同党への勧誘に積極的であった[74]。議会内において最大勢力を形成したフラガは，政治改革法の成立に積極的に関与することで，政治改革法を成立させたのはAPであると国民に対してアピールし，政治改革の主導権を握ろうと考えたのである。他方フラガは，政府にAPが政治改革法に反対しない見返りとして，APの要求を受け入れてもらおうと考えていた。

スアレスは，APが議会内の最大勢力となったため，無視できなくなっていた。APとの下交渉として1976年11月10日，フラガと懇意であったオソリオ第二副首相は，フラガと会談を行った。その会談の場でフラガは，APが希望する選挙制度を政府が受け入れることを条件に，APは，政治改革法案に反対しないとオソリオに伝えた。具体的には小選挙区制を導入し，農村部の一票の価値を高める選挙区割りにすることであった。フラガの意図は，フランコ体制支持者が多いと考えられる農村部の票を総取りにし，小選挙区制という選挙制度の特性で小政党を選挙戦から排除するものであった。

他方，政府は比例代表制を導入にしようと考えていた。フラガが小選挙区制を要求した背景には，APが二大政党の一翼を担うことになるという

---

[74] Gilmour, John, *op.cit*., pp.142-143.

自信の表れであると考えられる．全国政党同士で争った場合，小選挙区制では第三党が議席を獲得する確率が極端に低くなるからである．

　APが賛成するとしても，AP票だけでは不十分であったので，政府は他の国会議員にも政治改革法案に賛成してもらえるように説得工作を開始した．マルティン＝ビジャ内相が100人を超える各地方代表の議員を説得したのをはじめ，オソリオ第二副首相，デ＝ラ＝マタ労働組合担当相，レゲーラ（Andrés Reguera）情報観光相，アブリール農相などの主要閣僚が総出で非AP国会議員の説得に奔走した．イグナシオ・ガルシア国民運動事務総長とエドアルド・ナバーロ国民運動副事務総長は，国民運動県代表及び国民運動の女性部の説得にあたった[75]．アルバレス＝アレナス陸相は，軍人議員の説得をした[76]．説得工作では，閣議決定後のスアレスによるテレビ演説と同様，政治改革法は，新体制を作るための法律ではなく，8番目のフランコ基本法としてフランコ体制を更新するものであるとし，スアレスはこの点を強調するよう閣僚に徹底させた．例えば，ある国民運動の幹部には，以下のように説得した．

　　「もしあなたが，自分の県において人気があり，将来の選挙において政府の援助を得られるのであれば，恐れる必要はない．あなたは，新しい国会においても議席が保証されているのだから[77]」

　こうして多くの国会議員が，閣僚の「詭弁」を鵜呑みにし，政治改革法に賛成するようになった．パウエルによれば，多くの議員が，総選挙後も再び議員になれると信じ，基本法を作るという歴史的偉業に参加できることに熱狂し，政治改革法に賛成した[78]．

　国会議員への説得工作を終え，政治改革法案の集中審議は3日間を予定して，1976年11月16日午後5時から始まった．ポネンテは，経済テクノクラートのロペス＝ブラボーを団長に，前労働相であり家族代表議員

75　Lamelas, Antonio, *op.cit.*, p.107.
76　Powell, Charles T. (a), *op.cit.*, p.235.
77　Pradera, Javier,《El despegue de la reforma》, Juliá, Santos, Pradera, Javier y Prieto, Joaquín, *Memoria de la transición* (Madrid: Taurus, 1996), pp.154-155.
78　Powell, Charles T. (a), *op.cit.*, p.236.

のフェルナンド・スアレス(Fernando Suárez)，家族議員代表ランダーブル(Belén Landáburu)，垂直組合代表サピコ(Noel Zapico)，国民評議会代表ミゲル・プリモ＝デ＝リベラ，地方代表のオラルテ(Lorenzo Olarte)であった。このようにスアレスは，議員の各選出母体を代表する議員をポネンテに組み入れた。フラガによる政治改革案のポネンテの大半が，体制内改革派で占められていたのとは対照的である。

初日の審議では，ミゲル・プリモ＝デ＝リベラが「政治改革法案は，現行基本法体制から憲法体制を築くための法案である」と説明した[79]。それに異を唱えたのが体制内原理派議員であった。中でもブラス・ピニャールは，政治改革法の全文修正を要求し，「政治改革法は，不可侵である国民運動の諸原則に抵触している」と主張した。それに対してフェルナンド・スアレスは，「もし国民運動の諸原則が不可侵であるというならば，国会も国民も変更を加えたり，破棄したりはしないであろう」と反論した。フェルナンド・スアレスは，政治改革法の制定が民主化をもたらすものではなく，あくまで憲法制定作業であると主張したのである。

ブラス・ピニャールらは，フランコ基本法よりも国民運動の諸原則こそが，フランコ体制を体現するものとして捉えていた[80]。このブラス・ピニャールの発言は，フランコ体制の原理が人によって捉え方が異なるということの証左である。体制の原状回復といっても，具体的には様々な方法が存在し，体制の改革も同様に様々な考え方が存在した。フランコ体制の原理及び政治改革の方向性について統一的な見解が存在しないというのが，フランコ体制の特徴であった。

フェルナンド・スアレスは，ブラス・ピニャールの意見に対し「政治改革法は，『政治を改革するための法律』であり，『政治改革の法律』ではない。政治改革法で提起されていることは，単に新しい国会を作るということである」と主張した。フランコ体制を解体するかどうかは，新国会の判断に委ねられていると述べたのである[81]。

2日目の審議では，APのマルティネス＝エステルエラスが，選挙制度

79　Primo de Rivera y Urquijo, Miguel, *No a las dos Españas. Memorias Políticas* (Barcelona: Plaza & Janés Editores, 2002), pp.179-189.
80　Ortiz, Manuel, *op.cit.*, p.126; Powell, Charles T. (a), *op.cit.*, p.238.
81　Ortiz, Manuel, *ibid.*, pp.124-125.

について質問した。政府は下院選挙については比例代表制で行い，詳細については，政令法で別途定めると回答した。しかしAPとして，小選挙区制を要求するマルティネス＝エステルエラスは，この政府案に異議を唱えた。そこでポネンテは妥協案として，「比例代表制が原則ではあるが，議会内勢力の過剰な分裂を避けるために各選挙区への議席配分は修正する」と妥協案を提示した。しかし，それでもマルティネス＝エステルエラスを説得するには至らなかった。

　２日目の審議も終わりを迎える頃，スアレスはAPが法案に賛成に回るとして，政治改革法案に反対する議員が約120人いると計算していた。ところがAPは，総選挙が小選挙区制で実施されない限り，政治改革法の採決に欠席すると主張した。またマルティネス＝エステルエラスは，選挙法を政令法で制定することは認めないと述べたのである。APが採決に欠席した場合，出席議員の３分の２の賛成が得られず，政治改革法案が廃案になるのは確実であった。

　そこで３日目の審議では，正午に国会議長のフェルナンデス＝ミランダが休会を宣言し，APとの妥協点を模索することになった。APと交渉することになるポネンテにスアレスは，軍部との懇談会や国民評議会での演説同様，あまり具体的なことを語らずにAPを納得させたい意向を示した。

　APとの交渉の席では，ポネンテが法務省で審議されている選挙制度に関する政令法原案をもとに説明を行った。選挙法には，足切りラインが設けられること，選挙区は県単位となること，各選挙区には人口にかかわらずあらかじめ最低議席が配分されること等の規定が盛り込まれるとポネンテはAP側に説明した。AP側は，このポネンテによる説明が，選挙区を県単位にして，１票の格差を大きくするということを政府が約束したものと理解し，要求が受け入れられたとしてこの政府案を受け入れ，政治改革法案採決の場を欠席しないと約束した。選挙区割りが細かくなれば，仮に比例代表制になっても，比例代表制の特性は薄まり，大政党が有利になる。そして，１票の格差が拡大されれば，農村部から選出される議員が人口に比して多くなるという理由から納得したのであった。

　交渉にはAP側から結成メンバーである「偉大なる７人」が出席した。しかしフラガはこの時国会議員ではなかったので，参加できなかった。フラガは，自分が民主主義者であることを証明するためにフランコ体制の要

職を避けていた。しかしスペインの事例のような「旧権威主義体制主導の民主化」においてスアレスと比較した場合，フラガが権威主義体制での要職に就いていなかったことは，このように重要な局面に関与できないことから，指導者資質として大きなディスアドバンテージとなってしまったのである。選挙制度を熟知しているフラガがこの交渉の場にいたならば，ポネンテの回答に納得することはなかったであろうと考えられる。

　政府に自らの要求を飲ませることに成功したと考えたAPは，政治改革法成立に向けて政府に協力した。政治改革法がAPの貢献によって成立したと有権者に対してアピールすることがその狙いであった。ヒロンやブラス・ピニャールら50人程のブンケルと呼ばれる体制内原理派は，フランコ基本法は神聖なものであり，決して変革できるものではないとして，政治改革法に反対を表明していた。しかしその他の議員は，フラガやロペス＝ロドーらフランコ体制の大物政治家が率いるAPが，率先して政治改革法に賛成を唱えるのを見て，政治改革法賛成に回った。議員の多くは政治改革法が成立するという流れにあると感じ，ここで反対に回ることは，自分たちだけが政治の流れから取り残されてしまうことを意味すると考えたのであった。このように政治改革法案の採決直前では，APが中心となって議員の賛成票をまとめ上げていったのである。APは，フランコ体制での閣僚経験者を「中道の政党」であるAPに引き入れ，ブンケルといった極右勢力を民主化過程から排除するために活動していると主張した。このような主張は，多くの議員に受け入れられ，国会の中で多くの支持を集めた。一方で，APの動きに呼応しなかったブンケルは，極右勢力として政局から孤立した。例外として，APの説得活動に応じなかった国民運動女性部のピラール・プリモ＝デ＝リベラら体制内原理派は，甥であるミゲル・プリモ＝デ＝リベラが棄権するよう訴え，彼女らもそれに同意した[82]。

　1976年11月18日，政治改革法案は賛成425票，反対59票，棄権13票という圧倒的多数で国会を通過した。これは，国会議長フェルナンデス＝ミランダとスアレス内閣の閣僚が協力して国会議員を説得した結果であった

82　Ortiz, Manuel, *ibid.*, p.126; Primo de Rivera, Pilar, *Recuerdos de una vida* (Madrid: Ediciones Dyrsa, 1983), p.92.

が，圧倒的多数で政治改革法案が国会を通過した要因に，APの貢献があったことは否めない事実である。

　その後12月15日に，政治改革法案は国民投票に付された。スアレスは，国民投票が行われる前日の夜，国民に向けてテレビ演説を行った。その演説においてスアレスは，政治改革法案を国民投票に付する理由を，政府がスペイン社会と共に統治したいからであると述べた[83]。また政治改革法を成立させる目的は，スペイン社会の根底にある多元主義という現実に合致するよう，スペインの政治構造に変革をもたらすためであるとした。他方，スアレスは，政治改革法が過去と断絶するものではないことを強調し，カレロ＝ブランコの暗殺事件やオリオル国民評議会評議員の誘拐事件に触れ，テロリストの行動に屈することなく，国民の手で法治国家を完成させる必要があると主張した。そして演説の最後でスアレスは，改革への道のりは長く険しいものであるが，政府は責任をもって必ず成し遂げるゆえ，協力してほしいと国民に訴えかけたのである[84]。

　この演説から，スアレスの憲法に対する考えが垣間見られる。国民投票での1票は，「スペイン憲法が，わが国の現実に呼応するための1票[85]」，「(政治)変革は，憲法が想定する法的手続きの範囲で行われる[86]」といった表現から，フランコ基本法の集合体は，スペイン憲法であるという認識をスアレスが持っていたと推測できる。よって，政治改革法を基本法として成立させれば，スペイン憲法が民主的になるとスアレスら政府関係者は考えていたと思われる。

　政治改革法に対する国民投票には77.4％の有権者が参加し，そのうち94.2％の人が賛成票を投じた。反対票は僅か2.6％，白票は3.2％であった。反体制派は，政治改革法がフランコ体制内部で決定された偽りの民主化で

83　既に述べたように，政治改革法はフランコ基本法の改正手続にのっとって立法されたため，国民投票への付託は必要要件であり，スアレスの発言は事実ではない。

84　Suárez, Adolfo (b), 《Referendum nacional. Mensaje de 14 de diciembre de 1976》, *Un nuevo horizonte para España. Discursos del Presidente del Gobierno 1976-1978* (Madrid: Presidencia del Gobierno, 1978), pp.43-55.

85　Suárez, Adolfo (b), *ibid.*, p.45.

86　Suárez, Adolfo (b), *ibid.*, p.54.

あるとして，国民に対して投票を棄権するよう訴えたが，棄権率は22.6％と功を奏さなかった[87]。またPSOEは，欧州議会の政治委員会に政治改革法を無効とする決議を求めたが，政治委員会によって却下された[88]。マルティン＝ビジャ内相によれば，反体制派の政治改革法に対する行動は，子供じみており[89]，政治改革法が成立したことにより，内戦以来はじめて反体制派が民主化の旗手でなくなったのであった[90]。

　フラガは，政府案に修正を加えられたのはAPだけであり，政治改革法案の国会採決においてAPは主導的な役割を果たしたため，政治改革の主導権をAPが握れると考えた。そして1票の格差が大きくなる選挙制度を政府が受け入れたため，総選挙においてAPが非常に有利になるとフラガは考えていた。しかし，実際はテレビ演説などの効果により，政治改革法を成立させたのはスアレスであるというイメージが人々に植え付けられ，フラガらAPが国会において説得活動を展開したことなど，誰の記憶にも残っていなかった。政治改革法を成立させたことによって，スアレスは体制内部において確固たる地位を築いたのである。

　またAPが，政治改革法に賛成する交換条件として要求した選挙制度は，1977年総選挙の結果を見れば，APに有利な選挙制度でなかったのは明らかである。むしろ，皮肉にも総選挙がフラガの意に反して比例代表制で行われたため，APは生き残ることができた。このようにフラガは民主主義に対する理解は深かったものの，政治戦略の見通しや状況判断は甘かった。またフラガの考えがAP全体に浸透していたとは言えず，政治改革法案に対する国民投票では，一部のAP支持者が反対票を投じている。

　フラガはAPがフランコ体制を起源とする政党であることを明確にした。その方が総選挙において好成績を収めると踏んだ根拠は，フランコ体制晩年の高度経済成長により，中流階級の人々が自家用車や家を手に入れる

87　棄権率が高かったのはバスク地方であった。ビルバオ54.7％，ギプスコア45.8％であった。
88　Ortiz, Manuel, *op.cit.*, p.130.
89　Martín Villa, Rodolfo, *op.cit.*, pp.45-46.
90　Casanova, José, "Modernization and Democratization: Reflections on Spain's Transition to Democracy", *Social Reserch*, Vol. 50, No. 4, winter, 1983, pp.940-941.

ようになり，生活の質が劇的に向上していたことに起因する[91]。フラガは，フランコ体制の業績を訴え，フランコ体制の継続をアピールすることにより，豊かになった中産階級からも，フランコ体制から既得権益を得ていた上流階級からも支持が得られると考えていた。フラガが，選挙連合名にpopularと名づけた理由は，上流階級保守層だけでなく，中流階級の保守層からも支持してもらえる政党を目指すという意気込みからであった[92]。

フランコ国会では政党が禁止されていたため，議員が団体で行動する習慣はなかった。しかしAPが国会議員を自党に積極的に勧誘したため，それまで習慣のない大集団が形成された。APが政治改革法案に対して賛成で一致したため，票のとりまとめが容易になり，政治改革法案が圧倒的多数の賛成票を得た要因の１つとなった。また国民投票において，長年フランコ体制で育った有権者は，反対票を投じる習慣がなかった。スアレスは，このような有権者の傾向を把握していたと考えられ，政治改革法成立に向けての最大の山場は国会であると考えていたように思われる。国民投票の結果，スアレスには圧倒的な有権者の支持があるということになり，確固たる政治基盤の確立に成功したのである。

しかし確固たる政治基盤の確立に成功したと言えども，全てのアクターがスアレスの意のままになるかどうかは，依然不透明であることを物語る出来事が発生する。政治改革法案に対する国民投票が行われた２日後，政治改革法への抗議とマルティン＝ビジャ内相の辞職を求めて，首都マドリードにおいて，警察と治安警備隊による抗議活動が行われた。また治安警備隊の部長であったカンパーノ（Ángel Campano López）は，政治改革法に抗議して辞任した[93]。

その他，体制内原理派の弁護士であったモンテロ（Jaime Montero y García de Valdivia）が，政治改革法は，フランコ体制の基本法に反している（Contrafuero：以下，コントラフエロ）として，国民評議会に提訴し

91　Osorio, Alfonso, *op.cit.*, p.158.
92　Areilza, José María de（a）, *Cuadernos de la transición*（Barcelona: Editorial Planeta, 1983）, p.56; Gilmour, John, *op.cit.*, pp.144-145.
93　Lamelas, Antonio, *op.cit.*, p.113.

た[94]。しかし国民評議会のコントラフエロ委員会[95]の採決では17人中6人の委員がコントラフエロであるとしたが，過半数の反対で政治改革法に対するコントラフエロは否決され，事なきを得た[96]。

このように政治改革法が，国民投票によって圧倒的な支持を得たとはいえ，体制内部には，依然としてスアレスによる政治改革に不満を持つ者が少なくなかった。さらにスアレスは，総選挙に向けて，今後反体制派と対峙する必要があった。スアレスは，総選挙の準備を進めつつ，様々なアクターと対峙する困難な状況を乗り越えていかなくてはならなかったのである。

94　Pueblo, 8 de diciembre de 1976. 国民投票を経ることになる法律などは，スペイン国民であれば誰でも国民評議会または国会の常設委員会にコントラフエロとして提訴できる。Ley 8/1968, de 5 de abril, regulando recurso de contrafuero.

95　委員はイグナシオ・ガルシア，パロマーレス＝ディアス（Baldomero Palomares Diaz），マルティネス＝エステルエラス，パルド（Santiago Pardo），オルティー＝ボルダス，バルデス（Manuel Valdes），ピラール・プリモ＝デ＝リベラ，フエジョ，オリオル，カベジョ（Rafael Cabello），サマランチ（Juan Antonio Samaranch），コンデ（Manuel Conde），エドアルド・ナバーロ，アレーセ（José Luis Arrese），サンチェス＝コルテス（Juan Sanchez-Cortes），エルナンデス＝ヒル（Fernando Hernandez Gil），ランダーブルであった。

96　AGA（009），（017），51/10001。委員会には欠席しても投票が可能であったため，欠席者は全員政治改革法がコントラフエロであると投票した。政治改革法がコントラフエロであるとした委員は，APのマルティネス＝エステルエラス，後のIOC会長となるサマランチ，1950年代後半に国民運動の地位低下を阻止しようと尽力したアレーセなどであった。なお，ピラール・プリモ＝デ＝リベラは，政治改革法の国会採決では棄権したにもかかわらず，コントラフエロの採決では否決票を投じている。なお，ニコラス・セスマはヘスース・フエジョが政治改革法をコントラフエロであると断じ，国民評議会の審議にかけた主格であると論じているが，フエジョは政治改革法のコントラフエロの採決に関して否決票を投じている。このことからフエジョが政治改革法のコントラフエロを提起した人物ではないと考えられる。Sesma Landrín, Nicolás,《El guardián de la ortodoxia. Jesús Fueyo, un intelectual franquista frente a la Constitución》, *Ayer*, nº 81, 2011, p.64.

第5章　フランコ体制諸制度の解体と総選挙の準備

　政治改革法の成立によって，スアレスは国民から圧倒的な支持を得ることになっただけでなく，体制内部でも確固たる地位を築き始めていた。国会は，1977年3月16日まで開かれたが，スアレスは彼に公然と逆らえない雰囲気を利用して，原則的に政令法を用いて重要な法案を成立させていった。

　スアレスは，政治改革法の履行として，普通選挙による総選挙の実施を次の目標とした。フランコ存命中は，普通選挙が実施されず，政党も非合法となっていたため，普通選挙による総選挙を実施するためには選挙法を整備する必要があった。また国内外にスペインが民主主義体制であることをアピールするためには，残存していた権威主義的なフランコ体制諸制度を解体する必要があり，スアレスは，総選挙の準備と並行して実行した。

　スアレスは首相就任以来，フェルナンデス＝ミランダの描いたシナリオ通りに動かざるを得ない状況にあったが，以後，拡大する支持基盤を背景に，独自の政策を打ち出せるようになっていった。本章では，スアレスがどのようにフランコ体制の諸制度を解体し，総選挙へ向けた準備を行ったのか考察する。

第1節　政治改革法成立以降のスアレスの政策

　スアレスは，1977年1月から総選挙が行われる6月15日までの間に，82本の法律を成立させた。そのうち議会の審議を経ない政令法は38本あり，数こそ通常の法律より少ないものの，重要と思われる法律は，ほとん

ど政令法が用いられている。とりわけ,軍に関する法律が多く,23本もの法律が,軍関連である。

スアレスは軍の専門化と非政治化を課題と考えていたが,ペインによれば,フランコ体制ではかなりの程度,軍の非政治化が達成されており,実際には軍部が政治改革の脅威になる可能性は低かったという立場を継承し,本書では軍制改革について簡潔に触れることにする[1]。

スペインにおける軍の専門化といった軍制改革は,ゴンサーレス政権期に軍部大臣を務めたセラ(**Narcis Serra**)によって最終的に達成されることになるが,スアレス期の軍制改革は,デ=サンティアゴの辞任を受けて第一副首相となったグティエレス=メジャド(**Manuel Gutiérrez Mellado**)主導で行われた。グティエレス=メジャドは,ファランヘ党に属さない珍しい経歴の軍人で,改革派自由主義者と称される。グティエレス=メジャドは,近代国家には軍の非政治化が必要であると主張していた[2]。

グティエレス=メジャドの進言を受けて,政府は1977年2月9日に既に存在していた海軍の最高評議会に続いて,空軍・陸軍においても創設し,3軍の参謀本部長が集まる参謀本部評議会を制度化する政令法を成立させた[3]。また,軍人の政治・組合活動を規制する政令法や軍人の身分を規

1　Payne, Stanley (a), "The Army in the Transition", in Clark, R., Haltzel, M., *Spain in the 1980s: The Democratic Transition and a New International Role*, (Cambridge: Ballinger, 1987), pp.79-95.
2　Prego, Victoria (b), *Diccionario de la transición* (Barcelona: Plaza & Janés Editores, 1999), pp.349-376; Gutiérrez Mellado, Manuel, *Al servicio de la Corona. Palabras de un militar* (Madrid: Ibérico Europea de Ediciones, 1981), p.37-40.
3　Decreto 3184/1968, de 26 de diciembre, por el que se reestructura el Consejo Superior de la Armada; Real Decreto - ley 7/1977, de 8 de febrero, por el que se estructura el Consejo Superior del Ejército del Aire. Real Decreto - ley 8/1977, de 8 de febrero, por el que se reestructura el Consejo Superior del Ejército de Tierra; Real Decreto - ley 11/1977, de 8 de febrero, por el que se institucionaliza la Junta de Jefes de Estado Mayor y se regulan sus atribuciones, funciones y responsabilidades; Real Decreto - ley 9/1977, de 8 de febrero, por el que se regulan las atribuciones, funciones y responsabilidades del Jefe del Estado Mayor del Aire.

第５章　フランコ体制諸制度の解体と総選挙の準備　143

写真９　国王フアン＝カルロス１世（左側）とグティエレス＝メジャド（右側）

Fundación San Pablo CEU depositadas en el Museo Adolfo Suárez y la Transición（Cebreros- Ávila-España）

定する政令法を成立させた[4]。これらの改革では，軍を締め付けるだけでなく，装備の近代化を図るための政令法や職員数を増やす政令法も成立させて懐柔を図っている[5]。グティエレス＝メジャドによる軍制改革は，最終的に1977年7月に行われた，陸軍省・海軍省・空軍省を解体して新たに軍部省を創設することで結実する。グティエレス＝メジャドによる軍制改革は，体制内原理派を軍部から排除することに主眼を置いた。また，グティエレス＝メジャドが軍制改革を担当したため，彼と親和性の高い人物を軍の中枢に送り込むことができ，そのことが政治改革に反対する軍人を押さえつける効果をもたらし，スペインの民主化の成功に少なからぬ貢献をしたのである[6]。

　ところで軍の非政治化は，フランコ体制の制度的解体の一環として捉えることができる。スアレスは，フランコ体制諸機関の解体を総選挙に至るこの時期に行っているからである。司法では，1977年1月に治安裁判所（Tribunal del Orden Público）を廃止し，全国管区裁判所（Audiencia Nacional）を設置した[7]。このようにフランコ体制特有の制度は順次廃止され，4月にはフランコ体制で唯一の合法政党であった国民運動を，6月には労使一体の官製組合であった垂直組合を廃止させたのである。

　このようにスアレスは，総選挙の準備を進める傍ら，それが成功するために必要な非民主的な諸機関の解体を行ったのである。次節ではフランコ体制諸機関の解体について検討する。

4　Real Decreto - ley 10/1977, de 8 de febrero, por el que se regula el ejercicio de actividades políticas y sindicales por parte de los componentes de las Fuerzas Armadas; Real Decreto - ley 22/1977, de 30 de marzo, de reforma de la legislación sobre funcionarios de la Administración Civil del Estado y personal militar de los Ejércitos de Tierra, Mar y Aire.

5　Real Decreto - ley 27/1977, de 2 de junio, por el que se autoriza al Ministro de Hacienda para concertar un crédito de 120 millones de dólares de los Estados Unidos para compra de material y servicios de defensa.

6　Agüero, Felipe, *op.cit.*, pp.123-131.

7　Real Decreto - ley 2/1977, de 4 de enero, por el que se suprimen el Tribunal y Juzgados de Orden Público y se crean en Madrid dos nuevos Juzgados de Instrucción; Real Decreto - ley 1/1977, de 4 de enero. por el que se crea la Audiencia Nacional.

第2節　フランコ体制諸機関の解体[8]

　通常民主化は，旧体制の崩壊を契機として発生する。ところがスペインの場合，オドンネルらが指摘するように，旧体制の崩壊を契機とせず，「自由化」と「民主化」が同時に発生した。そのため民主化が開始されても，フランコ国会，治安裁判所，国民運動，垂直組合といったフランコ体制の諸機関は，そのまま存続してしまった。民主化においてこれら諸機関の存在は大きな障害となるはずであり，その解体の成否は民主化の成否を左右するはずである。

　ところがこれら旧体制の遺産は，民主化後最初の総選挙に至る過程で，大きな混乱もなく解体された。そのため，スペインの民主化を扱った多くの先行研究において，これらの解体が取り上げられることは少ない。解体が機械的に行われたと一般的に解されているからである。国会についても，政治改革法の成立はフランコ国会の解散を意味したが，当時の文脈においても，また多くの先行研究においても，政治改革法の成立をフランコ国会の解散という観点から分析している研究は少ない[9]。本節では，治安裁判所，国民運動，垂直組合といったフランコ体制特有の機関について，これら諸制度が体制末期では既に自然崩壊の途上にあったため，解体は容易であったとする通説を批判的に検討する。

第1項　治安裁判所の廃止

　治安裁判所は1963年12月2日に政治社会的な抑圧装置として誕生し，スペイン全土において，国家元首，国会，内閣，国家の形態に対して異を唱えた者，反乱を画策する者，公共の秩序を乱す者，違法なプロパガ

---

[8] 本節の執筆に際しては，公益財団法人松下幸之助記念財団の助成があった。助成番号12-038「スペインの民主化におけるフランコ体制の制度的解体に関する研究」
[9] 例外として以下の文献を挙げる。Hill, Christopher, *The Role of Elites in the Spanish Transition to Democracy (1975-1981), Motors of Change* (New York:The Edwin Mellen Press, 2007), pp.125-152.

ンダを展開する者などを裁く特殊な裁判所であった[10]。具体的にはフリーメーソン，共産主義者，軍法に背いた者らを裁くためであった。治安裁判所は，存在した13年間に22600件起訴し，そのうち3889回判決が下され，53500人が尋問され，拘留された[11]。

治安裁判所は1977年1月に政令法によって廃止され，同時に全国管区裁判所の設置が政令法によって行われた。通説では治安裁判所は既に役割を終えていたため，同裁判所の解体に対して特段の反対者も存在せず解体が容易であったと言われているが，データを見る限り，フランコ体制末期における治安裁判所の有効性そのものは低下していたとは言えない。1974年には567もの判決を下し，1974年は治安裁判所の歴史の中で，最も多くの判決を下した年となった。そして1976年に入ってからも201の判決を下しているため，同裁判所の有効性が失われたと述べるのは難しいと言える[12]。また，治安裁判所で行われた裁判総数の約60％が1974年から1976年に集中している[13]。1年以上の懲役刑は，1973年以降，大幅に増加し，フランコ体制末期に向かうにつれて厳罰化が進んでいるのである[14]。

このように有効に機能していた治安裁判所ではあったが，司法制度として考えた場合，設立当初から軍事法廷との競合が指摘され，治安裁判所の廃止を謳った政令法においても，廃止の理由を司法制度の一元化に求めている。また，同裁判所の廃止に異を唱える者は，裁判所という性質上ほとんど存在しない。治安裁判所で裁かれた者の大半は労働運動などに関わった労働者であったとされ，当然のことながらその廃止を歓迎した。フランコ体制を擁護する者であっても，治安裁判所の廃止に強く反対する者は少なかった。確かに治安裁判所はフランコ体制特有の機関であったが，歴史も浅いためフランコ体制の根幹をなす機関であるとは言えず，廃止に異を

10　Ley 153/1963, de 2 de diciembre, sobre creación del Juzgado y Tribunales de Orden Público.

11　Águila, Juan José del, *El TOP. La represión de la libertad (1963-1977)* (Barcelona: Editorial Planeta, 2001), pp.237-245.

12　Águila, Juan José del, *ibid.*, p.245.

13　Sartorius, Nicolás y Sabio, Alberto, *El final de la dictadura. La conquista de la democracia en España, noviembre de 1975-junio de 1977* (Madrid: Ediciones Temas de Hoy, 2007), p.493.

14　Águila, Juan José del, *op.cit.*, pp.252-255.

唱える可能性のある者は，失業の可能性がある同裁判所で働く者に限定された。そのためスアレスは，治安裁判所の廃止と同時に全国管区裁判所を新設し，治安裁判所の職員はそのまま全国管区裁判所で働けるようにして，彼らの職を確保した。全国管区裁判所の位置付けは，1985年に制定された司法権に関する組織法が制定されるまで曖昧であった。このため，全国管区裁判所が設置された目的は，治安裁判所で働く司法関係者の救済にあったと考えられる[15]。

　この治安裁判所の廃止政策に見られるように，スアレスは廃止される機関で働く者の職の確保を第一に諸機関の解体を進めたため，大きな混乱もなくフランコ体制諸機関の解体が可能であったと考えられる。

第2項　国民運動の解体

　広義の国民運動は，全体主義的政治制度の集合体であり，垂直組合や女性部も内包している組織である。他方狭義の意味では，ファランヘ党を中心として統合されたフランコ体制唯一の公式政党を指す。

　狭義の国民運動は，法的には唯一の公式政党であったが，実際には有力支配グループの1つでしかなかった。またフランコ体制が，自給自足経済（アウタルキア）を放棄し，資本主義経済へと方針転換したため，ファシズム色の強い国民運動は打撃を受けることとなった。経済政策の転換に伴って，経済テクノクラートが占める閣僚の割合が増え，国民運動所属者の閣僚数は減少を続けたのである[16]。1960年代以降のフランコ体制において経済テクノクラートは最有力勢力となり，国民運動所属者は，リンスの定義によれば，準反対派と呼ばれる権力の中枢に入り込めない存在へと成り下がっていた。

　1967年に制定された国家組織法には，政治結社の形成を可能とする条文が組み入れられたため，主に国民運動開放派は国民運動の地位向上のために，国民運動傘下に政治結社を形成できるよう邁進した。既に見たよう

15　Ley Orgánica 6/1985, de 1 de julio, del Poder Judicial; Díaz González, Francisco Javier,《Los delitos de terrorismo y la creación de la Audiencia Nacional（1977-1978）》, *La transición a la democracia en España: actas de las VI Jornadas de Castilla-La Mancha sobre Investigación en Archivos : Guadalajara, 4-7 de noviembre 2003*, Vol. 2, 2004.

16　Linz, Juan J.（a）, *op.cit.*, pp.128-203.

に，アリアス＝ナバーロ内閣において，国民運動内部に政治結社を認める政治結社憲章が成立したが，フランコの死後には国民運動外の様々なイデオロギーを持った政治結社が法的に認められた。その後，国民運動外の政治結社が存在するための法整備もなされ，唯一公式政党であった国民運動は不要な存在となった。

このように，国民運動には既に政治的役割がなかったため，1977年4月1日の政令法によって国民運動の解散が容易に行われたと一般に理解されている。しかし，スアレスが国民評議会の常任評議員であったことが政治改革法を成立させるうえで重要な点であったこと，フラガの政治改革が国民評議会の反対にあって頓挫したことから，国民運動の中でも国民評議会は，当時において依然として重要な政治的影響力を保持していたと考えられる。そのため，スアレスは国民運動の解散において，治安裁判所の事例以上に慎重な対応をしている。

国民運動解散の政令法が施行されてから行われた国民運動の各支部の撤去は，イースター休み中の4月7日の夜から8日の朝にかけて一斉に行われた。イースター休みの深夜に撤去作業を行っていることから，大きな混乱を避けようとしたスアレスの意思が感じられる。また後に見るように，スアレスは4月9日にPCEの合法化宣言をテレビ演説で行ったため，PCE合法化の衝撃が国民運動解体の衝撃を上回り，国民運動の支部が町から消えたことは，ほとんど話題にのぼらなかったのである。

また治安裁判所の解体同様，国民運動の解体に際しても，スアレスは国民運動で働く人の職の確保を第一にしている。解体に際して，国民運動事務総長のイグナシオ・ガルシアと副事務総長のエドアルド・ナバーロが，全国の国民運動支部を訪ね，「国民運動は解体されるが，国民運動の職員は内務省職員へと転属されることになる」と説明し，職員に対して国民運動解体に理解を求めた。イグナシオ・ガルシアが，国民運動事務総長から内閣官房長官へと転属したように，国民運動職員は皆，内務省職員となり，晴れて国家公務員となったのであった[17]。

17　Ortiz, Manuel, *op.cit.*, p.183; Real Decreto-ley 23/1977, de 1 de abril, sobre reestructuración de los órganos dependientes del Consejo Nacional y nuevo régimen jurídico de las Asociaciones, funcionarios y patrimonio del Movimiento.

狭義の国民運動は以上のように解体されたが，女性部などを含めた広義の国民運動の解体は，特に国民運動の有していた資産や不動産の帰属を巡って，完全に清算が完了するまで数年を要した。その役割を担ったのが国民運動行政移転委員会(Comisión de Transferencia de la Administración del Movimiento)であった。同委員会は1977年4月から1979年9月までに25回開かれた。議事録によれば，最初，国民運動の担った役割をどの省庁へ移管するかについて話し合われ，次いで職員の転籍について，不動産の整理，債権債務の精算という順番で議事が進行した。1980年1月の最終報告書によれば，解散時に国民運動職員は合計10,871人おり，そのうち正規職員は6,365人，事務員や契約職員は4,506人であった。文化省は国民運動が担っていた役割の大半を引き継ぎ，例えば，青年部，女性部，家族・教育部，保健体育部，編集部などは文化省所管となり，それに伴って，正規職員は4,904人，事務員や契約職員は4,001人が文化省へと転籍している。政治任用ポストの者だけが国民運動解散時に解任となり，それ以外の職員の仕事は確保されたのである。多くの者が文化省へと転籍していることから，解散時の国民運動の役割が文化的な側面へと傾斜していたと考えられる。

　解散時に国民運動が有していた不動産は1,446あり，その資産価値は総額578億4千万ペセタであった。1977年当時の国家予算が9,672億5千万ペセタであったことを考えれば，かなりの資産を有していたと言える。こうした国民運動の所有していた資産等は原則的に国有化され，例えば，国民運動マドリード支部は全国管区裁判所に，国民運動本部は商務観光省観光担当副大臣の分室に，国民評議会は上院となった。

　債権債務の整理もなされ，報告書によれば，債務のほとんどは全国青年代表部の負債であったため，整理は容易であり，残った資金は国庫への帰属となった[18]。

18　AGA, Presidencia(9)17,002, caja 52/14869, Actas de la comisión de transferencia de la administración del Movimiento, Informe sobre la comisión de transferencia de la administración del Movimiento, Nota informativa para el ministro de la presidencia, Asuntos que se estiman deinterés

第 3 項　垂直組合の解散

　垂直組合はファシズム色の強い組織である。同組合は全ての組合組織をファランヘ党の傘下に労使の区別なく統合する形で1940年に誕生した。しかしフランコ体制が1959年に自給自足経済(アウタルキア)を放棄したため、垂直組合は当初期待された労働争議を統制する機能を発揮できなくなった。ほぼ同時期に、PCEが体制を内部から切り崩す目的で、垂直組合の一組織であった労働者の統制をつかさどる労働者委員会へ影響力を強めていった。政府は当初、PCEの影響が見られる労働者委員会を弾圧した。しかし、労働者の統制機能が失われた状況では、むしろPCEの影響下にある労働者委員会を利用した方が、労働者の統制に効果を発揮するとして、体制当局は方針を転換した。そのため次第に労働者委員会はCCOOとして、垂直組合の中で最も有力な組織となったのである[19]。

　国家組織法が成立し、同法が労使関係の見直しを迫ると、それに呼応する形で労働問題に対して柔軟に対処する目的で1971年に組合法が成立し、垂直組合は国家機関から法的に独立した[20]。しかし垂直組合を国家から独立させるという施策は、かえってCCOOやUGTといった地下組織労働組合に活力を与え、ますます垂直組合の影響力が低下したのである。

　スアレスは、活発化する労働問題を沈静化させるためには、労使の分離が重要であると考え、1976年7月に組合組織調整機構(Coordinadora de Organizaciones Sindicales: COS)を結成し、地下組織であった労働組合を公認するべく全てCOSに加入させた。COSの結成が事実上の労働組合の合法化宣言であったが、労働組合の合法化は、1977年4月になされ、垂直組合の解散は、同年6月に行われることになったのである[21]。

19　本書では、垂直組合の一機関としての労働者委員会を「労働者委員会」と表記し、労働組合となった労働者委員会を「CCOO」と表記する。Führer, Ilse Marie, *Los sindicatos en España. De la lucha de clases a estrategias de cooperación* (Madrid: Consejo Económico y Social, 1996), pp.67-84.
20　Ley Sindical 2/1971, de 17 de febrero; Zafra Valverde, José, *El sistema político en las décadas de Franco* (Madrid: Grafite Ediciones, 2004), pp.481-483.
21　Lamelas, Antonio, *op.cit.*, pp.180-181 y 188; Marín Arce, José María, *Los sindicatos y la reconversión industrial durante la transición. 1976-1982* (Madrid: Consejo Económico y Social, 1997), pp.21-84.

しかし垂直組合の場合，その有効性が失われていても，解散は容易ではなかった。第一の理由は，体制内原理派が労働組合の合法化を認めようとしなかったからである。体制内原理派はことさら労働組合の合法化に反対し，スアレスが労働組合の合法化を明らかにした際，デ＝サンティアゴはその政策に反対して閣僚を辞任している。

第二の理由は，法的な問題であった。垂直組合は，フランコ体制の組織法である労働憲章[22]に規定されていた。そして労働憲章は，同じ法的地位にある国民運動原則法[23]，国会設置法[24]，国家組織法によっても位置付けがなされていたため，垂直組合の解体には複数の組織法の改正が必要となっていた。そのため，スアレスは非合法労働組合を合法化し，政治改革法という組織法の改正が施行されてから垂直組合を解散させるという手順を踏まねばならなかったのである。

スアレスが労使を分離したことに伴って，経営者側は，1976年にサアグン（Agustín Rodríguez Sahagún）を中心にスペイン企業連盟（Confederación Empresarial Española: CEE）を結成し，1977年には他の経営者組織，企業家総連盟（Confederación General de Empresarios: CGE）と合併してスペイン経団連（Confederación Española de Organizaciones Sindicales: CEOE）を誕生させた[25]。

このようにフランコ体制諸機関は，政治改革法が成立した後では，既にその役割を終えていたが，自動的に解散するほど弱体化した存在ではなかった。スアレスは，他の諸政策と同様，巧みに真意をカムフラージュしながら，慎重に諸機関の解体を行った。解体に際してスアレスが最も注意を払ったことは，解散される組織の職員の仕事を確保したことである。これにより，予想される反発を最大限緩和したと考えられる。

---

[22] Fuero de trabajo de 9 de marzo de 1938.
[23] Ley Fundamental de 17 de mayo de 1958 por la que se promulgan los principios del Movimiento Nacional.
[24] Ley de 17 de julio de creación de las Cortes Españolas.
[25] Lamelas, Antonio, *op.cit.*, pp.58-59.

第3節　反体制派の活動

　総選挙が競争的であったと証明されるためには，フランコ体制において非合法であった反体制派諸勢力の総選挙への参加が不可欠であった。そこで本節では反体制派の活動がどのようなものであったか概観する。

　フランコ体制を通じて唯一PCEだけが反体制活動を行っていたが，その活動は必ずしも効果的とは言えなかった。またフランコ体制末期になると，PSOEも反体制活動を盛んにさせるが，PSOEとPCEは対立しており，フランコ存命中に反体制派が協力し合うことはなかった。PSOEは，内戦の影が色濃いPCEと混同されることを嫌い，また唯一の社会主義政党という意識から，社会民衆党(Partido Socialista Popular: PSP)のティエルノ＝ガルバン(Enrique Tierno Galván)とも協力しようとはしなかったのである。

　1974年7月30日にフランコが静脈血栓症で入院すると，PCEのカリージョとオプス・デイのカルボ＝セレール(Rafael Calvo Serer)は，PSPのティエルノ＝ガルバンらと共にパリで民主評議会(Junta Democrática)[26]を結成した。その目的は，暫定政府の設置，完全な恩赦，例外なき政党の合法化，労働組合結成の自由と垂直組合の資産返還，ストライキ・集会・平和的な示威行為権の回復，出版物・ラジオ・表現・情報の自由化，司法権の独立，軍の専門化と非政治化，カタルーニャ・バスク・ガリシアの政治的人格の認定，国家と教会の分離，国家体制を問う機会，ECへの参加などを政府に要求することであった[27]。言うなれば，体制の「断絶」を要求していたのである。

　他方PSOEは，翌年1975年6月にフランコ体制の閣僚経験者である民主

26　民主評議会には他にスペイン労働党(Partido del Trabajo de España: PTE)のガルシア＝カストロ(Eladio García Castro)，アンダルシア社会主義同盟(Alianza Socialista de Andalucía)のロハス＝マルコス(Alejandro Rojas Marcos)，カルリスタのカルロス＝ウゴ・デ＝ボルボン＝パルマ(Carlos Hugo de Borbón-Parma)らが参加した。
27　Lamelas, Antonio, *op.cit.*, p.97; Bardavío, Joaquín y Sinova, Justino, *op.cit.*, pp.380-381.

左派(Izquierda Democrática: ID)のルイス＝ヒメネス(Joaquín Ruiz-Giménez)らと共に民主集中綱領(Plataforma de Convergencia Democrática)[28]をマドリードで結成した。民主集中綱領の目標は，民主評議会とほぼ同じであったが，民主評議会の主張とは，連邦制国家の創設，亡命者の即時帰還，特殊法廷と抑圧装置の廃止，社会経済的・文化的構造の即時転換などを主張する点で異なっていた[29]。

民主集中綱領も民主評議会も，民主化を担うのに不適当な団体や代表者が参加していた。例えば民主集中綱領には，ETAの分派が参加していた。こうした反体制派組織は，フランコ体制の打倒を目標に組織化されたものの，民主化の担い手にはなりえない存在であった。しかもフランコ存命中はPSOEとPCEが別々の組織を立ち上げて反体制派の主導権争いを繰り広げたため，効果的な反体制運動とはならなかった。民主評議会と民主集中綱領が統合し，また非民主的な団体を排除して民主連携(Coordinación Democrática)として生まれ変わるのは，フランコ死後の1976年3月26日のことであった。しかし民主連携となっても，フラガによるPSOE・UGT優遇政策の影響で，民主連携内部の対立は激しくなり，効果的な活動とはならなかった。

結局PCEとPSOEは個別に活動を展開した。PCEは1976年11月12日にゼネストを指揮したが，散発的なストライキに終わった[30]。マルティン＝ビジャ内相がマドリードの地下鉄を止めないよう努力したこと，PCE主催のゼネストにPSOEは消極的だったこと，深刻な労働環境にあったスペインにおいて，ゼネストに参加するだけの余裕がある人は少なかったことがゼネスト失敗の原因として挙げられている[31]。

28　民主集中綱領には他にバスク国民党(Partido Nacionalista Vasco: PNV)のアフリアゲラ(Juan Ajuriaguerra)，スペイン社会民主連合(Unión Social Demócrata Española: USDE)のプラドス(Jesús Prados Arrarte)，カタルーニャ社会民主再結集(Reagrupament Socialista i Demòcràtic de Catalunya)のバレーラ(Heribert Barrera)，労働者革命組織(Organización Revolucionaria del Trabajo: ORT)のサンロマ(José Sanroma)，共産主義運動(Movimiento Comunista: MC)のアルバレス＝ドロンソーロ(Javier Álvarez Dorronsoro)らが参加した。
29　Bardavío, Joaquín y Sinova, Justino, *op.cit.*, pp.517-518.
30　Martín Villa, Rodolfo, *op.cit.*, p.56.
31　レドンド(Nicolás Redondo) UGT会長だけが，ゼネストは成功だったと認

他方PSOEは1976年12月5日にスペイン国内では44年ぶりとなる党大会をマドリードで開催し，海外からはヴィリー・ブラント前独首相や前スウェーデン首相のオロフ・パルメら大物政治家が駆け付けた[32]。

PCEは非合法組織ゆえに目立つ活動を慎んでいたが，同じ非合法組織でありながら，PSOEの注目を集める活動を見てから，PCEが政治の舞台から排除されることを恐れ，カリージョは，以後政府に対して積極的にPCEの合法化を要求していくことにしたのである[33]。

カリージョが表立った活動を積極的に行わなかった理由は，国王との約束があったからであると言われている。実は1975年の秋頃，フアン＝カルロスは国王に就任する直前，ルーマニア大統領のチャウシェスクの仲介を得て，代理人，アルメロ(José Mario Armero)を通じて，カリージョと接触している[34]。フアン＝カルロスはカリージョに自らが国王となれば，共産党を含めた全ての政党を合法化するので，共産党の合法化に関しては任せて欲しいと伝え，カリージョは，フアン＝カルロスが王位に就いた後，あまり長い猶予期間を設定することはできないが，少なくともフアン＝カルロスが王位につくまでは，PCEは行動を起こさないとフアン＝カルロスに約束したと言われている[35]。

反体制派同士が協調する重要性は感じつつも，効果的な活動ができかった民主連携に代わって，1976年12月1日にPSOEのゴンサーレス，PSPのティエルノ＝ガルバン，自由主義者のサトゥルステギ(Joaquín Satrústegui)，社会民主主義者のフェルナンデス＝オルドーニェス，キリ

識していた，とラメラスは論じている。Lamelas, Antonio, *op.cit.*, p.110. しかし，レドンドは回想録において，注目を集めることはできたが，ゼネストの効果は限定的だったと述べている。Redondo, Nicolás y Reverte, Jorge M., *Nicolás Redondo. Memoria política* (Madrid: Ediciones Temas de Hoy, 2008), p.138.

32 ゲラは，政府に大会開催の許可を得たわけではないと述べている。Guerra, Alfonso, *op.cit.*, pp.216-228.

33 Ysart, Federico, *Quién hizo el cambio* (Barcelona: Argos-Vergara, 1984), p.127.

34 アルメロは，通信社・ヨーロッパプレスの社長である。アルメロの行った政治活動については，Armero, José Mario (a), *La política exterior de Franco* (Barcelona: Editorial Planeta, 1978); Armero, José Mario (b), *Política exterior de España en democracia* (Madrid: Editorial Espasa Calpe, 1988).

35 J. L. ビラジョンガ前掲書，129-130頁。

写真10　ゲラ（左側），ゴンサーレス（中央），カリージョ（右側）（1977年頃）

Fundación San Pablo CEU depositadas en el Museo Adolfo Suárez y la Transición（Cebreros-Ávila-España）

スト教民主主義者のカニェージャス（Antón Cañellas），PCE及びバスク代表としてハウレギ（Julio de Jáuregui），ガリシア代表のパス＝アンドラーデ（Paz Andrade），カタルーニャ代表のプジョル（Jordi Pujol）で9人委員会を結成した。同委員会は労働組合を参加させる意向であったが，労働組合側が加わることを拒み，スアレスとの交渉においてPCEの存在は障害になると9人委員会のメンバーは考えたため，PCEは9人委員会の常任メンバーとなることはできなかった。特定の人物がPCEの代表となることを許さなかったのである。

　9人委員会は，反体制派の代表として政府と交渉するために設立され，全政党・労働組合の即時合法化，政治及び組合の権利の認識・保障，国民運動の解体と行政組織の政治的中立化，恩赦，マスメディアを平等に利用する権利，選挙に関する法律と選挙及び国民投票の民主的管理に関する交渉，地域の自治権に関する制度化を政府に要求した[36]。この9人委員会が，反体制派の代表として，政府と選挙のあり方などについて交渉していくこ

36　Powell, Charles T.（a），*op.cit.*, pp.242-244.

とになった。

第4節　選挙法の制定[37]

スアレスは既に見た諸改革と並行して総選挙の準備を進めた。本節では選挙法の制定過程について概観する。フランコ体制では普通選挙が行われなかったため、選挙法の制定は必要な準備であった。

政治改革法は国会を二院制にすると定めていた。また、下院は上院に対して優越権を有するとされ[38]、その後のスペイン議会においても、上院が名誉職的な色彩を強くしていくことから、本節での議論も特段の断りがない限り、下院に関するものに限定して論じる。

選挙法の草案は、法務省内に設置された選挙専門委員会(以下、専門委員会)で作成された。政治改革法の審議過程でAPに示した選挙法の内容は、同委員会での草案であった。ところがスアレスは、1977年1月7日に急遽内閣特別委員会(以下、特別委員会)を設置して、別途選挙法草案を検討することにしたのである。特別委員会の構成員はスアレス首相、オソリオ第二副首相兼総理府長官、マルティン=ビジャ内相、イグナシオ・ガルシア国民運動事務総長であった。これは選挙法草案の作成を法務省に任せるのではなく、スアレス主導で選挙法を作成するというスアレスの意思の表れと考えることができよう。

まず専門委員会の作成した草案について見ていこう。専門委員会草案は比例代表制を前提に、選挙区を県単位とした。各選挙区への議席配分は、各選挙区にあらかじめ4議席を配分し、選挙区内の人口が108,000人増加するごとに1議席追加とした。政治改革法は、人口にかかわらず各選挙区に一定の議席を振り分けると規定されていたため、その規定が、選挙法に盛り込まれたのである。議席配分方法について、専門委員会草案はドイツ方式を提案し、足切りラインを選挙区ごとではなく、スペイン全土で得票率が数パーセント未満の場合、その政党の獲得議席をゼロにするという提案を行った。この提案には、地域政党の出現を防ごうという意図があった

37　Powell, Charles T. (a), *ibid*., pp.266-270.
38　政治改革法第4条。

と考えられる。名簿について専門委員会は拘束名簿式を提案した。非拘束名簿式とした場合，有権者が支持政党と異なる候補者を選ぶ可能性があり，人気のある候補者だけが票を得るという事態が起こるため，専門委員会はそれを避けようと拘束名簿式を提案したのである。

この専門委員会草案は，特別委員会において変更が加えられることになった。各県への最低配分議席は，あまりにも1票の格差が大きくなるという理由から1ないし2に修正された。議席配分方式についてもドント式へと変更され，足切りラインについては，選挙区単位で得票率の2％とした。各県を選挙区とする比例代表制が導入されるということで，定数が5以下の選挙区では，正確に議席が配分される比例代表制の効果は失われたのである[39]。

特別委員会において最も議論が白熱したのは，選挙人名簿の作成方式を議論した場面であった。オソリオは，拘束名簿式を導入した場合，名簿作成責任者が党内の有力者となり，その者によって党が支配され，党内で争いが起こることを懸念し，拘束名簿式に反対した。しかしスアレスは，政党の党首が名簿を自由に作ることで，党内での権力基盤が確立できるとして拘束名簿式を支持し，それが特別委員会での結論となった[40]。

スアレスは選挙法政府原案作成において，政治的に中立な選挙管理，平等なマスメディアの利用，民主的な選挙監視がなされることを重視した。特別委員会でもスアレスは「選挙が非難されるものであってはならない。最大限清らかな選挙を実施する」[41]と主張している。

選挙の公平性を最大限高めるというスアレスの方針を受けて，オソリオは，高級官僚と閣僚が総選挙には出馬するべきでないと主張した。パウエルによれば，スアレスにはオソリオの主張があまりにも禁欲的に映ったが，スアレス自身は首相(presidente)であり，大臣(ministro)ではないため出馬には影響しないと考え，オソリオの考えを容認した。この点については，スアレスの出馬の項で改めて記述する。

39　Soto Carmona, Álvaro (b), 《Sistema electoral: ¿una decisión neutral?》, V Congreso Internacional Historia de Transición en España. Las organizaciones políticas, Almería 15 de noviembre de 2011.
40　Osorio García, Alfonso (a), *op.cit.*, p.271.
41　Powell, Charles T. (a), *op.cit.*, p.267.

写真11　ゴンサーレス（左側）とカルボ＝ソテロ（右側）（1981年頃）

Fundación San Pablo CEU depositadas en el Museo Adolfo Suárez y la Transición（Cebreros- Ávila- España）

オソリオの主張に不満を持った閣僚は多かったが，カルボ＝ソテロ以外の閣僚は最終的にオソリオの考えを容認した。唯一カルボ＝ソテロは，総選挙の日程が発表され次第，自分は大臣の職を辞して選挙に出馬すると述べた。結局，カルボ＝ソテロ以外の閣僚は下院議員選挙に出馬しなかったが，結果的にオソリオら閣僚は，勅撰の上院議員となっている。

カルボ＝ソテロの下院選出馬は，アブリールによれば，単に下院議員になりたいからではなく，後に組織されるUCDの選挙戦の準備を進めることで，自らの政治的プレゼンスが拡大すると考え，自主的に行われたものである。アブリールによれば，UCDの選挙戦準備をスアレスはカルボ＝ソテロに指示していない[42]。

アブリールの話が事実であれば，カルボ＝ソテロは，自ら選挙戦の準備を買って出たということになる。カルボ＝ソテロの閣僚辞任は，自らの出馬のためではなく，スアレスが選挙戦で勝利するためであったと言える。後述するが，カルボ＝ソテロは，UCD結成のために奔走したのである。オソリオの意向が自らの出馬には影響しないと考えていたこと，自らが出馬する政党が必要であるという認識を持っていたことは，スアレスが既に選挙戦を意識していたことの表れと言えよう。

このように政府案が策定されていく一方で，反体制派で構成される9人委員会は，独自に選挙法草案を練った。総選挙は，どのようなルールで行われるかによって勝敗が決すると考えられるため，そのルールは，反体制派の重大な関心事であった。

反体制派の選挙法草案は，9人委員会から構成される選挙問題対策委員会(以下，対策委員会)で検討された。対策委員会の主要構成員は，カニェージャス，フェルナンデス＝オルドーニェス，ゴンサーレス，モロド，パス＝アンドラーデ，プジョルらであった。

対策委員会案では，比例代表制を前提に各選挙区にあらかじめ2議席を配分し，有権者125,000人につき1議席を追加するという方法を提案し，政府案同様，2％の足切りラインを設けた。政府案と対策委員会案で異なる点は，選挙区割りや足切りラインを県単位とするのではなく，この時点では成立していない，将来の自治州を単位としたことであった。この主張

42　Lamelas, Antonio, *op.cit.*, p.139.

には，選挙法でこの規定が採用されれば，将来の自治州の成立に大きく貢献すると考えられたからであった。フランコ体制は中央集権体制であり，スペインの一体性が強調され，カタルーニャ，バスク，ガリシアなどの自治権は一切認められず，地域語の使用も制限が加えられていた。自治州という新たな行政区域が認定されれば，そこには一定の自治権が付与されることとなり，地域主義を復活させる好機になるとして，民主的な反体制派は自治州の成立を要求していた。

しかし足切りラインや選挙区を自治州単位にするという提案には，様々な問題点があった。まず政治改革法では選挙の基礎単位を県とするという規定が存在したため，足切りラインを自治州単位とすることは，同規定に抵触した[43]。更に大きな問題は，自治州の定義が曖昧であったことである。対策委員会が念頭に置いていた自治州は，裁判管区であったが，それは第二共和政期に構想された「地域」と一致していなかった。例えば，裁判管区ではバスクとブルゴス県とナバーラ県は同じ裁判管区であったが，後の自治州ではナバーラはバスクと異なる自治州になることを望み，それぞれ別々の自治州となった。そしてブルゴス県はカスティーリャ・イ・レオン州に編入された。こうした自治州の構成が確定するまで数年を要しているため，総選挙準備期間に自治州を構成するという反体制派の主張は，現実的ではなかったと言えよう。

その他，対策委員会が選挙法において重視した点は，選挙の政治的中立性であった。政府内の議論においても，政治的中立性の確保は重要であるとされていたが，具体的には現職の閣僚が出馬する場合，事前の辞任を要求していたに過ぎなかった。対策委員会は，政治的中立性確保のために，総選挙に出馬する地方公務員は総選挙の半年前に，国家公務員は選挙法公布後10日以内に離職するよう要求した。また，対策委員会の案では，選挙管理委員会は中央選挙管理委員会と地方選挙管理委員会[44]から構成されるものとし，委員は，法務省と政党の代表から選出されると規定された。そのうえで，中央選挙管理委員会と地方選挙管理委員会で特別管理委員会を結成し，同委員会が選挙運動期間中の国営放送の利用状況が公平である

---

43 政治改革法暫定規定第1条第2項参照。
44 対策委員会は，地方選挙管理委員を自治州ごとに設置することを想定。

かどうかの監視を行うものとした。

　しかし反体制派案を政府が取りあげることはなかった。1977年1月24日に対策委員会はスアレスを招いて選挙法案を説明したが，スアレスは選挙法に関するいかなる提案も受け入れなかった。1977年2月14日には9人委員会とスアレスの会談の場が設けられ，対策委員会案はスアレスに手渡されたが，スアレスは各選挙区の議席配分に関してだけは，再考の余地があると反体制派代表者に伝えたのである[45]。PSOEの関係者は，選挙法に関して，スアレスとの交渉の余地は全くなかったと述べている[46]。

　1977年3月18日，選挙法[47]が政令法により公布された。選挙は両院同時に自由秘密普通選挙で実施されることとなり，選挙権は21歳以上の国民に与えられ，下院は拘束名簿式比例代表制で行うとされた。総議席数は350議席，選挙区を原則県単位としたため，全部で52選挙区となった。各県には原則あらかじめ2議席を配分し，有権者144,500人につき1議席が追加されることとなった。また各選挙区において，得票率が3％に満たない政党には，議席の配分を行わないという足切り条項も盛り込まれた。加えて，政党助成金制度も創設され，1議席以上獲得した政党を対象に，1議席につき100万ペセタ，1票につき45ペセタ国庫から支給されることとなった。軍人を含め，主要な公職にある者は被選挙権が認められないこととなった。

　選挙法の規定の中で，有効活用されることになる規定が，将来的に政党となり得る形態を備えていれば，総選挙に出馬できるという第3条第2項の規定である。APやUCDはこの規定を利用して選挙連合として出馬し，スアレスがカリージョから妥協を引き出すための提案も選挙連合であった。

　公布された選挙法への反体制派の評価は概ね否定的であった。それは，表5－1からもわかるように，ほとんど反体制派の意見が通らなかったか

45　1977年2月，政府が，新PSOEだけをPSOEとして認定するという約束を反故にし，亡命旧PSOEも選挙登録を認めたことに，新PSOEが政府に抗議し，9人委員会から離脱した。中心的存在を失った9人委員会もそのまま自然消滅した。
46　Powell, Charles T. (a), *op.cit.*, p.269.
47　Real Decreto - ley 20/1977, de 18 de marzo de 1977, sobre Normas Electorales.

表5-1　選挙法に関する政府と反体制派の主張の違い

	政府案	対策委員会案	確定版
議席配分方法	ドント式	ドント式	ドント式
選挙区単位	県	自治州	県
選挙区における最少議席数	1ないし2議席	2議席	2議席
追加配分議席	人口108,000人につき1議席	人口125,000人につき1議席	人口144,500人につき1議席
足切りライン	2％	2％	3％
足切りラインの単位	県	自治州	県
名簿方式	拘束式	―	拘束式
閣僚の出馬条件	総選挙の日程発表後,辞任	―	総選挙の日程発表後,辞任
国家公務員の出馬条件	―	選挙法公布後10日以内に辞任	選挙前の辞任
地方公務員の出馬条件	―	総選挙実施の半年前に辞任	選挙前の辞任
中央選挙管理委員	―	法務省と政党の代表	全16人:政党代表最大5人と法務省代表
地方選挙管理委員	―	法務省と政党の代表	全6人:法務省の代表4人と無作為に抽出された国民2人
その他	―	中央選管と地方選管で特別委員会を作り,国営放送の利用権を監視する	―

Powell, Charles T. (a), "Reform Versus 'Ruptura' in Spain's Transition to Democracy"(Ph.D.diss., Oxford University, 1989)を参考に筆者作成。

らである。反体制派の意見がかろうじて受け入れられたのは，選挙管理委員会の構成だけであり，それも大部分は法務省の代表者が担うことになり，事実上反体制派は選挙管理から遠ざけられた。中央選挙管理委員は16人と規定されたが，そのうち，政党が選出できる法学教授等の人数は最大で5人となった。県選挙管理委員は，4人の法務省の代表と無作為で選ばれる2人の国民から構成されることとなった。

　反体制派は，この選挙法が過疎地域から過剰に議員を選出する選挙制度であるとみなした。特にPSOEは，「右派に資する選挙法」と批判した。スアレスをはじめとしたフランコ体制派は，都市部では支持がないと思われていたので，右派に有利な制度とみなしたのであった。

　PCEは予想より悪くない選挙法という感想を持っていたが，PSOE同様，この選挙制度は過疎地域から過剰に議員を選出する制度とみなし，政府に有利な選挙制度であると批判した。さらにPCEは，有権者を21歳以上と

したことで，18歳以上21歳未満の成人250万人の意思表明の機会を奪い，制度が不完全なために，外国で働く300万人以上の有権者が選挙権を行使できないと政府を批判した[48]。

　選挙法をめぐる交渉が，政府と9人委員会に限定されてしまったため，全く介入できなかったAPは，結成以来小選挙区制を主張していたが，比例代表制であっても，過疎地域から過剰に議員を選出する選挙制度が採択されたため，1票の格差を大きくするというAPの主張が認められているとみなした。というのも，この選挙法で選挙が行われた場合，1977年当時，1議席当たりの有権者数が最も少ないソリア県では有権者34,636人につき1議席が与えられ，最も多いマドリード県では有権者139,569人につき1議席が与えられた。1票の格差は実に約4.03倍になったからである[49]。

　このように総選挙の結果に重大な影響を及ぼす選挙法に，ほとんど反体制派の意見が採用されることはなく，議論にも反体制派が加わることはできなかった。また同法は政令法として成立したため，議会審議がなされず，国会議員も関与することができなかった。審議に関与したのは，閣僚のみであった。APは反体制派でも政府側でもないという意味で，特別な位置にいたとはいえ，APが反体制派以上に選挙法審議に関われなかったことは，閣僚でない体制派が，いかに選挙法の審議過程から排除されていたかを物語っている。

　選挙法が決定されたものの，総選挙の日程は依然発表されていなかった。また2月には，政治結社法の部分改正が行われ，多くの政党が政党登録を済ませたものの，PCEの政党登録申請は保留扱いとなり，どの政党が選挙に参加できるのか，依然不透明であった。選挙法が一方的に政府によって決められたため，反体制派は選挙が本当に公平に実施されるのか，不安は払拭されなかったのである。

48　Powell, Charles T. (a), *op.cit.*, pp.266-270.
49　Gunther, Richard, Sani, Giacomo and Shabad, Goldie, *Spain after Franco: The Making of a Competitive Party System* (Berkeley, Los Angeles and London: University of California Press, 1986), pp.46-47.

第5節　政党の合法化

第1項　法整備

　政党の合法化は選挙法の制定と並んで，1977年総選挙が民主化の出発選挙となるためには重要な要素であった。既に述べたように，1977年総選挙において，政党の合法化が問題になった理由は，フランコ体制では普通選挙が行われず，長い間政党の存在が非合法となっていたからである。本節では，1977年総選挙が公平に行われるため，スアレス政権が取り組んだ政党の合法化について概観する。

　アリアス＝ナバーロ内閣は，政治結社法や集会法を成立させたが，刑法によって，自由な政治結社の結成や集会が違法とされていたため，刑法の改正が不可欠であった。そこでスアレスは，首相就任早々の1976年7月13日に，集会・結社の権利，表現・職業の自由に関係する刑法の改正を行った。

　集会について，これまで刑法166条1項により，ある集会を警察当局が平和的な集会ではないとみなせば，その参加者は処罰の対象となっていたため，自由な集会活動は不可能であった[50]。そこで，スアレスは，公序良俗に反する集会，犯罪を目的とする集会，国家の転覆を意図する集会，一定以上の武装した人間がいる集会だけを違法な集会とする刑法改正を行ったのである[51]。

　結社に関しては，刑法172条により，公共のモラルに反する目的を持った結社(第1項)，犯罪を目的とした結社(第2項)，当局から禁止されている結社(第3項)，法に規定された条件を満たさなかった結社(第4項)は，違法な結社とされていた[52]。特に第3項，第4項の存在は，政治結社が存在する可能性を排除していた。そこで，スアレスは，刑法172条の第3項を国家の転覆を目的とする結社と書き換え，第4項を人種的，宗教的，性

50　Decreto 691/1963, de marzo, por el que se aprueba el《Texto revisado de 1963》del Código Penal, articulo 166.

51　Ley 23/1976, de 19 de julio, sobre modificación de determinados articulos del Código Penal relativos a los derechos de reunión, asociación, expresión de las ideas y libertad de trabajo, articulo 166.

52　Decreto, 691/1963, *op.cit.*, articulo 172.

的，経済的差別を促す結社と書き換えた。さらに新たに第5項を設け，そこには，ソ連インターナショナルの指令に基づいて全体主義体制の成立を目指す結社は，違法であるとしたのである[53]。この刑法改正により，同条文に反しない活動であれば，集会，公表，宣伝，結社の自由が与えられたのである[54]。

しかし改正172条5項をめぐって，国会審議は紛糾した。第一副首相のデ＝サンティアゴは，具体的にPCEが違法な結社であると刑法に盛り込むよう主張した。しかしその主張をスアレスは受け入れなかったため，PCEの合法化を絶対に認めないデ＝サンティアゴは，閣僚でありながら，刑法改正案の採決において，反対票を投じたのである。

そもそも自由な結社活動を認めない原理派議員は，デ＝サンティアゴに追従したが，その他の多くの議員は，この刑法改正によりPCEの合法化が可能になるとは考えていなかった。多くの議員は，PCEが全体主義体制の設立をめざす結社であるとみなしており，たとえ同条文に該当しなくても，公序良俗に反する意図を持った結社，犯罪を目的とする結社，国家の転覆を意図する結社，人種差別をはじめとする差別活動を目的とする結社のいずれかにPCEは該当すると考えていた。このため，多くの反対票を生み，現役の閣僚が採決において反対票を投じるという混乱はあったものの，刑法172条などの改正案は，賛成249票，反対174票，棄権57票で可決・成立したのであった[55]。

しかし改正刑法が公布された後も，政治結社法のもとでは19政党しか結成されず，その中に反体制派政党はなかった[56]。その理由は登録制度に

---

53 Ley 23/1976, *op.cit.*, artículo 172.
54 Martín Merchán, Diego, *op.cit.*, pp.102-103, pp.170-171.
55 Ortiz, Manuel, *op.cit.*, p.90.
56 刑法が改正されたために登録された政党は以下の通り。カタルーニャ連合(Unión Catalana)，国民行動党(Partido de Acción Nacional)，F/N，キリスト教民主連合(Unión Demócrata Cristiana)，保守政党連盟(Confederación de Partidos Conservadores)，カタルーニャキリスト教民主社会党(Democracia Social Cristiana de Cataluña)，伝統主義団体(Comunión Tradicionalista)，進歩党(Partido Progresista)，アンダルシア地域連合(Unión Regional Andaluza)，PP，UDE，スペイン社会主義民主党(Partido Socialista Democrático Español)，RD，スペイン民主主義連合(Unión Democrática Española)，カタルーニャ連盟

あった。この政治結社法に基づいて政党[57]を結成するためには，内務省に政党登録をしなければならなかった。しかし登録のための書類には，どのような政党か記入する欄があり，内務省は提出書類を審査することで，違法と思われる政党の登録を拒否することができたのである。そのため，最初から内務省に登録が拒否されると考えていた反体制派は，政党の登録を行わなかったのである。またPSOEは，19世紀から存在している政党であり，新政党ではないので，改めて内務省に政党登録をしなければならない理由はないと主張していた[58]。反体制派の政党が，全く登録してもらえない事態であれば，総選挙が公平・公正であると言うことはできない。制度を改め，反体制派にも登録してもらえる制度作りが必要となったのである。

そこで政府は，1977年2月8日に，政治結社法の改正を政令で行った[59]。この改正により，政党登録に関する審査権が，内務省から裁判所へと変更になったのである。改正法の大きな特徴は，内務省で受け付けた書類に違法性が認められる場合，10日以内に最高裁判所へ書類が送付されるようにし，最高裁判所への書類送付から5日以内に，申請者に対して，その旨通知するようになったことである[60]。反体制派は，内務省が単なる登録の受付窓口となったことで，行政による登録妨害がなくなると考え，公平な司法判断を仰げるであろうという期待感から，多数の政党が政党登録を申請した。1977年2月9日のスアレスとゴンサーレス書記長との会談の結果，スアレスがPSOEと名のつく政党は，ゴンサーレス率いるPSOE以外認めないと明言したため，PSOEは政党登録を行った[61]。PSOEが政党登録したことにより，反体制派政党はこぞって政党登録を行ったのであった。

　―カタルーニャ自由党(Lliga de Catalunya-Partido Liberal Catalán)，スペイン民主行動(Acción Democrática Española)，エクストレマドゥーラ地域行動(Acción Regional Extremeña)，カタルーニャ民主党(Partit Democratic Catalá)，地域行動(Acción Regional)，Martín Merchán, Diego, *op.cit.*, p.100.
57　本書では政党と記す。
58　Powell, Charles T. (a), *op.cit.*, p.271.
59　Real Decreto 125/1977, 9 de febrero, sobre regulación de procedimientos judiciales en materia de Asociaciones Políticas.
60　Martín Merchán, Diego, *op.cit.*, p.105, pp.179-183.
61　しかし実際には，旧PSOEも登録し，怒ったゴンサーレスは，9人委員会からの離脱を決めた。Powell, Charles T. (a), *op.cit.*, pp.272-273.

しかしPCEの政党登録申請は，内務省の判断で違法の疑いありとされた。内務省は，改正政治結社法に基づき，PCE申請書類を最高裁判所で審査することと結社登録の停止を宣言した。政府は，PCEの合法化を簡単には認めなかったのである。

第2項　カリージョの身柄拘束

既に述べたように，PCEはフランコ体制最大の反体制派であった。そのため，リンスをはじめ，多くの研究者が，PCEの合法化こそがスペインの民主化が成功した最大のポイントであるとみなしている[62]。確かにフランコ体制は，スペイン内戦の勝者による支配であり，PCEら内戦の敗者は，フランコ体制において虐げられてきた。よってPCEの合法化は，内戦以来勝者と敗者に分断されていたスペインの和解，という特殊な意味を持っていたと考えることができる[63]。

しかしスペインの民主化が大成功をおさめた要因としてPCEの合法化だけを強調するのでは不十分であると考える。なぜなら，PCEの合法化だけでは，1977年総選挙が競争的で民主的な選挙になったとは言えず，民主化が成功したとは言い切れないからである。実際に，政府関係者には，オソリオのように，西ドイツにおいてドイツ共産党が非合法政党であるように，スペインでもPCEが非合法のままであっても，スペインが民主主義国家を名乗ることに問題はないと主張している者もいた[64]。

リンスは，オソリオらの主張を退け，スアレスがPCEの合法化にこだわり，PCEの合法化が内戦における両者の和解の一助となったことを評価している[65]。

しかしスアレスがPCEを合法化したのは，内戦以来の和解のためだけではないと考えられる。スアレスがPCEを合法化した理由は，選挙の公正・

62　Linz, Juan and Stepan, Alfred, *op.cit.*, pp.96-98; Shain, Yossi and Linz, Juan J., *op.cit.*, p.54.
63　内戦やフランコ体制の記憶が民主化以降の現代スペインに及ぼしている影響について，Aguilar Fernández, Paloma, *Políticas de la memoria y memorias de la política* (Madrid: Alianza Editorial, 2008).
64　Ortiz, Manuel, *op.cit.*, p.157.
65　Linz, Juan and Stepan, Alfred, *op.cit.*, pp.96-98.

公平性を示すためであった。既に見たように，選挙法を政府が一方的に決めたため，選挙のルールが公平・公正であると反体制派から認めてもらうには至らなかった。そして体制内外を問わず，多くのアクターが，PCEの合法化は困難であるという認識を持っていた。他方，法律に照らし合わせてPCEに違法性がなければ，PCEを合法化することで，法の厳格な運用という観点から，総選挙の公平・公正さを証明する一助になるはずである。フランコ体制の政治家は，民主的な正統性の欠如から，合法性に体制の正統性の根拠を見出していた。スアレスも例外ではなく，彼にも法の厳格な適用という考えはあったと思われる。したがって，スアレスは，違法な政党でない限り全政党を合法化しようと考え，全政党合法化の中で最大の障害となったのが，PCEの合法化であったという見方をするべきであろう。

　政治改革法の時と同様，スアレスがPCE合法化の問題で最も警戒していたのが軍部であった。内戦において最前線でPCEと戦ってきた軍では，世代交代しても，PCEを敵視する姿勢は変わらなかった。スアレスが軍人らを集めて政治改革法の概要説明をした際に出た質問もPCEの合法化の可能性であったことから，PCEが合法化されるかどうかは，軍にとって最も重要な問題の1つであったと理解できる。また，多くのアクターがPCEの存在を問題視していたという事実は，9人委員会がPCEを委員会への加入を正式に認めなかった事実からも理解できよう[66]。

　しかしスアレスは軍部を警戒していたが，軍部に妥協していた訳ではない。スアレスは，1976年9月21日に閣僚でありながら政治結社法，刑法改正といったスアレスの進める政策に悉く反対していたデ＝サンティアゴ第一副首相を更迭し，後任にグティエレス＝メジャドを就任させて，軍部で表立ってスアレスに異を唱える者をなくしている[67]。このようにスアレ

66　碇順治『現代スペインの歴史　激動の世紀から飛躍の世紀へ』（彩流社，2005），141頁。
67　しかし第一副首相がグティエレス＝メジャドへと交代したことにより，軍が政府の意のままになったとは言えなかった。スアレスはデ＝サンティアゴとデ＝サンティアゴを支持したイニエスタ＝カノ（Iniesta Cano）を退役させようとしたが，軍事裁判所がその行政処分は無効であるとして，退役させるには至らなかったという事例がある。これらの積み重ねが，1981年2月23日のクーデター未遂へとつながったとオルティスは論じている。Ortiz, Manuel, *op.cit.*,

スは軍対策を入念に行っていたのである。

　ところで，既に1976年2月からスペイン国内に潜伏していたカリージョは，1976年11月に行われたCCOO主催のゼネストが不調だったことを受けて，記者会見を開いて声明を発表することにした。政治改革法の国民投票が行われる5日前の1976年12月10日にカリージョは，マスメディアに向けて記者会見を行う旨を通知した。カリージョが当局に拘束される可能性があったため，事前に会見の場を公表せず，PCE党員がマスメディア関係者を会見場に誘導するという形をとった[68]。

　カリージョは記者会見において政治改革法を非難し，改革はうわべだけのもので，「残さなくてもよいものだけを改革しているにすぎない」と切り捨て，民主化の過程でPCEの存在を無視することはできないと述べた。また，全ての投票所を攻撃するに足る12000人の党員の準備はできていると主張した[69]。

　カリージョが記者会見を行ったという情報は，記者会見が終わった頃にマルティン＝ビジャ内相のもとに届けられたが，カリージョは既に逃亡した後であった。カリージョは，まずはマスメディアを通じて，PCEの存在を示したのであった。

　その後もスペイン国内に滞在し続けたカリージョであったが，警察当局が警備を強化したこともあって，1976年12月22日についに身柄を拘束されることになった。PCE中央委員会の会合が開かれるという情報を得た警察が，カリージョの身柄を拘束しようと，周囲を見張っていたのであった。

　政府の政治判断として，カリージョが自由にスペイン国内を闊歩しているのを認めるわけにはいかないものの，一般に理解されるところと異なり，カリージョの身柄を拘束したところで，カリージョにはさしたる罪状がなかった。内戦期の罪状は，1969年の政令法[70]で不問とされていたから

---

pp.170-171.
68　Carrillo, Santiago (a), *Memorias*, (Barcelona: Editorial Planeta, 1993), p.637.
69　Ortiz, Manuel, *op.cit.*, p.138.
70　Decreto-ley 10/1969, de 31 de marzo, por el que se declara la prescripción de todos los delitos cometidos con anteridad al 1 de abril de 1939.

である[71]。このため，政府は「カリージョには触らない，スペインでの彼の存在を認めない」という方針を閣議決定したばかりであった[72]。

　カリージョの対応について，政府内での議論は紛糾した。大きくは2派に分かれ，一方がカリージョの国外追放を主張し，もう一方は司法判断に委ねるべきであると主張した。スアレスとグティエレス＝メジャド第一副首相は，カリージョの国外追放を主張した。スアレスは，PCEが非合法な組織であっても，カリージョ自身は容疑者でも非合法な存在でもないということを明らかにはしたくなかったのである。そこでスペイン政府は，フランス政府に連絡を取り，パリへの移送のための飛行機を準備した。しかしフランス政府は，カリージョの受け入れを快諾したものの，カリージョが再びスペインへ渡航する自由をフランス政府は奪えないとスペイン政府に通告したのであった。

　他方，オソリオ第二副首相とラビージャ法務相は，裁判を行わずして，カリージョを追放することはできないと主張した。マルティン＝ビジャ内相は，スペイン国籍を有しているカリージョを国外追放することは違法であり，国外追放したカリージョが再びスペインに舞い戻れば，何のための身柄の拘束であったのかという点から警察のメンツが丸つぶれになるため，国外追放案には賛成できないと主張した[73]。

　スアレスは，カリージョの処遇について，本人とPCE幹部に尋ねることとした。PCEの幹部であったロペス＝サリーナス（Armando López Salinas）は，カリージョのフランス送致を希望したが[74]，カリージョは，「今夜，私をフランスへ送っても，3日以内にマドリードへ戻る。この問題を解決したいのであれば，私を裁判所へ送るしかない」[75]と答え，PCE幹部の希望とは異なり，カリージョは治安裁判所送りを望んだ。カリージョは，事情聴取を受けながら，これといった罪状が見つからず，政府の方針が定まっていないのではないかと感じていたからであった。

　結局スアレスは，閣僚の反対もあってカリージョの国外追放を断念し，

71　Powell, Charles T. (a), *op.cit.*, p.259.
72　Ortiz, Manuel, *op.cit.*, p.140.
73　Martín Villa, Rodolfo, *op.cit.*, p.60.
74　Ortiz, Manuel, *op.cit.*, p.140.
75　Carrillo, Santiago (a), *op.cit.*, p.642.

カリージョを治安裁判所に送致することにした。治安裁判所主席判事のゴメス＝チャパーロ（Rafael Gómez Chaparro）は，治安裁判所が取り扱う範囲ではカリージョを裁くことはできないと結論付けた[76]。1976年12月23日にカリージョは，カラバンチェル刑務所に収監されたものの，厚待遇で迎えられ，監獄ではなく刑務所内の医務室に収監された。そして1週間後の12月30日，不正パスポート所持容疑で，保釈金150万ペセタを支払い，カリージョは釈放されたのである[77]。

　カリージョの身柄が拘束されたことで，彼が既にスペインにいるという事実が公になった。それだけでなく，PCEは依然非合法組織であっても，内戦当時，敵方の若手リーダー格であった現PCE書記長のカリージョを釈放したため，彼にはさしたる罪状はなく，犯罪者ではないということを政府自ら証明することになった。この出来事は，カリージョ自身の戦略の一環であったのかどうか真相はわからないが[78]，いずれにしてもこのような形で，カリージョの市民権が認定されたのである[79]。しかしマルティン＝ビジャが述べているように，カリージョに違法性がないこととPCEが合法化されることは全く別の次元の話である[80]。カリージョが無罪となっても，PCEの合法化は即決される話ではなかったのである。

76　Martín Villa, Rodolfo, *op.cit.*, p.61.
77　Ortiz, Manuel, *op.cit.*, p.141.　カリージョはPCE幹部の出迎えた車に乗って，カラバンチェル刑務所を後にした。移動に使われた車は，ルーマニア大統領チャウシェスクに贈られたものであった。この点からもカリージョとチャウシェスクは，親密な関係にあったと考えられ，国王がカリージョとの接触を試みた際，チャウシェスクにお願いしているというのは，ある程度信憑性のある話であると思われる。また，国内だけでなく，外国からもカリージョを解放しろという圧力が政府にあったであろうとカリージョは述べている。Carrillo, Santiago (a), *op.cit.*, p.645.
78　マルティン＝ビジャは，カリージョがわざと捕まるために現われたと言っているが，カリージョはスペインにいる以上，日々の集会に参加するのが務めであり，集会に参加すればそれだけ逮捕される確率が上がることは知っていたと述べている。Ortiz, Manuel, *op.cit.*, p.140; Carrillo, Santiago (a), *op.cit.*, p.638; Martín Villa, Rodolfo, *op.cit.*, p.57-67.
79　しかしカリージョ自身は自由に出歩いてもよい雰囲気になったのはアトーチャ事件の葬儀の後であったと述べている。Carrillo, Santiago (a), *ibid.*, p.648.
80　Martín Villa, Rodolfo, *op.cit.*, p.61.

第3項　PCEによる党葬

　既に見たように，民主的な反体制派の活動はあまり効果的でなかった。他方，反体制派テロリストの活動は徐々に激化していた。1976年10月には，王国顧問会議のメンバーがETAに暗殺され，12月11日には同じく王国顧問会議のメンバーが「10月1日の反ファシズム抵抗グループ」(Grupos de Resistencia Antifascista Primero de Octubre: GRAPO)に誘拐された。GRAPOは他にも12月23日にはビジャエスクサ (Emilio Villaescusa) 軍事裁判所最高評議会議長も誘拐していた。

　年が明けて，1977年1月半ばの首都マドリードは，反体制派の労働組合，特にCCOOの支援を受けたストライキが頻発していた。このような状況の下で，運輸通信分野の垂直組合マドリード支部長であったアルバダレッホ (Francisco Albadalejo) は，左派を威嚇する目的で，仲間と共にテロを行うことにした。アルバダレッホらは，ブラス・ピニャールが主催するF/Nと結びつきがあり，テロに及んだ彼ら全員前科があった。

　アルバダレッホらは，ターゲットをアトーチャ通り35番地の3階にあった労働問題専門の弁護士事務所に決めた。ターゲットに選んだ理由は，ストライキの首謀者，PCE，CCOOと親密な弁護士がよくその事務所に出入りしていたというだけで，その弁護士とは全く面識がなかった。

　1977年1月24日の夕方，アルバダレッホらはその弁護士事務所を襲撃した。その時事務所には7人の弁護士がおり，アルバダレッホらは，事務所の扉を開けた瞬間に銃を乱射し，弁護士らは無抵抗のまま撃たれたのである。この事件で5人が死亡，生き残った4人も重傷を負った。この事件はアトーチャ事件と呼ばれ，「暗黒の一週間」[81]と呼ばれる殺人事件が続発した1月のある1週間に起きた事件の1つであった。

　9人委員会は，PCEの同志であった弁護士が殺害されたことを受けて，

81　1977年1月23日，政府に恩赦を要求するデモに参加していた学生，ルイス (Arturo Ruiz) が極右の若者，セサルスキー (Jorge Cesarski) に殺されるという事件が起こり，翌24日はデモ隊と警備隊が衝突，警備隊が発射した催涙弾がバスを降りた女子大生，ナヘラ (María Luz Nagera) の頭を直撃し，死亡させてしまうという事件が起こった。24日はそれだけでは済まず，GRAPOによる軍法会議議長，ビジャエスクサの誘拐事件，アトーチャ事件が起こった。アトーチャ事件に怒りをおぼえたGRAPOは，28日に警察官3名を殺害して報復した。

PCE主催で葬儀を執り行いたい旨を政府に伝えた。弁護士校長のペドロル (Pedrol Rius) は、生前の犠牲者の功績を称え、弔問の部屋を法務省内に設置するよう要請した。これを仲介したのもアルメロであった。ペドロルの要請を受けたラビージャ法務相は、ペドロルの要求を受け入れる代わりに、葬儀では挑発的な行動を慎むよう要請した[82]。確かにカリージョは釈放されていたが、PCEは依然として非合法組織であり、そのPCE主催の葬儀が白昼堂々、マドリードの街中で執り行われるというのは、通常では考えられないことであったからである[83]。しかし、今回の事件の凄惨さを考えると、スアレスもPCE主催の葬儀を許可しないわけにはいかなかったのである。

政府は葬列を法務省からレコレトス通りまでの300mとすること、墓地までの棺の運搬は自動車を用いて群集を引き連れないことの2つを条件とし、PCEの要求をほぼ全面的に受け入れたのであった[84]。

1977年1月25日、法務省庁舎は弔問に訪れた人で埋め尽くされ、翌26日夕方の出棺になっても、弔問客が絶えることはなく、葬列にはカリージョの姿も確認された。葬列は、レコレトス通りに着くと、音もなく解散し、事件らしいものは何も起きなかった。

この葬儀を見て、スアレスのPCEへの印象が変わった。スアレスもPCEやカリージョに対して語られる一般的なイメージを共有しており、カリージョのことを信用していなかった。ところが、葬儀を通じて、PCEとカリージョの統率力の高さを知ることとなり、スアレスは、カリージョの約束を守る誠実な人柄に好感を持った[85]。アトーチャ事件は痛ましい事件ではあったが、葬儀を通じてPCEは、スペイン国民とスアレスに対してPCEが暴徒集団ではないとアピールできたのであった[86]。

しかし、さりとて、PCEの合法化を即決できるわけではなかった。スアレスがPCEの合法化を決断するには、もう少し条件が必要であった。

82　Ortiz, Manuel, *op.cit.*, p.144.
83　カリージョによれば、犠牲者は非合法活動家みたいなものであった。Carrillo, Santiago (a), *op.cit.*, p.648.
84　Ortiz, Manuel, *op.cit.*, pp.144-145.
85　Ortiz, Manuel, *ibid.*, pp.157-158.
86　Carrillo, Santiago (a), *op.cit.*, p.648.

第4項　スアレスの決断

　スアレスはPCEの合法化をどのようにして，いつ実行するか，相当迷っていたと考えられる。スアレスの決心はなかなか固まらず，PCEの合法化について国王，フェルナンデス＝ミランダ，オソリオ，グティエレス＝メジャドらと何度も意見交換をしていたと，当時首相執務室次官を務めていたオルティスは述べている[87]。

　カリージョの釈放以降，PCEは，政府に自党の合法化を積極的に働きかけた。1977年の年明けから，PCEの副書記長であったバジェステロス(Jaime Ballesteros)は，政府とPCEの仲介役となっていたアルメロを介して，スアレスにPCEの総選挙参加を要求した。

　それに対してスアレスは，PCEの伝統的な旗印である斧と槌を取り下げることをPCEの総選挙参加条件として挙げた。つまり，PCEとしての総選挙の参加は認めないということであった。

　バジェステロスは，カリージョとスアレスの直接会談以外に状況を打開する方法はないと考えていた。スアレスのシリア訪問という情報を得たジャーナリストのバルダビーオ(Joaquín Bardavío)はその情報をPCEに提供したが，スアレスが国内政治への専念を理由に外遊を取りやめたため，カリージョとの会談が実現することはなかった[88]。

　他方，政府関係者にもスアレスとカリージョの直接会談を実現させたい人物がいた。それは内閣官房課長のディエス＝デ＝リベラ(Carmen Díez de Rivera)であった。ディエス＝デ＝リベラは，国王の友人であり，スアレスが国営放送の社長を務めていた時からのスアレスのスタッフであった[89]。カリージョによれば，ディエス＝デ＝リベラは，左派寄りの人物という評判であった[90]。実際1977年総選挙においてディエス＝デ＝リベラは，PSPから出馬している。国民運動で働きながら彼女がこのような性向を

87　Ortiz, Manuel, *op.cit*., p.157.
88　オルティスによれば，スアレスが外遊していれば，カリージョとのシリアでの会談は実現したであろうと述べている。Ortiz, Manuel, *ibid*., p.158.
89　Romero, Ana, *Historia de Carmen. Memorias de Carmen Díez de Rivera* (Barcelona: Editorial Planeta, 2002), pp.71-80.
90　Carrillo, Santiago(a), *op.cit*., p.650; Sanchez, Angel, *Quién es Quién en la democracia española* (Madrid: Flordel Viento Ediciones, 1995), pp.117-118.

持つようになった理由は，実の父親がファシストのセラーノ＝スニェル（Ramón Serrano Suñer）であったことが大きいのではないかとロメロは分析している。ディエス＝デ＝リベラは，スアレスのスタッフとして働きながらも，国民運動の要職を務めるスアレスをファシストと評している[91]。

ディエス＝デ＝リベラは，カリージョとスペイン有数の出版社であるプラネタ社が主催するプラネタ賞[92]受賞式で面識を持った。その後，ディエス＝デ＝リベラは，1977年1月31日に共通の友人宅で再びカリージョに会った際，スアレスは全政党を合法化するつもりでいるが決断できずにいると伝えた。翌日，ディエス＝デ＝リベラは，スアレスにカリージョと会ったことを報告し，カリージョと近日中に会談し，PCEを総選挙前に合法化するべきであるとスアレスに進言したのである[93]。

ディエス＝デ＝リベラは，プラネタ賞授賞式でカリージョと談笑している写真が新聞に掲載されるといったスキャンダルのため，スアレスは1977年5月に彼女を解任することになる。いくらカリージョが無罪放免になったとはいえ，非合法政党の党首と政府高官が談笑している写真は，政府がPCEを公認していると世間に受け止められる可能性があるというのが解任の理由であった。しかし，カリージョとの会談をスアレスに決意させたのは，彼女の進言であったと考えられる。そしてついにスアレスは1977年2月25日にアルメロを介してカリージョに会う用意があると伝え，カリージョも会談に応じると返答したのである[94]。

スアレスは，カリージョと会談するとオソリオ第二副首相に伝えた。PCEをどのように取り扱うべきか内閣で議論している中でのスアレスの決断であった。オソリオは，スアレスの決断に反対した。PCEの合法化は，総選挙後に行われるべきことであり，カリージョとの単独会談には問題が多すぎるというのがその理由であった。オソリオは，PCEの合法化を判断する権限があるのは司法であり，内閣の権限ではないという見方を示した。逆に最高裁判所が，PCEの合法化を違法ではないと判断すれば，PCE

91　Romero, Ana, *op.cit.*, pp.39-58.
92　スペイン人作家を発掘する目的で1952年に制定
　　http://www.ojanguren.com/premios/planeta.html（アクセス日：2011年5月20日）
93　Romero, Ana, *op.cit.*, pp.150-152.
94　Carrillo, Santiago (a), *op.cit.*, p.646.

の合法化は自動的に達成されると主張した。

　翌26日，オソリオは再びスアレスと会談したが，物別れに終わった。オソリオは，全ての判断を最高裁判所に委ね，カリージョに最高裁判所の判決を受け入れさせることが重要であると再度主張した[95]。フェルナンデス＝ミランダも，一国の首相が非合法組織の指導者であるカリージョのような人物に会うべきではなく，どうしてもカリージョとの会談が必要であるならば，カリージョとの会談には大臣や次官が適当であると主張した。最終的にフェルナンデス＝ミランダは，カリージョとの会談には自分が行くと主張したが，スアレスはそれも拒んだ。このPCEへの対応を巡る対立から，スアレスとオソリオやフェルナンデス＝ミランダとの関係は急速に冷めていくことになった。スアレスは，フェルナンデス＝ミランダの描いていた政治改革のシナリオから逸脱し始めていたのである。

　スアレスとカリージョの会談はアルメロの別荘で行われ，スアレスは会談の中でカリージョに君主制を容認させようと考えていた。民主的な反体制派の中心であるPSOEは，依然として君主制を容認していなかった。もしカリージョが君主制を容認すれば，PSOEもカリージョの決断に追従せざるを得なくなり，君主制を前提とした政治体制の確立に障害がなくなるとスアレスは考えていたからであった[96]。

　スアレスは，軍部がPCEの合法化に反対しているため，今回の選挙では独立派連合として出馬してはどうかとカリージョに提案した[97]。しかしカリージョは，PCEを合法化せずしてスペインの民主化は不可能であると主張し，非合法のままPCEを放置するようなことがあれば，PCEは何らかの行動に出る用意があるとして，スアレスの提案を拒否した。カリージョは，PCEの党員を動員すれば，労働争議を全国的な規模にすることも，PCEの合法化を求めるデモを起こすことも，選挙当日に妨害をすることも可能だとスアレスを威嚇したのである。

　カリージョはスアレスを威嚇する一方で，PCEの合法化によってもたらされる利益について説いた。カリージョは，PCEの関心が打倒独裁制にあ

95　Osorio García, Alfonso (a), *op.cit.*, p.282.
96　Ortiz, Manuel, *op.cit.*, p.160.
97　Carrillo, Santiago (a), *op.cit.*, p.653.

り，共和制か君主制かという問いには，あまり大きな関心がないと述べ，PCEが合法化されれば，君主制の秩序を維持すると約束したのである。またカリージョは，一般に考えられているほど，PCEが選挙で強いことはないだろうという見通しを語り，選挙という審判にかけて，実際の勢力を把握することが民主主義において重要であると述べた[98]。スアレスは，カリージョの主張に一定の理解を示したが，PCEの合法化には法的な根拠が必要であると述べるにとどめた。会談は6時間に及び，最終的に和やかな雰囲気で終了したが，特段何らかの合意に達したわけではなかった。この会談後，スアレスはPCEの合法化を決意したと言われている[99]。

　カリージョは，3月2日と3日にマドリードにおいて，PCE主催でユーロコミュニズム[100]国際会議を開くと会談でスアレスに告げ，スアレスは開催を認めたため，PCEが非合法のまま国際会議は開かれた。外国からはマルシェ仏共産党書記長とベルリングエル伊共産党書記長が出席した。注目度は高く，外国からの2人の書記長がマドリードのバラハス空港に到着した際には，外国人記者も含め，報道陣350人以上が空港に詰めかけたのである。

　カリージョは，ユーロコミュニズム国際会議をマドリードで開催することで，PSOEのようにPCEにも国際的な支援があること，PCEの合法化は既定路線であるということを世間にアピールできると考えていた。その場でカリージョは，PCEがユーロコミュニズム政党であり，ソビエトから決別を宣言した自由民主主義を標榜する政党であると表明したのである。

　カリージョは，国際会議最終日の記者会見において，どれだけスペインの民主主義が復興しているかという目安は，PCEが合法化されるかどうかであると述べ，改めてスペインの民主主義におけるPCEの合法化が重要であると主張した。また会見ではユーロコミュニズムについて説明し，現

98　パウエルによれば，この時スアレスはすでに実際の共産党員の数字を知っていたため，カリージョの威嚇は効果がなかった。カリージョは150,000人とした党員数をスアレスは35,000人と把握していたとする。Powell, Charles T. (a), *op.cit.*, pp.274-275.
99　Ortiz, Manuel, *op.cit.*, p.162; 碇順治前掲書，141頁。
100　ユーロコミュニズムについて，S. カリリョ『ユーロコミュニズムと国家』(高橋勝之，深澤安博訳，合同出版，1979)。

代の政治は，多元的な政治勢力と多元的な社会で成り立っており，社会主義的社会の建設には自由な選挙が必要であると述べた。そしてそのためには，共産主義勢力，社会主義勢力，キリスト教民主主義勢力，その他の民主主義勢力間での対話と協定が必要であり，今日をもってPCEは，プロレタリアによる独裁路線を放棄するとカリージョは宣言した。その他にも，スペイン国内の米軍の基地使用については，欧州において米軍による基地使用廃止を謳った合意がない限り，米軍による基地の使用を認めるとし，それまでのPCEの主張を大幅に転換させたのである[101]。

カリージョは，この国際会議において，ユーロコミュニズムの方向性を具体的に示すことができず，PCEは国際的な支援を受けることができることをアピールできたに過ぎなかったとして不満を述べている[102]。しかしこの国際会議がマドリードで開かれたことにより，PCEの新しいイメージは広くスペインに浸透したのである。

スアレスがPCEの合法化をいつ決断したかはわからないが，スアレスの決心を固めさせた出来事は，パウエルが指摘するように，この国際会議であろうと考えられる[103]。またカリージョは，マドリードにおいて国際会議の開催を許可しておきながら，PCEを非合法のままにするというのは不可能であろうと見ていた[104]。よって，この段階におけるスアレスの論点は，どのようにしてPCEを合法化すれば，混乱が少ないかにあった[105]。

まずスアレスは，司法による解決を目指した。スアレスは，最高裁判所にPCEの申請書は合法であるという判決を下してもらい，その判決を根拠にPCEの合法化を宣言するというシナリオを描いていた。そのために法務省は，登録を申請した政党が違法かどうかを判断する最高裁判所第四法廷裁判長に，自由主義的な思想を持っていることで知られたベセリル

---

101 Ortiz, Manuel, *op.cit.*, pp.163-164.
102 Carrillo, Santiago (a), *op.cit.*, pp.656-658.
103 Powell, Charles T. (a), *op.cit.*, p.276.
104 Carrillo, Santiago (a), *op.cit.*, p.656.
105 1977年3月中旬に行われた世論調査の結果も，スアレスを後押ししたと考えられる。世論調査では，25％の合法化反対に対して，40％の人がPCE合法化に賛成していた。賛成のうち，75％の人は総選挙前の合法化を望み，合法化を望んでいた人の中で，PCEに投票すると答えた人はわずか9％であった。
Powell, Charles T. (a), *op.cit.*, p.276.

(Juan Becerril)を任命するよう圧力をかけたが，人事に対する政治介入を嫌った最高裁判所が，その人事を承認しなかった。人事介入に失敗した結果，1977年4月1日，最高裁判所は，PCEの申請に関して，何らかの判断を下すことは，最高裁判所の管轄外であるとし，PCEの申請書類は，内務省へと差し戻された。よってスアレスが狙った司法判断によるPCEの合法化は失敗したのであった。

　もはやスアレス自らがPCEの合法化を宣言する方法しか残っていなかった。1977年4月4日，スアレスは，グティエレス＝メジャド第一副首相，オソリオ第二副首相，マルティン＝ビジャ内相，ラビージャ法務相，イグシオ・ガルシア国民運動事務総長ら主だった閣僚を集め，PCEの即時合法化に政治改革の成功がかかっているため，絶対に必要であると告げた[106]。

　オソリオは，議論を閣議で行うべきだと主張し，いかなる場合も政府はいい加減な法解釈をするべきでないと述べた。ここでもオソリオは，再びPCEの合法化を総選挙後にすべきという従来の主張を繰り返し，PCEの合法化に反対する軍部を制御するのは困難であるという見解を示したのである。スアレスは総選挙までにPCEを合法化させることが肝要であると述べ，軍部の対応は，グティエレス＝メジャドが担当しているので不測の事態には至らないと主張したが，オソリオとスアレスの議論は平行線をたどったのである[107]。

　PCE合法化について主要閣僚間で結論が出ないまま，各閣僚はイースター休みに入った。閣僚では，スアレスとマルティン＝ビジャ内相だけがマドリードに残った。スアレスは，誰もいないイースター休みの間の数日中に，PCEを合法化しようと決断したのである。

　スアレスの意向を受けて，内務省では1977年4月6日，内務省次官補のオルティー＝ボルダス（José Miguel Ortí Bordás）と内務省内政局長のサンチェス＝デ＝レオン（Enrique Sánchez de León）はPCE申請書類について対応を協議した。2人の協議の結果，この問題は，検察庁で扱われるべ

106　スアレスは1977年当時アブリールを除いて，マルティン＝ビジャとカルボ＝ソテロ位しか閣僚では信用していなかったという。Calvo Sotelo, Leopoldo, *Memoria viva de la Transición* (Barcelona: Actualidad y Libros, 1990), p.18.
107　Osorio García, Alfonso (a), *op.cit.*, pp.285-288.

きであるとした。

　1977年4月9日午前12時から検察会議が開かれ、PCEの結社登録申請書に刑法違反が認められるかという点について議論がなされた。検察庁は、PCEの申請書類が刑法172条に抵触するとは認められないと結論付けた。マルティン＝ビジャ内相は、その報告を受け取ると、すぐにスアレスに伝え、スアレスは聖土曜日の朝、PCEの合法化をテレビで宣言したのである。

　イースター休みの出来事であったため、ほとんどの政府関係者が知らないうちにPCEは合法化された。カリージョですらPCE合法化の知らせをカンヌで聞いたのである。この不意打ちとも言えるスアレスのPCE合法化宣言には、保守派の象徴である軍部は反発した。軍部は、1976年9月のスアレスの約束を信じていたからである。次節では軍部のPCE合法化に対する反応を論じる。

第5項　PCEの合法化に対する軍部の反応

　繰り返しになるが、軍は強行にPCEの合法化に反対していた。しかし軍人レベルでの見解には温度差があった。1977年3月28日に参謀本部において開かれた情報委員会では、3軍の代表者がPCE合法化について意見を交換し、陸軍の代表者が陸軍ではPCEの合法化に関して以下の3つの意見に分類できると報告している[108]。

① PCE合法化に反対の者。参謀本部をはじめ高位高官のほとんどがこれに該当する。45歳以上に多い意見。
② PCE合法化もやむなしと考えている者。少佐や若い大尉に多い。
③ PCE合法化に無関心な者。大半の下層階級の者、大尉、中尉、下士官。

　空軍においても陸軍同様の見解が示された一方、海軍では、若い将校の間でもPCEの合法化に反対する者が多いと報告された。海での戦いは、陸での戦いよりも悲惨であったため、その悲惨な記憶は、代々海軍内で受

108　Ortiz, Manuel, *op.cit.*, p.172.

け継がれ，海軍は，陸軍や空軍よりもPCEを敵視する気持ちが強いと海軍の代表者は述べたのである。しかしこの情報委員会の議論から，海軍は別としても，軍人全員がPCEに断固反対していたというわけではないということがわかる。

スアレスも軍部全員がPCEの合法化に断固反対しているわけではないという状況に鑑み，軍部に対してはPCEの合法化が不意打ちにならないよう一定の配慮をしている。スアレスの友人であり軍人で当時諜報機関に勤務していたカッシネジョ（Andrés Cassinello）によれば，配慮は十分ではなかったが，以下2つの対策が軍部に採られた[109]。1つは軍部大臣と頻繁に行われた会談の中で，カッシネジョがPCEの合法化は決してありえないことではないと伝えていたことである。もう1つは，PCEの合法化をするとスアレスが決断した日，グティエレス＝メジャド第一副首相は，電話で3人の軍部大臣にPCEを合法化すると伝えた。その上でグティエレス＝メジャド第一副首相は，PCEの合法化に関してスアレス自ら首相執務室でいかなる疑問も明らかにする用意があると述べたのである。軍部大臣が何らかの反応を示したという証拠はないため，イースター休みということもあり，スアレスが1976年9月に行った説明会を信じて，カッシネジョやグティエレス＝メジャドの話を信じなかったのであろう。また共産党が非合法になるような刑法改正をし，PCEの政党登録申請を受理せずに保留したことが，スアレスの発言に保証を与えていたと考えられる。

それでは，PCEの合法化に対する3軍の動きを見ていこう。全般的に軍上層部の対応は冷静であった。軍参謀本部は，ここで軍部大臣が皆辞任してしまうと，反発から，誰一人軍人が後任の軍部大臣に就任せず，文民が軍部大臣のポストに就くこととなり，かえって軍の発言力は弱くなるのではないかと危惧したためである[110]。

陸軍では，グティエレス＝メジャド第一副首相があらかじめ不穏な動きに対して準備していた。PCE合法化宣言の3日後の4月12日に，病気療養中のアルバレス＝アレナス陸軍大臣に代わって，イバーニェス＝フレイレ（Antonio Ibáñez Freire）中将とベガ＝ロドリゲス少将が，陸軍内部を鎮

109　Ortiz, Manuel, *op.cit.* p.173.
110　Agüero, Felipe, *op.cit.*, p.83.

静化させるための集会を開いた[111]。イバーニェス＝フレイレ中将とベガ＝ロドリゲス少将は，共にグティエレス＝メジャド第一副首相の友人で，スアレスが進める政治改革に協力的であった。イバーニェス＝フレイレは，後のスアレス内閣において内務大臣となっている。その集会では陸軍の未来ある展望について協議され，陸軍の未来にはPCEの合法化は影響がないということが確認された。またアルバレス＝アレナスがPCE合法化に抗議して辞任した場合，イバーニェス＝フレイレまたはベガ＝ロドリゲスが陸軍大臣に就任することが決まったのであった。他方，病気療養中であった陸軍大臣のアルバレス＝アレナス中将のもとに，数人の将官からPCEに対する政府の対応に抗議する意味で大臣を辞任するようにと圧力がかかった。しかしアルバレス＝アレナスが辞任すれば，後任にはイバーニェス＝フレイレらスアレスと懇意の者が陸相に就任することが決まっており，陸軍に対するスアレスの影響力が高まることを恐れたアルバレス＝アレナスは，辞任せず，陸軍での不穏な動きはなくなったのであった。

　空軍ではほとんど集団としての動きはなかった。フランコ＝イリバルネガライ空軍大臣は，イースター旅行先でPCEの合法化を知った。すぐにマドリードへ戻り，翌日には執務室から電話で幹部と今後の対応について協議しようとしたが，イースターの日曜日ということもあり，留守が多く，ほとんど誰とも連絡が取れず，空軍最高会議を開くこともできなかった。翌日国王への直訴を試みるも，空軍では取り立てて不穏な動きがあったわけではないので，国王に報告できることは何もなく，事態は収束したのである。

　スアレスは海軍で最も不穏な動きが起きやすいと認識していた。そのため，スアレスによる政治改革に理解のあるピタ＝ダ＝ベイガを海軍大臣に任命していたのである。ピタ＝ダ＝ベイガは，スアレスがデ＝サンティアゴとイニエスタ＝カノを退役させようとした際，「PCEの合法化はあり得ないので，退役しろ」と両者を説得した人物として知られている。また長らくフランコの側近を務め，カレロ＝ブランコ亡き後，海軍を率いる体制内開放派の重鎮であった。ポストフランコ体制を担う首相は，文人ならフェルナンデス＝ミランダ，軍人ならピタ＝ダ＝ベイガと評されるほどの

111　Sanchez, Angel, *op.cit.*, p.185.

人物であった[112]。そのため海軍での不穏な動きについて，事態の収拾をピタ＝ダ＝ベイガに一任しようとスアレスは考えていたのである。ところが4月11日にピタ＝ダ＝ベイガ海相は閣僚を辞任した。ピタ＝ダ＝ベイガは，このような信頼に足る人物であったため，スアレスにとってもグティエレス＝メジャドにとっても彼の辞任は想定外であった。スアレスは後任の海軍大臣を選出する必要があった。

　海軍は伝統的に参謀本部長が海軍大臣になる慣習があったが，この時の海軍参謀本部長のカルロス・ブイガス（Carlos Buhigas）大将にはPCEの活動に参加している息子がおり，政府は，ブイガスが海軍大臣に就任しても事態の収束にはならないと判断し，ブイガスの海軍大臣就任要請を断念した。

　新たな閣僚となる候補がほとんどいない中で，グティエレス＝メジャドは，予備役のペリー（Pascual Pery Junquera）大将を新海相の候補とした。ペリーは，既に実業家に転身しており，当時トラスアトランティコ商会の社主であった。グティエレス＝メジャドがペリーに新海相候補の白羽の矢を立てた理由は，PCEの合法化がやむを得ない選択であったと考えることのできる人物であったからであった。グティエレス＝メジャドは，ペリーに現役復帰を依頼し，海軍大臣の就任を要請した。するとペリーは，自分が予備役となった理由は，ピタ＝ダ＝ベイガとの政争に敗れたためであり，ピタ＝ダ＝ベイガの尻拭いをするために，海軍大臣に就任することはできないと主張し，グティエレス＝メジャドの要請を断った。グティエレス＝メジャドは，ペリーに国家存亡の危機に個人的な怨念を持ち込まないでほしいと強い口調で説得したが，ペリーが納得せず，ペリーにスアレスと会うことだけを約束させた。

　スアレスとペリーの会談は，グティエレス＝メジャドを交えて行われ，スアレスは，ペリーにPCEの合法化がスペインの未来にとって絶対に必要であると述べ，合法化の責任は，スアレス自身が負うと決めていた上での決断であったことを明かした。そしてスアレスは，改めてペリーに，国家存亡の危機を救うために，海軍大臣就任を要請し，ペリーもスアレスの説

112　Ortiz, Manuel, *op.cit.*, pp.175-176.

得に折れ，国難打開のために，スペイン最後の海軍大臣に就任した[113]。
　こうしてPCEの合法化問題に端を発した軍部及び内閣の危機は，4月15日のペリー海軍大臣就任の発表で一応の鎮静化を見た。それに先立って，4月14日に開かれた軍最高会議では，「そのような〔PCEの〕合法化を軍は決して認められないが，既に完了したものとして規律正しく受け入れることとする」という声明を発表したのである[114]。
　ペリー新海相が出席した最初の閣議で，総選挙は1977年6月15日に行われることが発表された。こうして，少なくとも1977年総選挙までは，軍部の不満が表面化することはなかった。総選挙の日が発表され，反体制派には，不満の残る選挙制度であり，またその制定過程も実質的な協議が行われないままであったが，総選挙へ向けての準備は整い，ほぼ全ての反体制政党が総選挙へ参加する意向を示したのである。

第6節　総選挙へ向けて

　前節において，総選挙の準備について考察した。本節では総選挙の結果と共に特にフランコ体制派の総選挙への取り組みについて検討する。

第1項　国民同盟の活動

　本項では，政治改革法の国会審議が終了した後，APがどのような選挙準備ないし選挙活動を行っていたかについて述べる。
　政治改革法の審議過程を通じて，APは多くの国会議員を抱え込み大勢力となったが，大物政治家をAPに加入させるという方針は引き続き堅持され，前首相のアリアス＝ナバーロがAPに加わることになった。AP内会派の1つであるフラガ率いるRDは，アリアス＝ナバーロがAPに加わることに反対した。アリアス＝ナバーロという政治改革に失敗し，民主化の抵抗勢力と世間からみなされている人物がAPに参加すれば，APがフランコ体制の継続を主張する政党と世間からみなされることが確定するからである。

113　Ortiz, Manuel, *ibid.*, pp.176-178.
114　Ortiz, Manuel, *ibid.*, pp.173-174.

またAPが保守政党であるということ以外，APの目指す方向性はAP各会派指導者間でも一致していなかった。ロペス＝ロドーは，スアレスと合流するべきであると主張し，デ＝ラ＝フエンテは，APが政府とは距離を置いた中道政党になるべきであると主張し，フェルナンデス＝デ＝ラ＝モラは，断固としてフランコ体制支持を貫くべきであると主張した。シルバ＝ムニョース率いるADEにおいては会派内で意見が二分され，保守色を強めるフラガと行動を共にしてAPに残留するべきか，APを離党してADE本来のキリスト教民主主義を標榜して中道右派路線に回帰すべきかで揺れていた。結局ADEは分裂し，多くのキリスト教民主主義者は，後にできるスアレス率いるUCDに加入することになった[115]。

　他方，フラガと決別していたアレイルサとカバニージャスは，1976年12月1日にPPを結成した。PPは自らのイデオロギーを大衆右派とし，「フランコ主義もマルクス主義もいらない」というスローガンを掲げた。掲げたスローガンからもわかるように，党としてPPはAPと目指す方向性が違った。APが基本的にフランコ体制を維持しようとする人々が中心となって結成していたのに対し，PPはAPと距離を置いた体制内改革派から構成されていた。しかしその分，PPは泡沫政党の地位であることは否めなかった。

　フラガは，PPが明確にAPと異なるイデオロギーを提示したことに安堵した。たとえPPが弱小勢力であっても，体制内改革派の有力者が結成した政党と同じイデオロギースペクトラムで競合することをフラガは避けたいと思っていたからである[116]。体制内改革派が結成した政党で，APよりも左派が出現したことで，フラガは，選挙戦略として，更に右傾化という選択をとることとなる。

　APは，総選挙の具体的な日程が発表される前から選挙活動を始めた。AP各会派は，各地で演説会を開き，APが右派政党であること，フランコ体制と密接な繋がりを持つことを強調した。フラガは，1976年12月29日，RDの最初にして最後の総会を開催した。RDは291人を総会へ招待していたが，フラガの右傾化を嫌ってか当日75人が欠席した。フラガは総

115　Gilmour, John, *op.cit.*, p.146.
116　Gilmour, John, *ibid.*, p.147.

会において，GODSAのような研究会を維持することはたやすいが，今スペインが求めていることは我々の政策を反映することであるので，それを実行できる政党が必要だと主張し，RDがAPへ参加することへの理解を求めた。またRDの幹事長となったアルゴス(Carlos Argos)は，演説において保守主義という言葉の意味を説明した。アルゴスは，保守主義という言葉はスペインでは馴染みがないが，その意味は改革を実行すると同時に古き良きものは保存するという意味であると述べ，参加者の理解を求めた。総会の最後で会派の綱領が策定され，RDは「〔フランコ体制〕40年の実績，票はAPへ」というスローガンを掲げて選挙を戦うと表明した。このスローガンは，フランコ体制と密接であると参加者からは理解され，RDの意図を理解してもらおうと開かれた総会ではあったが，フラガらの主張を理解できた者は少なく，むしろ離反者を増やす結果となってしまったのである[117]。

　その3週間後，フランコ体制の高度経済成長期で豊かになった中産階級は，フランコ体制の継続を支持してくれるに違いないというフラガの考えをぐらつかせる事件が発生する。1977年1月，古くからフラガの協力者であったAP党員がマドリード郊外で演説を行ったところ，その会場で多数の聴衆から罵声を浴びせられる事態となり，AP支持者であったマドリード市長のアレスパコチャガ(Juan de Arespacochaga)が警官を演説会場に派遣して，聴衆を鎮圧するという事件が起きたのである。AP党員によるフランコ体制の継続を主張する演説は，聴衆から受け入れられず，中産階級がフランコ体制を盲目的に支持しているわけではないということを明らかにした。またAP支持の市長が武力で聴衆を鎮圧するという光景は，フランコ体制の弾圧を想起させるものであり，民主的な総選挙での勝利を目指すAPのブランドイメージを損なうものであった[118]。

　1977年3月5日と6日には，APの結党大会をマドリードで開催した。大会において，フラガはAPの一体性を促進させるために，APを形成する7会派を解体する必要があると主張した。しかしシルバ＝ムニョースとフェルナンデス＝デ＝ラ＝モラは，小会派連合という性格が維持されるべ

117　Penella, Manuel, *op.cit.*, pp.201-209.
118　Gilmour, John, *ibid.*, p.148.

きであると主張した。両者がこのような主張をした背景には、APの顔となっていたフラガがAPの主導権を完全に握るのを防ぐためであった。同時にシルバ＝ムニョースとフェルナンデス＝デ＝ラ＝モラは、APが総選挙で大敗した場合でも、小会派を維持しておけば、APから離脱することが可能であると考えていたのである。

　結党大会では、フランコ体制への忠誠を誓う演説が幾度となく繰り返された。この大会のスローガンであった「フランコ体制下のほうが良い生活であった」は、その後もフランコ体制支持派のスローガンとなった。2日間に及ぶ大会では、参加者同士、いかにフランコ体制が素晴らしかったかを称えあい、スペインを分断しようとする共産主義者や地域ナショナリストを批判し、またAPを裏切り、独自に中道の道を探し始めたアレイルサとカバニージャスを批判した。APの大会に参加したフラガは、誰の目からも、フランコ体制への回帰を目指す政治家と映ったのである[119]。フラガによる地域ナショナリストに対する批判でさえ、フランコ体制の擁護を意図した発言として有権者から受け取られた。「APは、過去40年間で成し遂げた偉大なる業績を、断絶から守らなくてはならない」[120]というフラガの発言は、スペインの一体性を分離主義者から守らねばならないという地域ナショナリストを牽制しようとしたものであったが、誰からもフランコ体制擁護の言葉にしか聞こえなかった。RDの総会でもなされたフラガによる保守主義論は、有権者に理解しがたく、有権者の多くは、フラガの主張をフランコ体制の継続論とみなした。またフランコ体制の継続を望む者が多数APにいることも、より一層APはフランコ体制の継続を主張する政党というイメージを生んだのである。

　有権者の支持拡大を目的としていたAPの結党大会は、全くその目的を果たせなかった。また結党大会はAPが国際的な人脈に乏しいことを明らかにした。フラガがキリスト教民主主義者、共産主義者、社会主義者に比べると、我々は外国の要人とのつながりがなかったと述べているように、APの全国大会に来西した要人は、PSOEの党大会やユーロコミュニズム国

119　Gilmour, John, *ibid.*, pp.149-150.
120　Gilmour, John, *ibid.*, p.150.

際会議に参加した要人と比べると，二線級であった[121]。

APは1977年3月22日，シルバ＝ムニョースを党首に，フラガを幹事長として公式に政党登録をした。しかし結党大会で申し合わせされたように，選挙連合という性格は崩さず，新たにいくつかの小会派を加えて，登録名も「国民同盟参加政党による連合(Federación de Partidos de Alianza Popular)」とした[122]。選挙連合の形態は，シルバ＝ムニョースのADEの傘下に，各会派が加盟するという形態をとった。

APは，結党大会に先立って全国遊説を1977年2月にオビエドから始めた。原則的に遊説では，スアレス政権が進める政治改革には触れず，治安対策の不備を批判した。反体制派が組織的な政府転覆を図っているにもかかわらず，政府は，適切に暴力装置を運用せず，鎮圧もしないため，国民の安全が図られていないと主張したのである[123]。しかしこれらの指摘は，大きな注目を集めることはなかった。

フラガは，シルバ＝ムニョースのカトリック教会とのつながりに注目して，カトリック教会からの支持を期待していた。フラガは，APが反マルクス主義を唱えていたので，教会がAPを支持してくれると期待していたが，カトリック教会は，総選挙において中立であることを表明し，フラガの要求を拒んだ。UCDが誕生するまで，キリスト教民主主義票は，AP，第二共和政期に右派政党であるスペイン自治右翼連合(Confederación Española de Derechas Autónomas: CEDA)の党首として活動したヒル＝ロブレス(José María Gil Robles)率いる民主左派(Izquierda Democrática: ID)，PPに分断されており，APが効果的にキリスト教民主主義票を獲得するには至らなかったのである。

スアレスがPCE合法化の宣言をすると，フラガは，政府を猛烈に批判した[124]。フラガは，政府が法秩序に則って統治しているのか疑わしいと主

121　Fraga Iribarne, Manuel (f), *op.cit.*, p.70; Penella, Manuel, *op.cit.*, pp.225-226.
122　新たに参加した小会派は，セウタでの活動(Acción por Ceuta)，スペイン社会改革党(Reforma Social Española)，スペイン刷新党(Renovación Española)，スペイン保守政党同盟(Confederación Española de Partidos Conservadores)らであった。
123　Gilmour, John, *ibid.*, pp.148-149.
124　イースター休みで家族旅行をしていたカルボ＝ソテロは帰りの列車で

張し，PCEの合法化は，政府自らクーデターを行うようなもので，最大級の政治的誤りであると断罪した[125]。フラガは，総選挙後にカリージョPCE書記長と談笑している姿が目撃されており，フラガ個人がPCEやカリージョに対して深い憎悪の気持ちを持っていたとは考えにくいため，この発言は，専ら政治的パフォーマンスであったとする見方がある。ギルモアによれば，このようなフラガの主張の狙いは，スアレス政権の弱体化だけでなく，PCE合法化に反対する軍部やその他の保守派からの支持を得ようとすることであった。また，APとしてPCEの合法化に反対を唱えることで，ブラス・ピニャールら極右に右派票が流れるのを防止する意味もあった[126]。

　フラガは奮闘したが，効果的な選挙戦を展開することがほとんどできなかった。他のAPの党員は，どのように演説をすれば有権者の支持が獲得できるのかもはやわからない状態にあった。シルバ＝ムニョースが振り返るように，どこへ行っても聴衆から石を投げつけられる事態へと発展していったのである[127]。

　また，APを結成した「偉大なる7人」は，必ずしもフラガに協力的ではなかった。フラガの党内影響力を削ごうと，シルバ＝ムニョースはアリアス＝ナバーロら大物を次々に党内へと引き入れた。選挙戦略としてその他の政党と比べても優勢とは言えない上に，党内不和があっては，選挙戦の成果が上がらないのも当然と言えた。

　フラガ自身も高圧的な態度を最後までやめることができなかった。生まれ故郷のビゴで演説した際，APに反対する若者のグループが，集会を妨害しようと騒音を轟かせていた。フラガは，我慢して大声で演説をしていたが，ついに耐えかねて，舞台を降り，若者グループを捕まえて会場から引きずり出した[128]。フランコが死去してからわずか1年と数カ月ではあったが，政治改革法が成立し，時代が大きく変化した中では，フラガのこれ

　怒ったフラガに遭遇し，生きた心地がしなかったと述べている。Calvo Sotelo, Leopoldo, *op.cit.*, p.20.
125　Fraga Iribarne, Manuel (f), *op.cit.*, p.73.
126　Gilmour, John, *op.cit.*, p.151.
127　Silva Muñoz, Federico, *op.cit*, pp.360-366.
128　Gilmour, John, *op.cit.*, p.153.

らの行動は，全てフランコ体制を想起させるものとなり，支持拡大を阻害する要因になった。フラガの文章はわかりやすく，秀逸であったが，演説が上手いという政治家ではなかった。1977年総選挙における政見放送の映像を見ても，フラガは書いた原稿を早口で読むことに終始し，何を言っているのかよくわからないのである[129]。

このように他の勢力に先んじて選挙運動を展開したAPであったが，ほとんど支持を得ることができず，次項で見るように，スアレスがUCDを結成して総選挙への出馬を表明すると，APはほとんど支持を失うことになった。

第2項 スアレスの出馬

前節で見たように，総選挙実施のための改革を完了させたスアレスは，自身の総選挙への出馬を模索していた。既に述べたように，選挙の公平性確保のため，この総選挙への現職大臣の出馬は禁止されていた。総選挙は比例代表制で行われるため，スアレスが総選挙へ出馬するためには，出馬する政党の確保と現職大臣出馬禁止の規定をクリアしなければならなかった。

スアレスは以前UDPEの党首を務めていたが，スアレスが首相に就任した際にUDPEの党首をマルティネス＝エステルエラスに譲り，スアレスはUDPEを離党していた。その後UDPEはAPに合流し，APはスアレスと組むという発想を持っていなかったので，スアレスはUDPEに戻ることはできず，またスアレスにとっても，その選択が有益とは思えなかった[130]。他方，国王とフェルナンデス＝ミランダが，「スアレス党」を結党して総選挙へ出馬することを固く禁止していたため，スアレスには既存の政党に合流するという選択肢しか残っていなかったのである[131]。

スアレスは結果的にカバニージャスらのグループに合流することになる

---

129 1977年総選挙におけるAPの政見放送を参照。Prego, Victoria y Andrés, Elias, *La Transición Española. La crónica del período crucial de nuestra historia más reciente* (Madrid: Rtve, 1995), Capítulo 13 [DVD].

130 *El Mundo*, 19 de septiembre de 2000. ビクトリア・プレゴ(Victoria Prego)によるマルティネス＝エステルエラス追悼記事より。

131 Powell, Charles T. (a), *op.cit.*, p.290.

が，その決め手となったのが世論調査の結果である。表5-2は1977年3月10日の世論調査結果を都市部の結果に限定して抽出し，かつオソリオとスアレスが必要な情報にまとめ直したものである。

アベジャによれば，世論調査結果を見たスアレスは，共産党，国民運動，保守派といった極を支持する者は少数であると確信し，キリスト教民主主義勢力を取り込んだ上で社会主義者と社会民主主義者を分断することが総選挙で勝利する上で重要であると考えた[132]。そこでスアレスは自らが合流する政党にカバニージャスらのグループを選んだのである。

表5-2　1977年3月10日の世論調査結果(改)

支持層	パーセンテージ
国民運動	4.0 %
保守派	5.3 %
改革派	10.6 %
キリスト教民主主義	29.3 %
社会民主主義	24.0 %
社会主義	22.0 %
共産主義	5.3 %

Abella, Carlos, *Adolfo Suárez: El hombre clave de la transición* (Madrid: Espasa Calpe, 2006), p.252.

カバニージャスらが率いるPPは，1976年12月の結党後，翌1月には多様な中道勢力をPPに加入させて民主中道(Centro Democrático: CD)となっていた[133]。中道を名乗る勢力は，主にキリスト教民主主義系グループ[134]，自由主義系グループ[135]，社会民主主義系グループ[136]に分かれていた[137]。中道勢力は共通して弱小勢力であったため，他の勢力との協力が不可欠であったが，お互いに自己のイデオロギーを強調するために，協力を困難にしていた。タシトグループは，さほどイデオロギーを強調しないため，様々な

132　Abella, Carlos, *op.cit.*, p.252.
133　Powell, Charles T. (e), *op.cit.*, p.187.
134　タシトグループの他にこのグループにはルイス＝ヒメネス率いるIDと前ID党首ヒル＝ロブレスが率いるキリスト教民主連盟(Federación Demócrata - Cristiana: FDC)が存在する。両党は合併してキリスト教民主団(Equipo de la Demócrácia Cristiana Española: EDC)を結成し，EDCは9人委員会の原型である民主共同体(Coordinadora Democrática)に参加した。
しかしIDに所属していた有力者の1人アルバレス＝デ＝ミランダは，民主共同体に加盟することに反対し，離脱してキリスト教民主左派(Izquierda Demócrata - Cristiana: IDC)を結成し，その党首となった。その後IDCはキリスト教民主国民党(Partido Popular Demócrata - Cristiano)，キリスト教民主党(Partido Demócrata - Cristiano)と名前を変えた。

イデオロギーの違いで対立する中道政党をくっつける糊の役割を果たし，CDを誕生させるのに大きな役割を果たしたのであった。CDの党首候補は，カバニージャスと共にPPを結成したアレイルサであった。フランコ体制内改革派として名を馳せたアレイルサは，知名度としては申し分なく，幅広い人脈を持っていた。フラガとは疎遠になりつつあったものの，シルバ＝ムニョース，オソリオら，いわゆるフランコ体制期の政治家は，長年外相を務めたアレイルサに一目置いていた。アレイルサは新多数派（Nueva Mayoría: NM）という体制派中道大連合を構想しており，NMをAPの左派から後のUCDの右派を対象に構築しようと考えていたのである[138]。

しかしCDは，世間で目立つ存在にはならず，弱小勢力に変わりなかったため，CDが総選挙を有力政党として戦うためには，更に強力な誰かと協力関係を結ぶ必要があった[139]。またCDは，このような知名度の低さだけでなく，スアレスが出馬することを危惧していた。現職の首相で改革を実行し，国民的人気も高いスアレスが出馬したら，間違いなく有力候補になるからである。また仮に「スアレス党」が結党された場合，「スアレス党」は，APが主張する右派を自認することもPCEやPSOEが主張する左派も自認しないと考えられ，有権者からCDは「スアレス党」と類似した政党とみなされ，知名度の差でCDが総選挙で惨敗する可能性が高まるであろうことは，誰の目にも明らかだったのである。

CDとスアレス側との接触は，タシトグループでCD所属のルイス＝ナバーロ（José Luis Ruiz‐Navarro）が，タシトグループ発起人の1人である

135　ラロケ（Enrique Larroque）の自由党（Partido Liberal: PL），カムーニャス（Ignacio Camuñas）の民主国民党（Partido Demócrata Popular: PDP），ホアキン・ガリーゲス＝バルケル（Joaquín Garrigues Walker）の自由民主主義政党連盟（Federación de Partidos Demócratas y Liberales: FPDL）などであった。自由主義系勢力は人数としては少数であったが，強力な資金源を有していた。Hopkin, Jonathan, *op.cit.*, p.38.
136　フェルナンデス＝オルドーニェス率いる社会民主主義政党連盟（Federación de Partidos Social Demócratas: FPSD）やラスエン（José Ramón Lasuén）の社会民主主義連盟（Federación Social-Demócrata: FSD）などが存在した。
137　Powell, Charles T. (b), *op.cit.*, pp.266-267.
138　Ortiz, Manuel, *op.cit.*, pp.192-193.
139　Hopkin, Jonathan, *op.cit.*, p.42.

オソリオ第二副首相とラビージャ法務相を夕食に招待したことにより実現した。その夕食会には，CD 側から他にカバニージャス，アルバレス=デ=ミランダ，スアレス側からはカルボ=ソテロが参加した。オソリオらはその会食において，スアレスを CD の党首として迎えるよう要請した。CD 側にとって，スアレスを党首にという申し出は，CD の政治的プレゼンスを高めるチャンスであり，魅力的に聞こえたが，その場では，CD が非政府系の政党として活動してきたことを理由に，スアレスを党首に迎えることはできないとして断った[140]。

その後はスアレス自ら CD の有力者と個別に面会し，スアレスを CD の党首にするよう説得した。スアレスは，アルバレス=デ=ミランダ，フェルナンデス=オルドーニェス，ホアキン・ガリーゲス，カムーニャスといった CD の有力者と面会し，切り崩しが行われたのである。スアレスが面会した CD の有力者は，一様に総選挙後，スアレスによって厚遇されている。アルバレス=デ=ミランダは，下院議長であったが，フェルナンデス=オルドーニェスは財務相に，ホアキン・ガリーゲスは公共事業・都市化相に，カムーニャスは国会担当相にそれぞれ任命され，入閣を果たしている。このことから，スアレスは選挙後の彼らの厚遇を約束して，自らを党首として迎えるよう説得したと考えられる。

最終的にスアレス，カバニージャス，アレイルサの三者会談で決着した。オソリオによれば，アレイルサの意向は現政権に取って代わることであるとし，それは断じて認められないこととスアレスが述べていたことから，スアレスははじめからアレイルサを追放して自分が取って代わろうとしていたと推測される[141]。どのような経緯でアレイルサへの説得が行われたのか諸説あるものの，アレイルサは多くの党員がスアレスの説得に屈してスアレスを党首として迎え入れようと考えていると知り，PP の副党首を辞任し，CD を離党した[142]。

---

140 Ortiz, Manuel, *op.cit.*, pp.191-192.
141 Osorio García, Alfonso (a), *op.cit.*, p.301
142 オソリオによれば，スアレスを CD の党首にすると決定したのはカバニージャスである。Osorio García, Alfonso(a), *ibid.*, pp.302-303. オルティスによれば，スアレスはアレイルサに集会に参加して影響力を行使しないよう要請したが，辞任を申し出たのはアレイルサである。Ortiz, Manuel, *op.cit.*, p.192. パウエル

表5－3　UCDに参加した主要政党・党首

政党名	
Partido Demócrata-Cristiano (PDC)	キリスト教民主党
Partido Popular (PP)	民衆党
Partido Social-Demócrata Independiente (PSI)	独立社会民主党
Partido Social Liberal Andaluz (PSLA)	アンダルシア社会自由党
Partido Social Demócrata (PSD)	社会民主党
Partido Progresista Liberal (PPL)	進歩自由党
Federación de Partidos Demócratas y Liberales (FPDL)	自由民主主義政党連盟
Partido Liberal (PL)	自由党
Partido Gallego Independiente (PGI)	ガリシア独立党
Unión de Canarias (UC)	カナリア連合
Unión Social Demócrata Española (USDE)	スペイン社会民主連合
Unión Demócrata de Murcia (UDM)	ムルシア民主連合
Partido Demócrata Popular (PDP)	民主民衆党
Accion Regional Extremeña (AREX)	エストレマドゥーラ地域行動

Ortiz, Manuel, *Adolfo Suárez y el bienio prodigioso* (Barcelona: Editorial Planeta, 2006) などを参考に筆者作成。

　アレイルサのNM構想が現実的であったかどうかは議論の余地があるものの，仮にNMが成立していれば，UCDのような事実上の「スアレス党」が存在する余地はなく，スアレスが出馬できなかった可能性は高い。またアレイルサの構想では，NMに社会民主主義グループを参加させる意向ではなかったと考えられるため，世論調査の結果に基づけば，社会主義者と社会民主主義者が共闘する可能性も芽生え，PSOEを中心としたグループが総選挙において第一党になった可能性もある。スアレスは，アレイルサを事実上政治アリーナから追放することで，社会民主主義者を引き入れ，総選挙で勝利する前提条件を作り上げたと言えるのである。

　スアレスを党首に迎えるにあたってのCD執行部との協議は，先に閣僚を辞職したカルボ＝ソテロが担った。カルボ＝ソテロは，CD内政党の解体，カルボ＝ソテロ自身に選挙名簿作成の全権を委ねることを主張し，この条件が飲めない党員は，党から追放するとCD執行部に迫り，これらの条件をCD執行部に容認させた。CD執行部は，カルボ＝ソテロの主張を全て容認する代わりに，新政党名をUCDにして欲しいとカルボ＝ソテロ

によれば，スアレスがCDの執行部を入れ替えると主張したため，アレイルサは離党した。Powell, Charles T. (e), *op.cit.*, p.187.

党首
フェルナンド・アルバレス＝デ＝ミランダ
ピオ・カバニージャス
ゴンサロ・カサード
マヌエル・クラベーロ
フランシスコ・フェルナンデス＝オルドーニェス
フアン・ガルシア＝マダリアガ
ホアキン・ガリーゲス
エンリケ・ラローケ
ホセ＝ルイス・メイラン
ロレンソ・オラルテ
エウリコ・デ＝ラ＝ペーニャ
アントニオ・ペレス＝クレスポ
イグナシオ・カムーニャス
エンリケ・サンチェス＝デ＝レオン

に要望し、新政党名はUCDとなった。

UCDの設立規約には、「UCDは有権者に穏健な政策を提供する政党であり、またヨーロッパにおいて優勢な非マルクス主義の政党である。その構成はキリスト教民主主義者、自由主義者、社会民主主義者からなり、UCDは総選挙とその後の国会において、スペインに民主主義が平和的に定着できるよう、スアレス首相を政治的に支援するのが目的である」[143]と書かれていた。この設立規約を読む限り、UCDは国王やフェルナンデス＝ミランダが禁止したスアレスの御用政党という性格が強いと言えよう。最初の党大会やUCD内政党の解体は、総選挙後に行われることとなり、総選挙にはAP同様、選挙連合として臨むことになった（表5－3参照）。

スアレスはUCDの党首となり、出馬する政党を確保したものの、彼に出馬資格があるのかどうか依然不透明であったため、UCDという政党が結党したことも、スアレスがUCDの党首となったこともすぐには公表されなかった。選挙法により、現職の大臣は出馬できないことになっていたため、その規定をどう乗り越えるか、慎重に検討していたのである[144]。

総選挙に出馬するためには、事前に政党登録をしなければならなかったが、1977年5月3日がその締め切り日であった。この日までに内務省への政党登録数は100を超えていた。スアレスは、政党登録を締め切った午後10時に、テレビでUCDからの出馬を表明した。30分に及んだテレビ演

---

143 Ortiz, Manuel, *ibid.*, p.195.
144 Ortiz, Manuel, *op.cit.*, p.193. しかし、エル・パイース紙上ではスアレスの出馬問題が議論されているので、1977年春の段階ではスアレスの出馬が誰にも想定されていなかったとは言いがたい。野上和裕 (a) 前掲書、257頁。

説の中で，スアレスは，自分が大臣(ministro)ではなく首相(Presidente)であるとして，選挙法の出馬禁止規定に抵触しないと主張した。確かにスペインの首相は，通常政府首班(Jefe del gobiernoまたはPresidente del gobierno)と呼ばれ，第一大臣(Primer ministro)とは呼ばれない。スアレスは，マドリード・コンプルテンセ大学政治経済学部教授であり，王国顧問会議副議長も務めていた行政法の権威であったオジェーロ(Carlos Ollero Gómez)に，違法性のないことを確認した上での出馬表明であった。ただし同時にスアレスは，総選挙の公平性確保が最重要であるので，彼自身は積極的な選挙活動を行わないと表明した[145]。

現職大臣級の総選挙出馬を自粛するように申し入れていた反体制派は，意外にもスアレスの出馬を歓迎した。PCEのカリージョ書記長は，「スアレスは政治的な大仕事をやってのけたわけで，それを利用しての出馬は当然のことだ」[146]とスアレスの出馬に関して疑問を示さなかった。PSOEのゴンサーレス書記長は，国営放送の利用方法について公平でないと批判したが，スアレスの出馬自体を批判しなかった。

スアレスの出馬に反対を表明したのは，むしろAPであった。フラガ幹事長は，スアレスがついこの間まで国民運動の青シャツ隊〔ファシスト〕であったと主張し，あたかも民主主義者であるかのように装っているが，実態はそうではないとスアレスを非難した。そして現職の首相のままでの出馬は職権乱用であり，重大な選挙干渉であると主張した[147]。しかしこのようなフラガの主張は，国民から共感を得ることはなく，スアレスの出馬が大きな論争とはならなかったのである。

ここで総選挙に際して，重要と思われることを2点指摘しておきたい。それは，スアレスが国民運動を解散させたタイミングとフェルナンデス＝ミランダが国会議長及び王国顧問会議議長を辞任したことである。

既に述べたように，国民運動の解散は，1977年4月1日の政令法で宣言された。スアレスがこのタイミングで国民運動の解体を行った理由は，自身の出馬と関係があると考えられる。国民運動は，本部と各地方支部と

145　Powell, Charles T. (a), *op.cit.*, p.294.
146　Powell, Charles T. (a), *ibid.*, p.294.
147　Gilmour, John, *op.cit.*, p.154.

を結ぶテレックス網を持っており，各県に組織化された支部を持っていたことから，選挙戦で旧国民運動の組織を利用できることは，大きなアドバンテージになる。ゆえに，国民運動の組織を選挙戦で利用するために，スアレスは国民運動を総選挙直前まで解体しなかったと思われる。スアレスは旧国民運動の利用に加えて，首相の立場で自由にテレビ演説を行えたので，選挙戦において圧倒的に有利な条件を有していた。選挙戦において公平性を期すため，各政党は定められた時間以上に国営放送を利用することはできなかったが，首相の立場でのテレビの利用は，制限されていなかったのである[148]。

フェルナンデス＝ミランダが国会議長及び王国顧問会議議長を辞任するという発表は，フアン＝カルロス国王の父，ドン＝フアンの王位継承権放棄という発表と同時に総選挙直前に行われた。

1931年にスペイン第二共和政が成立した時，フアン＝カルロスの祖父，アルフォンソ13世（Alfonso XIII）は国外に亡命したが，王位継承権は彼の息子ドン＝フアンが有していた。その後フランコは，国家元首継承法第6条に基づき1969年7月に，フアン＝カルロスを国王の資格で後継の国家元首に指名していた。フアン＝カルロスは，フランコ基本法に基づいて国王となったが，正統な王位継承権は父ドン＝フアンが持つという状態が続いていたのである。

フランコ存命中，王位継承者は自分であると主張していたドン＝フアンであったが，フランコ死後には，王位継承権の放棄を表明していた。しかし戴冠式の開催については，アリアス＝ナバーロが難色を示したため，実現しなかった[149]。ようやくスアレス政権になって1977年5月14日に実現することとなったのである。

国王の戴冠式開催に最も反対していたのが，フェルナンデス＝ミランダであった。なぜならフランコ体制から民主主義体制への移行をフランコ体制の法の論理で実現し，そこに正統性があるにもかかわらず，国王の戴冠式を行っては，異なる論理が持ち込まれることになり，法から法への移行の正統性を壊すものであるとフェルナンデス＝ミランダは考えていたから

---

148 Hopkin, Jonathan, *op. cit.*, p.46.
149 Ortiz, Manuel, *op. cit.*, p.185.

であった。したがって，フェルナンデス＝ミランダに国会議長及び王国顧問会議議長の辞任の意思を固めさせた出来事は，法から法への移行にほころびを作る国王の戴冠式であったと言えよう[150]。

フェルナンデス＝ミランダが国王に問われた際，首相ではなく国会議長を選択した[151]。その心は，スアレスを介して自分が政治改革の主役を担うことであったと思われる。ところがPCEの合法化やスアレスの総選挙出馬は，フェルナンデス＝ミランダの描いたシナリオにはなかったものであろう。そしてスアレスは政治改革法成立以降，重要な政策を議会の事後承認で法律となる政令法を用いて決定していったため，フェルナンデス＝ミランダの活躍の場は失われていた。国王の戴冠式開催で，フェルナンデス＝ミランダのシナリオは完全に破綻させられる形となり，フェルナンデス＝ミランダは辞任せざるを得なくなったのではないだろうか。

王国顧問会議議長を続けていれば，総選挙後，再びスアレスを首相に指名しなくてはならないことも辞任の一要因だったと考えられる。スアレスとフェルナンデス＝ミランダの確執は，一般に総選挙以降に表面化したと言われているが，PCE合法化をめぐる主張の違いから見てとれるように，2人の衝突は，政治改革法成立直後から始まっていた。フェルナンデス＝ミランダは，自分を閑職に追い込んだスアレスを再び首相に指名するのは苦痛だったに違いない。ところで，国王の戴冠式には，スアレスとフェルナンデス＝ミランダは共に欠席している[152]。

政治改革法の主役の1人であったフェルナンデス＝ミランダは，総選挙直前には過去の人になってしまっていた。フェルナンデス＝ミランダは，総選挙後，勅撰議員として上院議員となるが，政局の中枢からは遠ざけられ，勅撰議員の任期が終わると，失意のうちに1980年にロンドンで64年の生涯を閉じたのである。

スアレスはフェルナンデス＝ミランダのシナリオから外れ，政治改革法の成立に尽力したメンバーにもかかわらず，オソリオらスアレスに異を唱える存在を排除した。このようにスアレスは着々と自らの勢力基盤を拡大

---

150 Powell, Charles T. (a), *op.cit.*, p.301.
151 J. L. ビラジョンガ前掲書，117-118頁。
152 Ortiz, Manuel, *op.cit.*, pp.185-186.

第3項　総選挙

　1977年6月15日に行われた総選挙は、有権者23,601,241人のうち18,640,354人が投票し、投票率は78.9％であった。下院では、得票率34.52％で165議席を獲得したUCDが第一党となり、PSOEが103議席を獲得して第二党となった。APとPCEは、それぞれ第三党と第四党となったが、議席をそれぞれ16議席と12議席しか獲得できず、UCDとPSOEからは大きく引き離される格好となった。旧フランコ体制間の争いでは、UCDがAPに圧勝したのであった。本項では主にUCDとAPについて論じる。

　まずAPが大敗した原因について検討してみよう。ガンサーらは、APが中道の位置を見誤っていたこと、国民とAP党員間における右派の認識の違いを挙げている[153]。フランコ体制において、フラガら体制内改革派は、左派と位置付けられてきた。そしてフランコ体制が解体しても、フラガらはAPに属していたので、フランコ体制内部での尺度でしか物事を見ず、引き続きAP内でフラガら体制内改革派は、革新的中道または中道左派と位置付けられていた。しかし、総選挙に出馬した有力政党の中でAPは、UCD、PSOE、PCEと比べると、明らかに極右政党に近い存在であった。フラガがAP内で与えられる評価と有権者による評価の間に大きな隔たりがあり、フラガ自身、自らの立ち位置を見失ってしまったと考えられる。

　またUCDとAPの支持層を比較した場合、UCDとAPは共に選挙連合であったが、UCDの方がより幅広い支持を受けていた。UCDは社会民主主義者を左端に、ファランへ党員を右端に、キリスト教民主主義者、自由主義者、テクノクラートをその中間に配置していた。UCDのイデオロギーを問わない姿勢は、短期的視野において、包括政党として有利であった。他方APは、ガンサーらによれば、包括政党というよりはクライエンテリズム的政党であり、それゆえにAPは、国民世論やイデオロギーに注意を払わなかった[154]。またAPは社会民主主義者を党員から排除するなど、イデオロギーを明確にすることが選挙戦において重要であると考えていた。

153　Gunther, Richard, Sani, Giacomo and Shabad, Goldie, *op.cit.*, p.83.
154　Gunther, Richard, Sani, Giacomo and Shabad, Goldie, *ibid.*, pp.84-88.

表5-4　1977年6月15日総選挙の結果(下院)

政党名	得票数	得票率	議席数	議席率
民主中道連合(UCD)	6,309,517	34.52	165	47.14
社会労働党(PSOE)	4,467,745	24.44	103	29.43
国民同盟(AP)	1,471,527	8.05	16	4.57
スペイン共産党(PCE)	1,150,774	6.3	12	3.43
カタルーニャ社会党(PSC-PSOE)	870,362	4.76	15	4.29
社会民衆党(PSP-US)	816,754	4.47	6	1.71
統一カタルーニャ社会党(PSUC)	561,132	3.07	8	2.29
カタルーニャ民主協定(PDC)	514,647	2.82	11	3.14
バスク国民党(PNV)	296,193	1.62	8	2.29
中道連合とカタルーニャキリスト教民主主義選挙同盟(UDC-CD)	172,791	0.95	2	0.57
カタルーニャ左翼－民主選挙戦線(EC-FED)	143,954	0.79	1	0.29
中道独立候補(CIC)	67,017	0.37	2	0.57
バスク左翼(EE-IE)	61,417	0.34	1	0.29
合計	16,903,830		350	
その他	1,374,255	7.52		
有権者総有効投票数	18,278,085			

スペイン国会ホームページを参考に筆者作成 http://www.congreso.es/

　UCDのイデオロギーを問わない性格は，選挙名簿作成においてもAPより有利に働いた。UCDの選挙名簿作成は，カルボ＝ソテロが中心となって行い，イデオロギーによらず，若手であることが重視された。フランコ体制が解体され，民主主義という新時代において，若手の多いUCDは有権者から新時代を担う政党とみなされたのである。
　一方APは，UCDよりも総選挙までの準備期間が長かったにもかかわらず，クライエンテリズム的な性格が災いして，選挙連合的性格がUCDより強かった。選挙人名簿の作成において，フラガを中心として結成された選挙対策本部は，ほとんど実行力がなく，地方の動向を中央では把握できなかった。APにはUCDでいうところのカルボ＝ソテロの役割を担う人物がおらず，各県の選挙名簿は，各県の有力者によって決められ，フランコ体制における有力者が名簿に記載された。中には原理派と分類できる人物も含まれ，皆，例外なく年齢が高かった。
　テレビ演説に至っては，APでは誰が出演するかで揉める始末であり[155]，

155　Penella, Manuel, *op.cit.*, p.270.

そして誰が演説してもUCDとの印象の差は歴然としていた。若いスアレスらが映るUCDの演説と老人ばかりが映るAPの出演とでは，有権者に与える印象が大きく異なっていたのである。テレビにおけるイメージに関して，スアレスとフラガ個人に焦点を当てても，その差は際立っていた。スアレスは，国民からの人気が高く，反体制派からも一定の支持を得ている新世代の政治家と映ったが，フラガは，傲慢な旧世代の権威主義的な政治家としか国民の目には映らなかった。フラガのテレビ出演や街頭演説は，AP内部からも批判の対象であった。例えば，APの有力な政治家の1人であったロペス＝ロドーは，フラガのテレビ出演は時間の無駄であり，フラガがテレビに出れば出るほど票が失われていくと評した[156]。実際，フラガが出演した政見放送は，国民に何かを訴えかけるような様子はなく，用意した原稿を読み上げているだけであった。

かつてアメリカ大統領選挙において，ニクソンとケネディが戦った際，演説では勝っていたニクソンが若いケネディに敗北したが，これはメディアでのイメージの違いによるものと言われている。ケネディは，あまり演説が上手ではなかったが，若々しくエネルギッシュな感じが有権者の心を捉え，大統領になった。メディアイメージでフラガに勝るスアレスは演説もうまかった。イメージ戦略においては，完全にスアレスに軍配が上がったのである。スアレスは，国営放送の社長を務めたときの経験から，テレビのもつインパクトを熟知していた。

選挙運動に関して比較してみると，APは全土で運動を行った。しかし運動を展開したほとんどの場所で有権者から罵声を浴び，その声を抑圧的な態度でねじ伏せたため，APのイメージは非常に悪くなった。国民からAPは過去の体制の擁護者としか映らなかったのである。オルティスは，フラガのフランコ体制を彷彿させるような権威主義的な行動が，アリアス＝ナバーロを共感させ，結果，APからアリアス＝ナバーロが出馬することになり，APの民主主義的なイメージは地に墜ちたと評している[157]。

しかしUCDは，APには圧勝したが，下院において165議席しか獲得できず，目標としていた単独過半数には届かない条件付きの勝利であった。

156　Gilmour, John, *op.cit.*, p.157.
157　Ortiz, Manuel, *op.cit.*, p.196.

なぜUCDは過半数の議席を下院でとれなかったのであろうか。確かにUCDは準備不足ではあったが，スアレスの絶大な人気からすれば，単独過半数獲得もそれほど難しいことではなかったように思われる。UCDが過半数の議席を獲得できなかった原因の1つに，PSOEの予想以上の躍進があるが，ここではその原因をUCDの組織構造から検討してみることにする。

スアレスは，党首の権限でUCDに自分と親しい人を入党させた。これらの人たちを本書ではスアレス派と呼ぶことにする[158]。スアレス派は，スアレス，マルティン＝ビジャ，アブリールらが個人的に親しい人，国民運動実務派，それ以外のスアレス政権のスタッフで構成されていた。またUCDに加盟したPGI, PSLA, AREXといった地域政党の党首は，皆スアレスらと関係の深い人物であった[159]。したがってUCDは結成当時，支配層にスアレス派，被支配層に旧CDという二層構造であった。

しかし総選挙の結果において，党内の力関係がそのまま反映されたわけではない。そのことがよくわかる過程が選挙人名簿作成過程にあったと思われる。

選挙人名簿はスアレス派が作成した。具体的には，カルボ＝ソテロが作成し，最終的な決定はスアレスが下した。しかし表5－5を見ると，スアレス派の下院議員候補者は130人にとどまり，UCDの候補者の37.9%であった。そして結果においても，スアレス派の当選者は56人であり，UCD全体の33.9%でしかなかった[160]。このことは，スアレスが候補者の数を集めることも，候補者を当選させることも，実際にはあまりできなかったことを物語っている。仮にスアレス派のみで結党していたら，かなり厳しい結果となったと言えよう。CDの力がなければ，スアレスは第一党の地位すら危うかったのである。

スアレス派が候補者数を揃えられなかったことと関連して，選挙区に

---

158 当時の報道用語では独立派（independiente）であるが，最近の研究ではスアレス派（suarista）という用語も使われているので，本書ではスアレス派という用語を使う。
159 例えば，AREXの党首，サンチェス＝デ＝レオンはマルティン＝ビジャ内相の指揮下で内政局長を務めている。
160 Hopkin, Jonathan, *op.cit*., p.55.

よってスアレスの選挙名簿作成における影響力の違いがあった。オソリオによれば，各選挙区の候補者名簿第一位は全てスアレスが決めた[161]。しかしホプキンは，候補者選定過程

表5-5　スアレス派とCDの候補者数と当選者数

	スアレス派	CD	UCD計
候補者数	130	213	343
全体に対する候補者の割合	37.90%	62.10%	100.00%
当選者数	56	109	165
全体に対する当選者の割合	33.90%	66.10%	100.00%

Hopkin, Jonathan, *Party Formation and Democratic Transition in Spain: The Creation and Collapse of the Union of the Democratic Centre* (London: Macmillan Press, 1999)を参考に筆者作成。

におけるスアレスの影響力は一定でなかったとして，「直接支配選挙区」，「間接的支配選挙区」，「部分的支配選挙区」，「支配できない選挙区」という4つのレベルに分けてスアレスの候補者選定過程における影響力を考察している。それぞれの定義は以下のとおりである[162]。

直接支配選挙区：UCD選出議員の過半数がスアレス派であるか，CDとスアレス派の議員数がほぼ同数で名簿第一位がスアレス派である選挙区。
間接的支配選挙区：UCD選出議員の過半数がUCD所属の地域政党出身者である選挙区。
部分的支配選挙区：候補者名簿第一位はCDであるが，その候補者名簿で支配的なのがスアレス派でもCDでもない選挙区。
支配できない選挙区：候補者名簿にスアレス派がいない選挙区。

　直接支配選挙区は，全52選挙区中23選挙区あった。そのうち12選挙区では，スアレス派の独壇場であった。典型的な直接支配選挙区が，バルセロナ県であった。バルセロナ県では，UCD当選者5人中5人がスアレス派であった。またセゴビア県でも，UCD当選者2人中2人がスアレス派であった。バルセロナ県のように，そもそも定数に対してUCDの立候補者数が少ない選挙区，もしくはセゴビア県のように定数が少ない選挙区では，CD候補者は存在せず，旧国民運動の組織力を利用して，地方の名望

161　Osorio García, Alfonso (a), *op.cit.*, p.310.
162　Hopkin, Jonathan, *op.cit.*, pp.57-66. ただし，本論では上院は除いて考察している。

家を候補者にしたのであった。

　直接支配選挙区は，カスティーリャ地方以外の農村部に多く見られる。ブルゴス県では，UCD当選者3人中2人が，マルティン＝ビジャの地元レオン県では，4人中3人がスアレス派であった。ソリア県，ログローニョ県，サラマンカ県でもスアレス派が優位に立っていた。カスティーリャ地方の例外はクエンカ県であり，UCD当選者3人中2人がスアレス派であった。その他のカスティーリャ地方ではアルバレス＝デ＝ミランダの地元パレンシア県やバジャドリード県のようにCDが支配的であった。

　直接支配選挙区におけるUCDの獲得議席は，7選挙区を除いてほぼスアレス派が占めた（表5－6の①と②）。ところが残り7選挙区（表5－6

表5－6　直接支配選挙区におけるスアレス派の勢力

県名	定数	UCD獲得議席数	スアレス派獲得議席数	
アラバ	4	2	2	
バルセロナ	33	5	5	
ビルバオ	10	2	2	
セウタ	1	1	1	
ヘローナ	5	1	1	
ウエルバ	5	3	3	①
ハエン	7	3	3	
レリダ	4	1	1	
ルゴ	5	4	4	
ポンテベドラ	8	6	6	
セゴビア	3	2	2	
タラゴナ	5	2	2	
ブルゴス	4	3	2	
クエンカ	4	3	2	②
レオン	6	4	3	
ソリア	3	3	2	
アビラ	3	3	1	
グラナダ	7	4	2	
ログローニョ	4	2	1	
マドリード	32	12	4	③
サラマンカ	4	3	1	
サンタンデール	5	3	1	
サラゴサ	8	3	1	

Hopkin, Jonathan, *Party Formation and Democratic Transition in Spain: The Creation and Collapse of the Union of the Democratic Centre* (London: Macmillan Press, 1999); Gunther, Richard, Sani, Giacomo and Shabad, Goldie, *Spain After Franco: The Making of a Competitive Party System* (Berkeley, Los Angeles and London: University of California Press, 1986); Cambio 16, 1977年7月3日号を中心に作成。

の③の部分)では，ほとんどスアレス派は当選できなかった。特にアビラは，スアレスの地元であるため，定数の100％をUCDが占めたが，スアレス派は1議席の獲得にとどまっている。これら7つの選挙区ではスアレスの影響力が認められ，UCDとしては多くの議席を獲得しているにもかかわらず，スアレス派が多くの議席を獲得するには至っていない。しかし，マドリードではスアレス派の当選者数が多くCDの当選者数に劣っているが，名簿順位上位3位までをスアレス派が占めた。ホプキンは，選挙名簿作成におけるスアレスの影響力の大きさを物語る事例としてマドリード選挙区を挙げている[163]。

　間接支配選挙区は，地域政党が中心となった選挙区である。UCDに所属していた地域政党は，国民運動出身者を中心に結党されており，スアレスと親しい間柄の人々であった。ラ・コルーニャ県では，5つのUCD獲得議席のうち，4つがPGI所属の候補者であった。AREXの勢力圏であるバダホス県とカセレス県でも同様であった。8つのUCD獲得議席のうち，4つがAREX所属の候補者であった。アンダルシア地方に勢力圏を持つPSLAは，カディス県とコルドバ県で支配的であった。地域政党を介してのスアレス派の支配選挙区は，全国で5県あった[164]。

　部分的支配選挙区は，スアレス派の影響力が小さい選挙区である。例えば，トレド県では，CDとスアレス派で2つの議席を分け合った。しかしトレド県では，スアレスの影響力は乏しく，CD主導で名簿作成が行われた。トレド県は保守的な地域であり，スアレスによる改革に反対する勢力が多数存在し，旧国民運動の組織力も十分に機能しなかったのであった。またセビーリャ県もCDとPSLAが協同で名簿作成を行った。PSLAの党首，クラベーロ(Manuel Clavero)がセビーリャ県の名簿第一位となったが，セビーリャ県の名簿で多数を占めたのはCDであった。このように，スアレス派の影響力が限定されている部分的支配選挙区は，カステジョン県，シウダー・レアル県，グアダラハラ県，セビーリャ県，トレド県，サモーラ県の6選挙区であった[165]。

163　Hopkin, Jonathan, *op.cit.*, pp.60-61.
164　Hopkin, Jonathan, *ibid.*, p.62.
165　Hopkin, Jonathan, *ibid.*, p.63.

CDが名簿において支配的であった選挙区は，アルバセテ県，アリカンテ県，アルメリーア県，ラス・パルマス県，ウエスカ県，マラガ県，メリージャ県，ムルシア県，ナバーラ県，オレンセ県，オビエド県，パレンシア県，バレアレス県，テネリフェ県，テルエル県，バジャドリード県，バレンシア県の17選挙区であった。CDが選挙名簿において支配的になった理由は様々であった。例えば，マラガ県は，スアレスに抵抗してCDが候補者を擁立したというよりは，スアレスと親しい適任な候補者がいなかったため，全てをCDに委任したという選挙区であった。CDの中でも，旧PPが中心となった選挙区が2つあった。オレンセ県は，カバニージャスらが中心となり，UCDが獲得した5議席のうち4議席をPPで占めた。バレンシア県は，スアレスの指示を無視して名簿を作成した唯一の選挙区であり，UCDが獲得した5議席のうち，3議席がPP所属党員，2議席はFPDLであった。

以上が各選挙区におけるUCDの名簿の作られ方である。では，議席の獲得状況はどのようなものであっただろうか。以下の2つの表を参考にして検討する。

スアレスが選挙名簿作成における影響力の違いで，議席の獲得に変化があるかどうか検討した表が，表5－7である。選挙区の種類によって大きな変化は見られないものの，予想とは逆に，むしろスアレスが直接影響力を行使した選挙区において若干議席獲得率が下がっている。スアレスが擁立した人物は，選挙戦において苦戦を強いられたのである。

表5－7　名簿作成におけるスアレスの影響力別UCDの議席率

選挙区の種類	議席率(%)
①直接支配選挙区	42.90
②間接支配選挙区	54.30
③部分的支配選挙区	47.10
④非支配選挙区	51.50

Hopkin, Jonathan, *Party Formation and Democratic Transition in Spain: The Creation and Collapse of the Union of the Democratic Centre* (London: Macmillan Press, 1999)を参考に筆者作成。

選挙名簿作成過程と議席獲得の関係性を示した表が表5－8である。表から，一部例外を除き，UCDは農村部に強い政党であることがわかる。選挙区の種類にかかわらず，定数が多い選挙区では軒並み，低い議席獲得率となっているからである。特に10議席以上の大都市では，UCDの議席獲得率の全国平均を下回っている。バルセロナ，マドリードでそれぞれ15.2%，37.5%の議席獲得率であったことが，UCDの議席数が下院の過半数を下

回った原因の1つであると推測される。

つまり、スアレス派とCDは非常に性質の似た政治グループであり、どちらも農村部に強く、大都市圏で弱かった。スアレス派とCDの組み合わせは、相互補完的ではなかったのである。さらにデータから、スアレスが擁立した候補者は、軒並み選挙戦に弱い人物であった。スアレス派はスアレスの人気を当て込んでの選挙戦であったが、予想以上にスアレス派が大都市での選挙戦に弱かったため、UCDが下院において過半数を割り込んだと考えられる。

スアレスは、総選挙においてUCDが過半数を獲得するのは確実と考えていたはずである。だからこそ自身の出馬を表明してから、選挙運動をほとんどせず、PSOEの選挙情勢ばかりを気にしている余裕があったのである[166]。スアレスは選挙のルール作成において、PSOEの意見をほとんど反映しなかったため、PSOEは、総選挙が行われるまで、総選挙が公平・公正に実施されるか懐疑的であった。スアレスとしては、PSOEに総選挙が八百長ではないと認めさせるためには、PSOEに一定の議席を獲得してもらうしかなかった。PSOEが総選挙において、予想以上の大躍進を遂げ、次回の総選挙以降、政権交代も視野に入れることができたため、総選挙がインチキであるという声は出なかったのである。

このことは、初めての選挙や民主化における選挙といった特殊な選挙が、公正な選挙であったと証明するためには、結果によるしかないということを示している。たとえ協定主義論に基づいて、政府と反体制派が共

表5-8　名簿作成におけるスアレスの影響力とUCDの獲得議席（選挙区別）

県名	名簿作成パターン	定数	UCD獲得議席数	議席率(%)	割合(%)
セウタ	①	1	1	100.00	
メリージャ	④	1	1	100.00	
アビラ	①	3	3	100.00	
グアダラハラ	③	3	2	66.70	
ウエスカ	④	3	2	66.70	
パレンシア	④	3	2	66.70	66.70
セゴビア	①	3	2	66.70	
ソリア	①	3	3	100.00	
テルエル	④	3	2	66.70	

166　Powell, Charles T. (a), *op.cit.*, pp.299-300.

表5-8 続き

県名	名簿作成パターン	定数	UCD獲得議席数	議席率(%)	割合(%)
アルバセテ	④	4	2	50.00	
アラバ	①	4	2	50.00	
ブルゴス	①	4	3	75.00	
クエンカ	①	4	3	75.00	56.30
レリダ	①	4	1	25.00	
ログローニョ	①	4	2	50.00	
サラマンカ	①	4	3	75.00	
サモーラ	③	4	2	50.00	
アルメリーア	④	5	3	60.00	
カセレス	②	5	4	80.00	
カステジョン	③	5	2	40.00	
シウダー・レアル	③	5	3	60.00	
ヘローナ	①	5	1	20.00	
ウエルバ	①	5	3	60.00	
ルゴ	①	5	4	80.00	56.30
ナバーラ	④	5	3	60.00	
オレンセ	④	5	4	80.00	
サンタンデール	①	5	3	60.00	
タラゴナ	①	5	2	40.00	
トレド	③	5	2	40.00	
バジャドリード	④	5	3	60.00	
バレアレス	④	6	4	66.70	
ラス・パルマス	④	6	5	83.30	72.20
レオン	①	6	4	66.70	
バダホース	②	7	4	57.10	
コルドバ	②	7	3	42.90	
グラナダ	①	7	4	57.10	
ギプスコア	—	7	0	0.00	45.20
ハエン	①	7	3	42.90	
テネリフェ	④	7	5	71.40	
カディス	②	8	2	25.00	
マラガ	④	8	3	37.50	
ムルシア	④	8	4	50.00	32.50
ポンテベドラ	①	8	6	75.00	
サラゴサ	①	8	3	37.50	
アリカンテ	④	9	4	44.40	55.60
ラ・コルーニャ	②	9	6	66.70	
オビエド	④	10	4	40.00	35.00
ビルバオ	①	10	2	20.00	
セビーリャ	③	12	5	41.70	41.70
バレンシア	④	15	5	33.30	33.30
マドリード	①	32	12	37.50	37.50
バルセロナ	①	33	5	15.20	15.20
計		350	166	47.40	

Cambio 16, 1977年7月3日号をもとに筆者作成。

同で選挙を準備したとしても，結果に不満があれば，反体制派は，選挙がインチキであったと主張し，ボイコットを辞さない可能性がある。スペインの民主化において「奇跡」と呼べるものがあるとすれば，首相による自由なテレビ出演，法務省による選挙管理，国民運動地方支部による集票といったUCDに有利な条件が揃っていたにもかかわらず，UCDが過半数の議席を獲得せず，PSOEが大躍進を遂げたことと言えよう。

　他方スアレスの選挙戦は，反体制派との関係で言えば，スアレス自身の知名度は圧倒的であったが，選挙の準備期間は短く，自ら積極的な選挙活動を行わないと表明するなど，自らに制約を課した選挙であった。UCDの選挙名簿作成過程に見るように，UCDの名簿作りはスアレスの思い通りになったわけではない。こうしたUCDに対するディスアドバンテージが，PSOEの大躍進を呼び込み，選挙が公正であったと評された要因である。スペインの場合，スアレスが積極的に自らにディスアドバンテージを課したとは言えないが，体制派が選挙に臨む際，何らかのディスアドバンテージを課されたほうが，民主化を漸進的に進める選挙になりやすいと考えられる。

　スアレスは，総選挙後引き続き政権を担当することになるが，反体制派が議会内の野党勢力となったため，これまでのように彼らを無視した政権運営はできなくなった。UCDは少数与党のために勢力基盤は不安定であり，またUCD自体も強固な党組織とは言えず，スアレス政権が不安定化する要因の1つとなった。APは，巻き返しを図ろうとし，PSOEは次の選挙において，政権交代を達成しようと盛り上がっていた。次章では，総選挙以降のスアレスの政権運営について論じる。

第6章　議会制民主主義における スアレスの政治

　総選挙直後の状況は，制度的に民主主義体制への移行途上にあり，スペイン国民はまだ民主主義体制がどのようなものかわからず，またそのような政治社会に慣れていなかった。例えばUCDの勝利をうけて国王はスアレスの首相再任を宣言したが，これはフランコ体制の基本法に基づく決定であり，民主主義体制においてどのような方法で首相を任命するのかという制度部分は，まだ議論されていなかった。また，事実上フランコ体制の解体が宣言された政治改革法により，下院が上院に対して優越することが定められていたが，選挙法によって現職大臣・高級官僚の出馬を禁止したため，閣僚のほとんどが勅撰による上院議員に任命されたことも，依然変則的な民主主義であることを示していた。

　民主主義の熟練度不足も目立った。例えば総選挙では，開票作業の不慣れから，マドリード選挙区の最終議席の確定まで約半月を要し，確定した選挙結果が中央選挙管理委員会から発表されるまでに約4カ月を要した[1]。暫定結果と確定結果に隔たりがなかったために大きな問題とはならなかったものの，議席数に変更が生じるような事態となっていれば，選挙への信頼が揺らぐ出来事になる可能性があった[2]。

　ポリアーキーの成立には民主的憲法の制定が不可分の要素であるので，ポリアーキーを民主主義体制成立のメルクマールとすれば，民主的憲法の

1　*El País*, 11 de octubre de 1977.
2　選挙結果に対する異議申し立ては12件あった。*El País*, 8 de julio de 1977. 主要政党が選挙結果を受け入れると表明したため，争点とはならなかった。*El País*, 9 de julio de 1977.

制定が不可欠であった。しかしその目的を遂行するためにスアレスは、政権運営において「合意の政治」という「工夫」を施さなくてはならなかった。その理由として、スアレス率いるUCDが議会内では少数派であったこと、そのうえUCDは総選挙時点では選挙連合であり、既に組織化されている強力な野党と対峙するためには党内の統一を図らねばならないという厳しい状況にあったことが挙げられる。そこで本章では、成立したばかりの議会制民主主義体制下において、スアレスがどのような政権運営を行ったのかについて考察する。またスアレスらが演出したかった「合意の政治」と実態の乖離を指摘する。

第1節　第二次スアレス内閣の成立

　総選挙の結果を受けて、6月17日に国王フアン＝カルロスは、下院第一党の党首であるスアレスが継続して首相職を担うのがふさわしいと認定し、スアレスも新内閣を発足させる意向を表明した[3]。総選挙を経たにもかかわらず、議会の意向は無視され、内閣の総辞職と新内閣の発足は、フランコ体制の基本法である国家組織法に基づいて行われたのである[4]。つまり、依然として首相の任免権は国家元首たる国王に属しており、首相は専ら国家元首たる国王に対してのみ責任を負えばよかったのである。

　ところがPSOEもやがて執り行われる地方議会選挙での勝利を経て、政権交代を成し遂げると表明し、スアレス率いるUCDが少数与党であったにもかかわらず、スアレス政権の継続に異議を申し立ててはいない[5]。民主的選挙が実施されたと言っても、依然一部の法制度はフランコ体制のままであった。

　スアレスの新内閣は1977年7月4日に発足した。新内閣発足に際して、省庁再編が行われた。1976年10月にスアレス政権が成立させた「経済対策に関する政令法」の第26条、「公共支出の削減が可能である限り、政府は行政改革を行うことができる」を根拠に、政令で省庁再編を行ったの

3　*El País*, 18 de junio de 1977.
4　*Boletín oficial de las Cortes*, 26 de julio de 1977.
5　*El País*, 18 de junio de 1977.

である[6]。この省庁再編の結果，省が1つ，次官補(subsecretaría)が10人減り，新設された副大臣(Secretaría de Estado)ポストに5人が任命された。新設された省は，陸軍省，海軍省，空軍省が統合されてできた国防省，公共事業省と住宅省が統合されてできた公共事業・都市化省，情報観光省を廃してできた交通・通信省，そして衛生・社会保障省，文化・健康省であった[7]。この省庁再編は，行政の効率化が目的であり，とりわけ軍部に対する文民統制に主眼が置かれていた。

　この省庁再編を受けて成立した第二次スアレス内閣の閣僚は，副首相が3人，大臣が16人であり，首相を含めると20人であった。このうち副首相2人を含む4人は無任所大臣であった。

　新内閣において注目すべき点は，オソリオが入閣しなかったことである。オソリオとスアレスの関係は，PCEの合法化において双方の意見が違って以来，溝ができていた。しかし，スアレスの行動や発言を見ると，依然としてスアレスはオソリオを必要としていたと言える。スアレスは，入閣を固辞したオソリオに首相顧問を引き受けさせ，新内閣の閣僚をオソリオと相談している。オソリオによれば，スアレスはオソリオに対して以下の発言をしている。

　　　スアレス：「ピオ・カバニージャスは入閣させる。ホアキン・ガリーゲスには何らかの技術的な省の大臣をやってもらわねばなるまい。フェルナンデス＝オルドーニェスには，散々批判してきた経済問題に関するポストをやらせねばならない。レオポルド・カルボ＝ソテロは閣外に。フェルナンド・アルバレス＝デ＝ミランダは，君が望んでいたように，次期下院議長だ…」[8]

6　*El País*, 5 de julio de 1977; Real decreto - ley 18/1976, de 8 de octubre, sobre medidas económicas; Real decreto-ley 1588/1977, de 4 de julio, por el que se reestructuran determinados órganos de la Administración Central del Estado.

7　内務省はMinisterio de Gobernación からMinisterio de Interiorへと名称が変更となっている。また，国民運動と垂直組合は廃止となったので，国民運動事務総長と組合担当相は廃止となった。

8　Osorio García, Alfonso (a), *op.cit*., p.328.

しかし後にオソリオは，首相顧問を引き受けたことも間違いであったと述べている。その背景には両者の政治的な立場の違いがあった。スアレスは，総選挙の結果を見ると，スペイン社会が左傾化していることを示しているため，今後は中道左派の立場で統治するのが望ましいとし，その理由は，「実態として，アルフォンソ〔オソリオ〕，君と僕は，社会民主主義者だからだ」と述べた。このスアレスの発言に対してオソリオは，これまで社会民主主義者であったことはなく，総選挙の結果が何であろうと，将来的にそうなると考えたこともなく，「政治的信条は君主制，人格としてはキリスト教民主主義，気質としては自由主義だ」とスアレスに述べ，スアレスの発言を全否定したのであった[9]。

後に民主社会中道党(Centro Democrático y Social: CDS)を結成するスアレスの政治理念は，このオソリオとの話からも窺い知ることができる。マルティン＝ビジャによれば，1977年の総選挙が示した一番の特徴は，左派が票を獲得できるということである[10]。つまり，スペイン国民は予想以上に左派政党に投票し，UCDが1977年総選挙で勝利できたのは，左派票がPSOE，PCE，PSPに分断されたからに過ぎないと言うのである。次回以降の選挙では，PSOEが有力であるということが周知の事実となってしまっているため，有権者の「勝ち馬に乗れ」という意識から，左派票がPSOEに集中してしまえば，UCDの勝利はなくなってしまう。よって少なくとも選挙戦略として，スアレスはUCDが次回以降の選挙において勝利するためには，一定以上の左派票をUCDが獲得して左派票の分断を図る必要があると考えたと言うことができよう。スアレスの政治思想については諸説あり，スアレスが首相を務める中で社会民主主義に目覚めたのか，単なる選挙戦略でオソリオにあのような発言をしたのか，今後の研究の進展が待たれるが，少なくともスアレスはUCDの政治イデオロギーをキリスト教民主主義とは定義しなかった。このことは後に述べるように，UCDの人事にも現れ，スアレス派が旧CDを中心としたキリスト教民主主義グループと融合せず，UCD内部対立の激化を生み出したのである[11]。

9　Osorio García, Alfonso (a), *ibid.*, pp.327-330.
10　Martin Villa, Rodolfo, *op.cit.*, pp.81-82.
11　エル・パイース紙は，スアレスの政治思想を定義するのは困難とし，ケベドは，スアレスを左派ではなく右派であるが，最も重視したのは自由・開放

スアレスが発表した第二次スアレス内閣の陣容は，先のオソリオとの会話を反映したものであった。UCDの結成に協力した人々は，論功行賞として入閣を果たしている。カバニージャスは文化相に，クラベーロは地域問題担当相に，ホアキン・ガリーゲスは公共事業・都市化相に，カムーニャスは国会担当相にそれぞれ就任した。アルバレス＝デ＝ミランダは入閣しなかったが，下院議長となった。前内閣からも 5 人が留任し，そのうちオレハ，マルティン＝ビジャ，ラビージャはそのままそれぞれ外相，内相，法相の任に就いた。グティエレス＝メジャドは新たに誕生した国防相兼第一副首相となり，スアレスの盟友，アブリールも第三副首相兼政治問題担当相に鞍替えして引き続き入閣した。カルボ＝ソテロは入閣せず，UCDの党運営を担当し，UCD議会グループ代表兼報道官となった[12]。スアレスはアブリールの他に側近のオテロ (José Manuel Otero) をオソリオの後任の総理府長官にし，サンチェス＝デ＝レオンを衛生・社会保障相に任命した。

このように前内閣の組閣時に比べて，今回はスアレスの意向がかなり反映され，さらにこの内閣最大の目玉となる 2 名の入閣が達成された。フエンテス＝キンターナ第二副首相兼経済問題担当相とフェルナンデス＝オルドーニェス財務相である。

フエンテス＝キンターナは経済学者で，OECDの経済政策委員会におけるスペイン代表，財務省所管の財政研究所の所長を務め，フランコ体制に市場経済を導入する際の「経済安定化計画」を起草した中心人物であった。スアレスは前内閣組閣時にもフエンテス＝キンターナに入閣を要請していたが叶わず，今回ようやく実現したのであった[13]。

フェルナンデス＝オルドーニェスは，フランコ体制の財務官僚として財務次官補を経て，INIの総裁を務めたが，1974年にその職を辞すると，社会民主主義者を名乗り，反体制派に転身し，9人委員会に参加するに至っ

という思想であったと執筆した本の中で繰り返し述べている。*El País*, 30 de enero de 1981; Quevedo, Federico, *Pasión por la libertad. El pensamiento político de Adolfo Suárez* (Madrid: Editorial Áltera, 2007).
12　議会において活動するためには，15議員以上の議会内会派を結成することが義務付けられた。質問や法案の提出には，議会内会派の名で行うこととされた。
13　Prego, Victoria (b), *op.cit.*, pp.285-286.

表6-1 第二次スアレス内閣の陣容(発足時)

ポスト	名前	備考
首相	アドルフォ・スアレス	留任，UCD
第一副首相兼国防相	グティエレス=メジャド	留任，勅撰上院議員
第二副首相兼経済問題担当	エンリケ・フエンテス=キンターナ	勅撰上院議員
第三副首相兼政治問題担当	フェルナンド・アブリール	前農相，勅撰上院議員，UCD
総理府長官	ホセ=マヌエル・オテロ	スアレスと親しい
外務	マルセリーノ・オレハ	留任，勅撰上院議員，UCD
内務	ロドルフォ・マルティン=ビジャ	留任，勅撰上院議員，UCD
法務	ランデリーノ・ラビージャ	留任，勅撰上院議員，UCD
財務	フランシスコ・フェルナンデス=オルドーニェス	下院議員UCD
労働	マヌエル・ヒメネス=デ=パルガ	UCD
衛生・社会保障	エンリケ・サンチェス=デ=レオン	UCD
産業	アルベルト・オリアール	留任
商務	フアン=アントニオ・ガルシア	UCD
交通・通信	ホセ・ジャドー	前商務相
公共事業・都市化	ホアキン・ガリーゲス	UCD
農業	ホセ=エンリケ・マルティネス	
教育	イニーゴ・カベロ	UCD
文化	ピオ・カバニージャス	UCD
地域	マヌエル=フランシスコ・クラベーロ	UCD
国会担当	イグナシオ・カムーニャス	UCD

Prego, Victoria, *Diccionario de la Transición*, Barcelona: Debolsillo, 2003; *El País*を参考に作成。

た。その後，スアレスの要請によりUCD結党に協力し，今回入閣を果たしたのであった。その後スアレスは，フェルナンデス=オルドーニェスを重用し続けた。後に苦労して入閣させたフエンテス=キンターナを政権内外の圧力にさらされた結果簡単に手離し，盟友アブリールと断交するなど，比較的人間関係に執着しないスアレスとしては，フェルナンデス=オルドーニェスとの関係は，珍しいと言えよう[14]。第二次スアレス内閣に，フェルナンデス=オルドーニェスとフエンテス=キンターナという大物経済閣僚2名を入閣させたことから，スアレスの経済対策に取り組もうという決意を見ることができる。表6-1は第二次スアレス内閣の陣容である。

スペインは1960年代，OECD加盟国中，日本に次いで二番目の経済成長を遂げたが，1973年のオイルショック以来，経済が低迷していた。1973年に7.8%であった実質経済成長率は1975年に0.5%となり，インフレ率が

---

14 例えば，Prego, Victoria (b), *ibid.*, pp.257-260.

1973年の11.8%から1975年には16.8%，失業率も1973年ではわずか2.7%であったのに対し，1975年には4.7%と上昇していた。さらに，累積対外債務は1973年から1977年の4年間で約120億ドルに達していた。このように，当時のスペイン経済は危機的な状況にあった。総選挙後，経済問題のみならず，テロ対策，地方自治の問題，憲法制定など課題が山積みであったが，長年スアレスの相談役を務めたエドアルド・ナバーロによれば，スアレス自身は総選挙直後，次の政策の目標を見失っていた[15]。民主化を達成するために首相に任命されたスアレスは，フランコ基本法の改正としての政治改革法の成立と民主的な総選挙を実施することで民主化を達成するという役割を完了したと考えても不思議ではない。このようなスアレスの理解から，当初，民主的な憲法の制定が必要であると感じていなかったと思われる。

そのため，スアレスは明確な次の課題を閣僚に提示しなかったと考えられる。スアレスを含め，閣僚が様々な声明を出しているからである。例えば，カムーニャス国会担当相は，最も重要な課題は憲法制定であると述べ，フエンテス＝キンターナは経済対策が最も重要であると述べている。各閣僚が，自分が担当する課題を挙げるのは普通であるが，それぞれが，「最も重要である」と，あたかもスアレス政権の最重要課題であるかのように主張しているのである[16]。政権の方針についてはスアレス自身にも混乱が見られ，7月11日に閣議決定した政府声明では，自治と地域問題，外交，経済政策，財政改革，失業対策が今後の重要課題であると発表したにもかかわらず，その2日後にスアレスに行われたインタビューにおいて，先日の政府声明は，UCDのマニフェストと混同しており，政府の掲げる政策ではないと答えている。また，先の政府声明では全く触れられなかった憲法についても「柔軟に」対応すべきであるとインタビューでは答えている[17]。7月11日の閣議直後にカムーニャス国会担当相は記者会見において，記者から出た経済政策に関する質問を全て退け，憲法作成が国会の最も重要な任務となると述べていることから，閣内においても政権の

15　Fuentes, Juan Francisco, *op.cit.*, p.213.　同書は，エドアルド・ナバーロが遺した個人文書をもとに書かれている。
16　*Informaciones*, 5 de julio de 1977.
17　*El País*, 12 de julio de 1977.

方針が定まっていないこと、少なくともカムーニャスは政府方針に納得していないこと、スアレスのインタビューにおける発言はこのようなカムーニャスの意見を反映したものであったことがわかる[18]。他方、主要野党の代表は、概ねカムーニャスの意見に賛同している。PSOEのゴンサーレスは「できるだけ早期に民主的な憲法を作成する必要性を否定する者はほぼいないはずだ」と述べ[19]、APのフラガもABC紙に寄稿し、憲法制定の必要性を説いている[20]。

国王が国会演説において民主的な憲法制定の必要性を説いたこともあり[21]、スアレス政権は憲法制定に乗り出すことになるが、憲法制定において、スアレスが積極的な陣頭指揮をとったとは言い難い[22]。スアレスはフランコ体制で育ったため、改正された「民主的な」フランコ基本法が憲法に匹敵すると考えていても不思議ではない。他方、経済対策については、閣僚の人選からスアレス自身、ある程度関心を持っていたと言えよう。第一次スアレス内閣においても、緊急の経済対策を実施している。最終的に、カルボ＝ソテロがUCDを代表して国会で演説したように、第二次スアレス内閣の中心的課題は、経済対策と憲法制定となった[23]。

第二次スアレス内閣を支えるUCDは、下院において過半数を満たしていなかったので、議会運営をするうえで「工夫」が必要であった。加えて、UCDは選挙連合のままであり、新内閣発足時にも政党化はなされていなかった。次節では、経済対策として議会勢力と締結することになるモンクロア協定の成立過程を通じて、スアレスの合意調達の手段について検討する。

第2節　モンクロア協定

閣僚に就任した直後から、フエンテス＝キンターナとフェルナンデス＝

18　*El País*, 12 de julio de 1977.
19　*El País*, 14 de julio de 1977.
20　*ABC*, 24 de julio de 1977.
21　*Diario de Sesiones de Cortes*, 22 de julio de 1977.
22　*El País*, 23 de julio de 1977.
23　*Diario de Sesiones del Congreso de los Diputados*, 27 de julio de 1977.

オルドーニェスは，危機的な経済状況に対する経済対策や税制改革の必要性を訴えた。フエンテス＝キンターナを中心とした経済対策チームは，1977年8月にスペイン経済再建策と改革案の草案を作成した。その具体的な内容は，通貨の即時切り下げと共に，貿易赤字の縮小とインフレ抑制をその柱とし，賃上げ抑制を主眼とする所得政策と緊縮型財政金融政策の導入をその内容としていた。一方でフェルナンデス＝オルドーニェスは，政策の総仕上げとして，雇用の創出と失業保険充実のため，暫定的に所得税と間接税の導入を行うとした。これらの政策は所得の再分配と課税の公平性を高めることにつながり，財産税を新たに導入して，脱税に対する監視・罰則を強化するとしていた[24]。この両者の主張を柱としてモンクロア協定の経済協定ができあがったのである。モンクロアとはスペインの首相官邸であるモンクロア宮殿で協定が締結されたためにその名が付いている。

　こうした大胆な政策パッケージをどのように実現するかが問題であった。経済対策が先決という2人の経済閣僚の見解に，全ての閣僚が賛成したわけではなかったが，経済閣僚を中心に多数派が形成された。フエンテス＝キンターナは，この未曾有の経済危機に対処するためには挙国一致で取り組む必要があり，経済対策パッケージに野党からの合意も取り付ける必要があると訴えたのである。しかし，その経済対策パッケージの導入を巡ってはUCD党内及び閣僚の中で意見の対立があり，中には，議会において緊急経済対策パッケージを成立させるべきだという意見もあった。アブリール副首相も，フエンテス＝キンターナ同様，導入に際して野党との協定が必要であると主張した1人であったが，彼の真意は，経済協定で得た合意をそのまま憲法制定においても利用しようというものであった[25]。スアレスから絶大な信頼を得て，党内での地位が揺るぎないアブリールの発言であったため，彼の意見が採用されることとなった[26]。後にスアレスの指示で，アブリール副首相は次官会議を主宰することになる。アブリールは，閣議をバイパスし，次官会議を通じて政策決定を行い，政府内で絶

24　Cabrera, Mercedes,《Los pactos de la Moncloa: Acuerdos políticos frente a la crisis》, *Historia y política*, nº26, 2011, pp.87-88.
25　Estefanía, Joaquín,《El compromiso histórico español》, Juliá, Santos, Pradera, Javier y Prieto, Joaquín, *Memoria de la transición* (Madrid: Taurus, 1996), p.255.
26　Fuentes, Juan Francisco, *op.cit.*, pp.227-228.

大な権力を掌握していくことになる。

　スアレス政権のリーダーシップの特徴として，既に見てきたように，閣議を開かない，国会での議決を避ける，政令法の多用といったことが挙げられるが，次官会議も正規ルートをバイパスする政策立案手法であったと言えよう。政府は7月26日の本会議で，政令法の可否を決定する緊急立法委員会の全11人の委員のうち，7人をUCDの委員で占めることに成功し，政令法の可否は意のままとなった。

　緊急立法委員会の委員をUCDの委員で過半数を占めるために用いられた手法が，少数派カタルーニャ・バスク地域代表議会グループとの協力関係締結であった。UCDはカタルーニャ民主協定（Pacte Democràtic de Catalunya: PDC）の議員を2名委員に任命する代わりに，PDCにUCD委員が過半数を占めることに同意を求め，PDCはUCDの申し入れを受け入れた。この結果，下院では過半数に及ばないUCDが，地域代表グループと締結することにより議会の過半数を獲得し，多くの委員を送り込むことに成功したのである[27]。

　このようにスアレスは，議会運営に際して，争点ごとに協力関係を変え，過半数ギリギリの数を集めて法案を成立させるという手法を使っている。フエンテス＝キンターナによれば，経済政策についても，スアレスは同様の手法を使って政府提案の政策パッケージを議会で成立させようとした。具体的には，アンダルシア地域主義者またはバスク民族主義者と協定を結んで，議会において最小勝利連合で法案を成立させようというものであった。フエンテス＝キンターナは，経済危機を脱しなければ，スペイン民主主義の未来はないと主張し，経済危機脱出のためには議会に限らず，幅広い社会勢力と挙国一致の協定を結ぶべきであるとスアレスを説得し，少なくとも経済対策については，スアレスに上記の手法を断念させたのである[28]。

　それでは，実際にどのようにしてモンクロア協定が調印されたのか，そ

27　*El País*, 27 de julio de 1977; *Diario de sesiones del Congreso de los Diputados*, 26 de julio de 1977; *Diario de sesiones del Senado*, 26 de julio de 1977.
28　Missé, Andreu,《Entrevista con Enrique Fuentes Quintana》, Juliá, Santos, Pradera, Javier y Prieto, Joaquín, *Memoria de la transición* (Madrid: Taurus, 1996), p.260; Fuentes, Juan Francisco, *op.cit.*, pp.227-228.

の経緯を見よう。スアレスは7月から8月にかけて，政党の代表者や労働組合の代表者を首相官邸であるモンクロア宮殿に呼んで話し合いを持った。PSOEのゴンサーレスは議会勢力間で協議されるものであっても，議会外で形成される協定という形の合意形成に難色を示した。また後にゴンサーレスは，こうしたスアレスとの話し合いの中で，協定の具体的な内容は一切明かされなかったと述べている[29]。他方，PCEのカリージョは，政府の経済対策に労働憲章の内容や相続税の導入などの点で不備があるとしながらも，積極的に協定に参加すると表明した[30]。カリージョが最初から協定に参加すると表明したことから，フエンテス＝キンターナは，事前にスアレスとカリージョの間で予備協定が結ばれていたと疑っているが，カリージョはスアレスとの1977年2月の秘密会談において，民主化という体制変動期では国民的合意が必要であるということを確認しただけであり，国民的協定に参加を促されたことはないと述べている[31]。スアレスがPCEを合法化した見返りに，カリージョはスアレスの政策に積極的に賛成するという協定が存在していたことを，フラガをはじめ多くの政治家が証言し，研究者の間でもこの協定の存在を認めている者はいる[32]。しかし，カリージョがスアレスを好意的に捉えていたのは間違いないが，カリージョが積極的に政府提案に賛成する姿勢は，自らの政治的プレゼンスを高める政治戦略の一環であったと考える方が妥当である。というのも，他のどの政治勢力もスアレスの提案する協定に消極的であったからである。

このように，PCEが協定という形の合意形成に積極的であったため，PSOEは協定という形態の合意形成には難色を示しつつも，政策過程からPSOEが排除されることをおそれ，渋々協定に参加することになったのである[33]。

労働組合の勢力では，垂直組合から誕生したCCOOの方が，PSOE系のUGTより強大な組織であるとスアレスは認識していた。そこで，スアレスはCCOOのサルトリウス（Nicolás Sartorius）をモンクロア宮殿に呼び，

---

29 *El País*, 12 de julio de 1977.
30 *El País*, 13 de julio de 1977.
31 Missé, Andreu, *op.cit.*, p.261; Carrillo, Santiago (b), *op.cit.*, p.713.
32 Fraga Iribarne, Manuel (f), *op.cit.*, p.95.
33 Lamelas, Antonio, *op.cit.*, pp.158-159.

サルトリウスにこれから結ばれる協定が，経済協定，政治協定，労働憲章からなる社会協定であると説明した。つい最近まで地下活動を強いられていたサルトリウスは，モンクロア宮殿でスアレスに温かく迎えられただけで，スアレスの印象がよくなり，この話に同意したのである[34]。しかし労働組合側の要求は，組合活動の自由や団体交渉権の獲得であり，インフレ抑制の施策は，来たる組合選挙を前にして彼らにとって好ましくなかったため，UGTは激しく協定に反対し，結局，CCOOも協定への参加を見送った[35]。しかしCCOOは，比較的好意的に協定を評価し，締結後のモンクロア協定を支持すると表明するに至ったのである[36]。

次に経営者団体の動きを見ていこう。スペイン経団連（Confederación Española de Organizaciones Empresariales: CEOE）は，1977年6月29日に結成された。その母体は，フランコ体制の垂直組合であった。このような組織であったため，CEOE元副会長のヒル（Arturo Gil）によれば，経営者のほとんどは，1977年の総選挙ではAPを支持した。経営者側は，PCEを合法化したUCDに不信感をもったからであった。それでも経営者側は，CEOEと同じくフランコ体制にその起源を持つUCDが，フランコ体制がそうであったように，何らかの経営者側優遇措置を講じてくれるに違いないと考えていたが，政府は逆に労働組合を優遇したため，CEOEはますます政府に対する不信感を増大させていった[37]。生まれたばかりのCEOEはCCOOに比べると組織的に脆弱で，CEOEは政府によって壊滅させられるのではないかという危機感を持っていた。さらに，CEOEの会長であったクエバス（José María Cuevas）によれば，モンクロア協定の交渉において，CCOOは，モンクロア宮殿に呼ばれて，政府と予備交渉を行ったにもかかわらず，スアレス内閣の経済閣僚は，一度もCEOEと接触しようとはしなかった[38]。

34　Navarro, Julia, *Nosotros, la transición* (Madrid: Editorial Temas de Hoy, 1995), pp.224-225.
35　Cabrera, Mercedes, *op.cit.*, p.93.
36　*El País*, 12 de octubre de 1977.
37　ラメラスによるヒルへのインタビューより。Lamelas, Antonio, *op.cit.*, pp.191-192.
38　ラメラスによるクエバスへのインタビューより。Lamelas, Antonio, *ibid.*, p.189.

このような経緯から，CEOEには根強い政府不信があり，CEOEは協定の政府草案に激しく反発した[39]。フエンテス＝キンターナによれば，CEOEはスペイン経済がどのような危機的状況であっても，市場経済の原理は認められるべきであると主張していたのである[40]。

このように，労働組合も経営者団体も協定の内容に不満を持ち，モンクロア協定への参加を見送ったため，結局，当初掲げた社会協定の目標は達成されることなく，モンクロア協定は議会内勢力のみでの調印となった。スアレスは，主要政党の代表者宛に招待状を送り，1977年10月8日と9日に首相官邸であるモンクロア宮殿にUCD，PSOE，PCE，AP，地域政党，PSPといった主要政党の代表者と官僚が集まった[41]。先立って10月6日に政府案が閣議決定されたが，野党側はその内容を知らないままであった[42]。

初日の会談では，初めにフエンテス＝キンターナがスペインのおかれている危機的な経済状況とこれから協議する協定の骨子について説明し，その後協議に入った。初日の協議の後の記者団のインタビューには，無言を貫いたAPの代表を除く各代表は，比較的好意的な感想を述べた。中でもPCEとUCDは協議内容を高く評価した。PCEのカリージョは，会談が歴史的なものになるとし，UCDのアブリールも協調的な雰囲気の中，協議が行われたことはよかったと述べた。参加に消極的だったPSOEも協議について一定の評価をした[43]。このように，参加者は初日の協議を概ね好意的に評価したが，初日はバスク地方ビスカヤ県の県議会議長（presidente

---

39　*La Vanguardia*, 19 de octubre de 1977.
40　Missé, Andreu, *op.cit.*, p.260.
41　Mercedes Cabreraの論文によると，スアレスが招待状を送ったのは8月2日であるとしているが，フエンテス＝キンターナの文献を引用しているため，間違いである可能性が高い。Fuentes Quintana, Enrique,《Los pactos de la Moncloa y la Constitución de 1978》(eds.) Fuentes Quintana, Enrique, *Economía y economistas españoles. Vol. 8. La economía como profesión* (Barcelona: Galaxia Gutemberg, 2004), pp.198-199. フエンテス＝キンターナは，主要政党がモンクロア宮殿に集まった日付も間違えている。10月7日は閣議が行われており，モンクロア宮殿において与野党の代表が集まって会談をするのは不可能である。Missé, Andreu, *op.cit.*, p.261.
42　Fuentes, Juan Francisco, *op.cit.*, p.228.
43　*El País*, 9 de octubre de 1977.

de la diputación）がETAのテロにより暗殺されるという事件が発生したために協議が中断され，実質的な協議が行われなかったために，和やかな雰囲気のまま協議が終了した可能性がある。

2日目に，合計18時間の協議が行われると，より率直な意見が表明された。PSOEの代表は「合意形成が図られたわけではなく，軋轢が生じる可能性を理解しただけ」とエル・パイース紙の取材に答えた[44]。フラガは協議中に「政府の仕事というものは，1つは統治すること，もう1つは，たとえどんなに支持が得られなかったとしても，最も適切と思える選択をすることである」と議会外で決定される政策決定過程を公然と批判した。これに対してスアレスは「責任を共有したいわけではなく，認識を共有したいだけである。協力したければ協力して頂き，それが嫌であれば，立ち去ってかまわない」と発言し，政府提案に同調できないのであれば，去れと言わんばかりの高圧的な態度を示した[45]。スアレスとフラガのやり取りからわかることは，モンクロア協定が与野党相互の譲歩によるものではなく，協議に参加した者がモンクロア協定に修正を加える余地はなかったということである。そして，政治的非難を受けないためには，提示された協定案に合意しないという選択ができない状況であったと考えられる。これがスアレスの考えた合意の実態であった。

その後政府は，協定の作成に着手した。当初，協定の確定版は，各政党の専門家を交えた9つの委員会で各政党の代表者による協議結果を議論しながら作成される予定であったが，政府が完成を急いだため，フエンテス＝キンターナの命を受けたレアル（José Luis Leal）経済政策局長がモンクロア協定の確定版を作成した。モンクロア協定の政府案と比べたとき，モンクロア宮殿での与野党代表者による修正が，表現の修正といった程度にとどまっていた。与野党代表者による修正がその程度であったにもかかわらず，モンクロア協定の確定版に与野党代表者による修正提案が採用されるかどうかは，レアルの判断で行われたのである[46]。

モンクロア協定は，10月25日にスペイン国営放送が生中継する中，首

44　*El País*, 11 de octubre de 1977.
45　Missé, Andreu, *op.cit.*, p.261.
46　Lamelas, Antonio, *op.cit.*, pp.164-165.

相官邸であるモンクロア宮殿で協定の調印式が執り行われた。2日後の10月27日には，アブリールが要求したため国会において採決がなされ，下院において反対1で，議会の決議としてモンクロア協定は可決された[47]。最終的に調印がなされたモンクロア協定の経済協定は，通貨流通量の調整・所得政策を柱とする経済再建政策といった短期目標だけでなく，税制改革などといった中長期目標も設定され，各政党にこれらの政策が法案となった場合，賛成するよう義務づけたのである。

モンクロア協定に調印した野党参加者の多くは，協定という合意形成のあり方に難色を示したが，PCEだけは，この協議がスペイン史上最も重要な政治協定に関する協議であったと高く評価した。カリージョによれば，モンクロア協定は，1930年代以降，スペインにおいて労働者とブルジョアジーとの間で締結された，最も進歩的な合意であった。モンクロア協定によって，民主的な市民社会の権利が確立され，様々な法律や憲法が制定され，旧ファシズム的法体系が廃止されたからである。モンクロア協定が締結されるまで，民主化したといっても，具体的な民主主義というゲームのルールに関する合意は，なに1つ得られていなかったので，モンクロア協定が画期的であるとカリージョは評したのである[48]。しかしこのカリージョの評価は，専ら政治協定について発言しており，これまで検討してきた経済協定に関する評価ではないと思われる。カリージョの発言からもわかるように，モンクロア協定には，経済協定の他に，政治協定も存在したのである。

モンクロア協定の経済協定は，フエンテス＝キンターナら経済閣僚主導でなされたが，政治協定は，実質的にスアレス主導でなされた。スアレスは，経済協定が締結されたので，与野党間で協定という合意調達方法が容認されたとして，同様の手法で今後必要と考えられる政治改革に関する政治協定を締結して，議会審議を円滑に進めようと考えたのである。

2日間の経済協定の協議が終わる頃，与野党の参加者には政治協定締結のため，再度のモンクロア宮殿への集結が要請されていたが，マスメディ

---

47 *Diario de Sesiones del Congreso de los Diputados*, 27 de octubre de 1977; Martín Villa, Rodolfo, *op.cit.*, p.169.
48 Carrillo, Santiago (b), *op.cit.*, p.746.

ア報道においては，政治協定の存在は突如現れる[49]。10月13日から数回にわたり，経済協定の協議同様，モンクロア宮殿に与野党の代表者が集まって協議が行われた。内容は，表現の自由，国営放送の公共性の確保，集会の自由，結社の自由，姦通罪，同棲罪，避妊罪廃止のための刑法改正，軍法の改正，裁判において被告人に弁護人をつけるための刑事訴訟法の改正，警察機構の再編などであった。モンクロア協定の政治協定は，経済協定同様に，モンクロア宮殿において協議の場が設けられたが，それは形式的なものに過ぎず，経済協定以上に政府原案の押し付けであった。PSOEは政府原案に修正を要求したが，内容の修正は政府が受け入れず，条文の順序などの技術的な問題のみ修正が認められた。APのロペス＝ロドーは，この政治協定を締結することで，政府が絶対的な権限を獲得し，警察機構の再編といった公共の秩序に関する問題を短期間に協定という形で解決することは問題があるとして，APは政治協定に参加しない意向を表明した[50]。

モンクロア協定の政治協定は，10月27日にAPを除いた主要政党間で締結された。しかし，その締結は議会の一室で行われ，経済協定と比べると地味な印象を与える調印式であった。スアレスの関心の比重は，より政治協定にあったはずである。だからこそ，政治協定は，協議期間を経済協定よりも短くし，スアレス自ら主導し，経済協定の陰に隠れて締結したのであろう。政治協定には，経済協定でなされた国会での採決もなかった。PCEの合法化や国民運動の解体の際にも用いられた，スアレスが得意とする「闇討ち作戦」であったと言えよう。より注目を集める出来事の裏で，スアレスがより重要と考える政策を実行するという手法は，彼が政策を履行する際の常套手段であった。

モンクロア協定の政治協定は，一見効果があったように感じられる。政治協定に盛り込まれた，司法制度改革，警察機構の再編，姦通罪・同棲罪・避妊罪の廃止，拷問の廃止，強姦罪の罰則強化といった刑法・刑事訴訟法の改正は，通常法で達成され，法務委員会ならびに本会議の議事録を見ると，野党の修正提案は否決されているものの，ポネンテの提案した法

---

49 *El País*, 11 de octubre de 1977.
50 *Pueblo*, 27 de octubre de 1977.

案は，全て満場一致に近い形で可決しているからである[51]。ただし，上記の刑法・刑事訴訟法の改正は，元来，AP以外の野党も望んでいたものであり，与野党の対立の争点とはなり得ないものであったため，政治協定の効果により，委員会において満場一致での可決となったのか，判断しづらい。他方，表現の自由，国営放送の公共性の確保，集会の自由，結社の自由[52]といった点についての修正法案が，議会においてほぼ満場一致で可決され，後に制定される憲法に盛り込まれた。これらの法案は，政治協定のおかげで，議会を無風で通過することができたのかどうか，必ずしも因果関係が明確ではないものの，少なくとも政治協定の内容は，困難なく履行されたと言えよう。

　経済協定締結の効果は，以下のようにまとめることができる。経済協定のうち，短期目標であった所得政策は一定の効果を発揮した。1978年の賃金上昇率を全国・全産業一律22％とし，1977年には25％に達していたインフレを徐々に沈静化させた。賃金上昇率22％はかなり緩めな設定であったため，インフレの抑制効果は微弱ながら，少なくとも労使間紛争の減少に繋がった[53]。中長期目標のうち，税制改革については，個人所得税の累進課税化，個人財産税の強化，税務監査の強化，脱税の刑法罰化を謳った税制改革緊急対策法案が1978年11月14日に上院において圧倒的多数の賛成により可決・成立した。これにより，特に勤労所得税中心の歳入構造から個人所得税中心の歳入構造へと転換し，1978年では歳入に占める割合が勤労所得税，個人所得税それぞれ22.7％と1.8％であったのに対し，1979年ではそれぞれ9.0％と20.0％となり，安定した歳入確保ができるようになったのである[54]。

51　*Diario de Sesiones del Congreso de los Diputados*, 13 de diciembre de 1977, 18 de enero de 1978, 19 de enero de 1978, 1 de febrero de 1978, 16 de febrero de 1978, 1 de marzo de 1978, 8 de marzo de 1978, 7 de abril de 1978, 12 de abril de 1978, 14 de abril de 1978, 10 de mayo de 1978, 21 de junio de 1978, 17 de julio de 1978, 27 de julio de 1978, 27 de septiembre de 1978, 18 de octubre de 1978, 24 de octubre de 1978, 9 de noviembre de 1978, 15 de noviembre de 1978, 20 de diciembre de 1978.

52　*Diario de Sesiones del Congreso de los Diputados*, 4 de octubre de 1978.

53　Leal, José Luis, *Una política económica para España*（Barcelona: Editorial Planeta, 1982）, pp.21-74.

54　Fernández Ordóñez, Francisco,《La actual reforma fiscal》, Gámir, Luis, *Política*

しかしモンクロア協定の経済協定は，様々な反発を引き起こした。CEOEは，UCDが社会民主主義的な政策を実行したこと，また組合を優遇し，思いきった税制改革を実行したことを批判した。UCD内のキリスト教民主主義者も，税制改革について批判し，モンクロア協定の経済協定策定の中心人物であったフエンテス＝キンターナとフェルナンデス＝オルドーニェスについて，UCDが認めた人物ではなく，モンクロア協定は彼らの独断であるとして，猛烈にモンクロア協定及びその立役者を批判した。結果，CEOEといった経済界の保守派は，モンクロア協定，ならびにそれに協力的であったCCOOとPCE，協定を実行したスアレスを批判するキャンペーンを展開したのであった。

　この状況のため，フエンテス＝キンターナは，実行する予定であった税制改革，国営企業改革，労働憲章の制定などを延期せざるを得なかった。PSOEやPCEから要請があったフエンテス＝キンターナ自身の目玉策である高圧線の国営化政策は，電力会社の経営団体からオリアール（Alberto Oliart）産業相に圧力がかかり，産業相の反対もあって頓挫した[55]。フエンテス＝キンターナは，経済閣僚の刷新をスアレスに要求したが，スアレスはこれを拒否したため，1978年2月にフエンテス＝キンターナは，閣僚の辞任を申し出た。フエンテス＝キンターナによれば，辞任の決め手となった出来事は，高圧線の国営化事業の挫折であった[56]。

　フエンテス＝キンターナは多作であるが，内容が不正確な著書・論文もある。そのため，フエンテス＝キンターナの辞任劇には，依然多くの謎が残されており，高圧線の国営化事業だけが辞任の原因ではないと考えられる。ただ，フエンテス＝キンターナによれば，彼が辞任を決断した頃には，スアレスは経済改革への情熱を失っていた[57]。このことが間接的にフエンテス＝キンターナを辞任に追い込んだ原因と考えられる。

　スアレスは少数与党という立場で，円滑な議会運営を可能とする方法を模索した。それがモンクロア協定で得た合意を用いて，議会をバイパスして政策を履行するという手法であった。つまり，モンクロア協定は，ス

---

económica de España（Madrid: Alianza Editorial, 1980), pp.251-270.
55　Abella, Carlos, *op.cit.*, p.305.
56　Missé, Andreu, *op.cit.*, p.262.
57　Missé, Andreu, *ibid.*, pp.264-265.

アレスにとって円滑な議会運営をするための道具であり，協定の個別内容にはあまり関心がなかったと言うことができる。その一方で，フエンテスによれば，1978年2月頃，スアレスは，歯の痛みから健康状態が悪化し，政務に悪影響を及ぼした[58]。結局3月になってスアレスは手術を受け，4月まで公には姿を見せなかった。その間の政務は全てアブリールが引き受けたが，スアレスが職務執行不能状態であったため，フエンテス＝キンターナを慰留することができなかったと考えられる。

フエンテス＝キンターナの辞任に伴って，労働相，産業相，交通・通信相，農相の経済閣僚ら計5人が辞任することになった。また，1977年9月には，アブリールとの役割分担が明確でないという理由により，カムーニャスが国会担当相を辞任していた。カムーニャスは，抗議活動に参加していたPSOE議員ブランコ（Jaime Blanco）に警察官が暴行を加えたとされる事件において，本来，国会担当のカムーニャスを差し置いて，スアレスがアブリールに事態の収拾を図るよう依頼したことを不服として，辞任していた。このように，辞任した閣僚の数が多くなったため，スアレスは内閣改造を余儀なくされたのである[59]。

改造内閣の変更点は以下のとおりである。辞任した者以外はそのまま留任させ，フエンテス＝キンターナの後任にアブリールを配置し，スアレス，アブリール共通の側近であったカルボ＝オルテガ（Rafael Calvo Ortega）を労働相に，CEOEの創設メンバーであったサアグンを産業相に，首相顧問であったサンチェス＝テラン（Salvador Sánchez-Terán）を交通・通信相に，アブリールと懇意であったラモ＝デ＝エスピノサ（Jaime Lamo de Espinosa）を農相にした。また，国会担当相を廃して，新たにEEC担当相を設け，同ポストを下院UCD議会内グループ代表であったカルボ＝ソテロを任命した[60]。

この改造内閣について，一部の報道は，スアレス内閣の右傾化と指摘し

58　Fuentes, Juan Francisco, *op.cit.*, pp.241-242.
59　Preciado, Nativel,《Entrevista con Fernando Abril Martorell》, Juliá, Santos, Pradera, Javier y Prieto, Joaquín, *Memoria de la transición*（Madrid: Taurus, 1996）, pp.208-209.
60　各人の経歴についてはPrego, Victoria (b), *op.cit.*, pp.516-522, pp.531-537.

たが，その指摘は必ずしも的を射ているとは言えない[61]。なぜなら，キリスト教民主主義者を主力とする旧CDからの入閣者が減少し，スアレスおよびアブリールを中心とした勢力が政府の中心となったことを右傾化と呼べるかどうかわからないからである。その後のスアレスは，フエンテス＝キンターナやフェルナンデス＝オルドーニェスを重用した時と同じように，社会民主主義的な政策を採用した。おそらく，スアレス内閣が右傾化したと言われる最大の原因は，CEOEの態度を軟化させるために入閣させたサアグンの存在にあると思われる。

ではここでもう一度，モンクロア協定について振り返っておこう。モンクロア協定は，政治・経済協定に共通して，政府草案から確定版完成まで大きな変更は見られなかった。野党には原則的に政府草案に賛成するか・しないかという二択しか与えられなかったのである。モンクロア協定は，実際のところ，労働組合も経営者団体も協定に調印していないので社会協定であるとは言えない。しかしスアレスは，主要な議会勢力が，社会の利益を代表しているとして，モンクロア協定を社会協定と定義した。そしてモンクロア協定が社会の要求であるかのような雰囲気をスアレスは作りだしたのである。主要な議会勢力は，協定締結に反対すると，政治的プレゼンスを失いかねないと思ったのである。

APは世間からAPが民主的でないためにモンクロア協定の政治協定に調印しなかったとみなされ，政治的プレゼンスを失ったが，同時期にAPはほぼ満場一致で可決した恩赦法の採決においても本会議場を欠席し，政治的プレゼンスを低下させた。恩赦法は，フランコ体制下で有罪とされた政治犯を全て無罪とする法律であった。APのカロ元総理府長官は，APが本会議採決を棄権した理由を，民主主義の進化のために必要なのは，恩赦といった超法規的措置ではなく，厳格な法の運用であるとした[62]。フラガも，恩赦法はテロリストを喜ばせるだけであると，回想録で述べている[63]。つまり，APは「民主主義」を擁護するために，恩赦法の本会議採決に棄権したと述べているが，世間の理解は得られず，こうした選択は確実にAP

---

61 *Le Monde*ではスアレス改造内閣は右傾化したと書かれている。Fuentes, Juan Francisco, *op.cit.*, p.241. *Le Monde*, 27 Février 1978.
62 *Diario de Sesiones del Congreso de los Diputados*, 14 de octubre de 1977.
63 Fraga Iribarne, Manuel (f), *op.cit.*, p.96.

の政治的プレゼンスを失わせたのである。

　対して野党勢力について見ていこう。PCEは，政府と緊密になることを目的として積極的に協定に参加した。PSOEは最後まで協定という手法に疑問を持ちながらも，APのように政治的プレゼンスを失うことを恐れ，PCEに追従した。これがモンクロア協定をめぐる「合意の政治」の実態であり，ゆえに各政治勢力がモンクロア協定の内容に同意して調印したとは言えないのである。

　モンクロア協定の経済協定の合意を利用して，スアレスは，経済政策に関する議会審議を無風で通過させる，または政令法によって法律化していくという手法を選択した。実際，モンクロア協定をうけてフェルナンデス＝オルドーニェスが手掛けた税制改革緊急対策法案は，下院で賛成280，棄権10で可決している。これが，議会制民主主義下におけるスアレスの政治手法を端的に示すものである。

　政治協定に関して，既に述べたように，協定のおかげで法制化が容易になったのかどうか，判断がしにくい。APを除く野党は，政治協定に関して，協定という手法を問題視するものの，内容に関しては問題視してはいないからである。

　スアレスが，このような政治手法を採択せねばならなかった理由を，2つ挙げておきたい。1つは，スアレスがUCD少数与党での政権運営を選択したためである。PCEが提案した主要政党での大連立政権も，PSOEが提案したPSOEとの連立政権も拒否したスアレスが，円滑に政権を運営できる方法は，未曾有の国難を乗り切るための政策パッケージを用意して，全政治勢力からの合意を取り付けるという手段しかなかった。例えば，マスメディアに大きく取り上げられたモンクロア協定の経済協定の調印式に出席しない政党があれば，国難を乗り切るための政策に合意しなかった政党として，スアレスはイメージ操作により大きく政治的プレゼンスを減退させることができた。シンボルやイメージ操作のイニシアティブをスアレスが握っていたので，どの政党も逆らえなかったのである。唯一逆らったAPは，イメージを傷付けられ，政治的プレゼンスを失墜させた。これがスアレスの仕掛けた「合意の政治」の実態である。

　もう1つの理由が，UCDの内部対立であった。UCDの基本構造は，スアレス派と旧CDの連合であり，社会民主主義者からキリスト教民主主義

者まで内包していた。このような政党は，短期的な支持獲得には資するものの，長期的には内部対立が激しくなる。与野党の対立に増して，UCDの内部対立は激しかったと言えよう。そこで次節では，UCDの政党化の経緯を確認しつつ，内部対立について考察する。

第3節　UCDの政党化

　十数の小政党からなる選挙連合として総選挙に参加したUCDは，1977年8月12日に，正式に内務省に政党として登録した。しかし，書類上は政党となっても，UCDの実態は依然として政党連合であったため，次回以降の選挙において再びUCDとして勝利するためには，党の組織化は必須であった。というのも，例えばUCDの結成に携わったFPDLのホアキン・ガリーゲスは，1977年総選挙が終われば，UCDは崩壊すると予想しており，UCDを維持するためには，政党として生まれ変わらなければならなかった。ところが，スアレスは晩年「私は政党の作り方を知らなかった」と語るように，UCDの政党化は，スアレスが予想した以上に困難な作業となった[64]。

　スアレスは，自らを党首として，一元的な政党を作り上げるべく，8人の党執行役員を決めた。党執行部は事務局長，選挙担当，市民組織担当，広報担当，財務担当，党公約担当，文化活動担当，国際関係担当といった担当別に分かれており，党役員をまとめる幹事長職は設けられなかった。党の管理は党組織外のアブリールに任せ，アブリールは事務局長に任命されたサンチェス＝テランを通じて党運営に関与するというスタイルをとったのである。

　総選挙後のUCDは，主に3つのグループに分かれていた。1つ目はスアレスら国民運動とフェルナンデス＝オルドーニェスら社会民主主義者のグループ（スアレスグループ），2つ目がキリスト教民主主義グループ，3つ目がホアキン・ガリーゲスらの自由主義グループであった。このうち

64　《Memoria de la transición: Adolfo Suárez》, *rtve*.
　http://www.rtve.es/alacarta/videos/programa/adolfo-suarez-memoria-transicion/731012/（アクセス日：2011年10月28日）

有力なグループは，スアレスグループとキリスト教民主主義グループである。しかしキリスト教民主主義グループから党執行部を務めたのは，国際関係担当のみであり，その他の党執行部ポストは全てスアレスグループから任命された。

　キリスト教民主主義グループは，スペイン版コンラート・アデナウアー財団ともいえる「人文主義・民主主義財団（Fundación Humanismo y Democracia）」が支持母体として存在し，その縁からドイツのキリスト教民主同盟（Christlich-Demokratisch Union Deutschland: CDU）の支援を受けていた。キリスト教民主主義グループは，ホアキン・ガリーゲス公共事業相を中心に据えて，党のイデオロギーを自由主義寄りにしたいと考えていた。ところがスアレスは，社会民主主義グループを重用していたため，キリスト教民主主義グループは冷遇されていた。UCD内におけるキリスト教民主主義グループとスアレスグループとの対立は明白であり，カルボ＝ソテロUCD議会内グループ代表は，毎回党内の危機を追及する記者団の対応に追われたのである。キリスト教民主主義グループは，CDUと背後にある財団のおかげで，ほぼ各県にキリスト教民主主義グループの支部を組織することができた。また積極的に海外のキリスト教民主主義グループと接触し，連帯を深めることに成功した。地方支部の組織化や海外との接点といった要素を，スアレスグループは持っておらず，UCDに必要な要素であった。UCD内キリスト教民主主義グループの有力者は，後にマスメディアから「UCDの男爵たち（Barones de UCD）」と呼ばれるようになった。

　党執行部と「UCDの男爵たち」はしばしば対立し，スアレスは頻繁に党内紛争の解決に駆り出された。また，1977年9月に，カムーニャス国会担当相が，アブリールと対立して早々に閣僚を辞任した際，マスメディアは，内閣の危機とUCD党内の危機を結びつけて報道し，スアレスの危機感を煽った。アベジャによれば，UCDの党運営は，幹事長職を設置しなかったために，最初から機能しなかった。加えて，モジャ（Arturo Moya）選挙担当が日和見主義者であったために，サンチェス＝テランとモジャが対立し，サンチェス＝テランを通じてアブリールが影響力を行使すると

いう戦略が機能しなかったために，党執行部は機能不全に陥った[65]。事態の打開のためにスアレスは，アブリールと親しいペレス＝ジョルカ（José Pedro Pérez - Llorca）をUCD議会内グループ代表に据えた。ペレス＝ジョルカはUCD代表として憲法のポネンテの1人となった人物である。

さらにスアレスは，スアレスグループとキリスト教民主主義グループが継続して対立している状況を打開するため，新たにオソリオ，ラスエンFSD党首，オラルテUC党首らキリスト教民主主義者を首相顧問に任命した[66]。また，党綱領草案を作成する党綱領委員会を結成し，これにはアルバレス（José Luis Álvarez），アリアス＝サルガド（Rafael Arias - Salgado），カルボ＝ソテロ，クラベーロPSLA党首，カベロ（Íñigo Cavero），フォンタン（Antonio Fontán）上院議長，マジョール＝サラゴサ（Federico Mayor Zaragoza）が任命された。このうち，アリアス＝サルガド，カルボ＝ソテロ，マジョール＝サラゴサ以外はキリスト教民主主義グループから選出された。このように，スアレスは，党内対立を緩和するため，人事面でキリスト教民主主義グループに大幅な譲歩を行ったのである。

1977年12月3日，UCD内政党の解体が提案された。それに異を唱えたのが，スアレスと対決を深めていたカムーニャスとオソリオであった。カムーニャスは，フェルナンデス＝オルドーニェスとホアキン・ガリーゲスに，UCD内政党の解体に反対するよう求めたが，彼らはカムーニャスに同調しなかった。一方，オソリオは，自身のUCD離脱をほのめかし，UCD内政党の解体に反対したが，キリスト教民主主義グループの有力者である下院議長のアルバレス＝デ＝ミランダの同意を得ることができなかったため，解体提案に反対することを断念した。これは事前にスアレスが，UCD内主要政党党首に根回しをしていたため，大きな問題とはならなかったのである。

その後もオソリオは，スアレスの方針にことごとく反対した。オソリオはアブリールに権限が集中しないようスアレスに要請した。オソリオは，今後もUCDのイデオロギーが曖昧なままであるほうが戦略上有利である

---

65 Abella, Carlos, *op.cit.*, p.307.
66 他に，キリスト教民主主義者ではない人物では，マジョール＝サラゴサが顧問となった。

とし，困難な財政改革を実行するうえでは，無知なアブリールは障害になると主張したのである。オソリオはその後もUCDが発展するためには，キリスト教民主主義者の支援を受けた方が総選挙等で有利であるとする手紙をスアレスに送っている。しかしスアレスは，オソリオの提案を無視して全く返答しなかったため，オソリオは首相顧問を辞し，この出来事以降，オソリオは，公然とマスメディアを通じて，政府とUCDの政策を批判するようになった[67]。

　党大会の開催は，UCD内部に混乱があり，政権運営に忙殺されたため，なかなか実現できなかった。ようやくUCDの第一回党大会が開催できたのは，憲法制定作業が一段落した1978年10月19日のことであった。党大会開催の目的は，スアレスの一元的なリーダーシップの下，党の統一を図ることであった。党大会には，ヨーロッパやアメリカ大陸諸国から多くの自由主義者やキリスト教民主主義者が来西し，UCDが国際的なつながりを持つ政党であることを証明した。党大会の最終日である10月21日には，スアレスの党首信任投票が行われ，1460票を獲得して，党首としてスアレスは信任された。しかし投票には478票もの白票があり，棄権も合わせると総票数の約1/3にもなり，依然としてUCD内部にはスアレス不信があることを窺わせる結果でもあった。

　第一回党大会終了から数週間後，アベジャによれば，フェルナンデス＝オルドーニェス財務相とガルシア＝ディエス商務相ら3人は，PSOEの書記長ゴンサーレスと秘密に会談し，スアレスによる独裁体制が強化されてUCD党内全体で不満が募っていること，キリスト教民主主義グループが反発して，彼らは別路線を模索していることをゴンサーレスに伝えたのであった。党大会で党内が1つにまとまることはなかったのである。

　党内で不穏な動きがあることはわかっていたので，スアレスは，憲法制定作業がほぼ完了した1978年12月1日の閣議で，総選挙を実施すべきかどうか閣僚と協議している。スアレスは，かなり厳しい総選挙になると予想していたからである。しかしその閣議において，もし総選挙を実施しなければ，UCDを離党するとフェルナンデス＝オルドーニェスが発言したため，スアレスは総選挙を実施することに決めた。他にもUCDの分裂を

67　Abella, Carlos, *op.cit*., pp.306-308.

誘発する要素として，オソリオによる新党の立ち上げが挙げられる。オソリオは，民主進歩党（Partido Demócrata Progresista: PDP）を1978年11月に立ち上げた。オソリオはフラガやアレイルサと共に闘い，UCDが前回総選挙で獲得していた，中道右派票を得ることを目標としたのである[68]。

総選挙は1979年3月に，地方選挙は同年4月に行われることになったが，地方選挙の日程を決定する過程にもUCDの苦悩が見える。当初，地方選挙を年内に開催するとしていたが，党地方組織の脆弱さや資金不足を考えると，地方選挙の日程を先送りしなければならなかった。キリスト教民主主義グループが，地方組織を整えつつあったが，マドリード市長に地方選挙で勝利するべくUCD内キリスト教民主主義者グループのホセ＝ルイス・アルバレスを任命したのは1979年2月のことであり，他の政党と比較すると，準備不足は明らかであった[69]。

資金不足については，国王が援助するという形で解決した。国王は1977年の総選挙後の状況では，PSOEが君主制を容認するかどうか確信を持てないでいた。君主制を擁護するUCDが，君主制を前提とした民主主義体制を定着させるまでは，君主制の未来が不安定になると国王は考えていたのである。そこで国王は，イランのシャーであるパフラヴィーに1000万ドルを無心し，運転資金としてUCDに与えたのである[70]。

しかしイラン情勢の混乱もあって資金はなかなか届かず，フエンテスによれば，地方選挙は，イランからの資金が届いてからの実施となったため，1979年4月になった[71]。PSOEのゴンサーレスは，早期の地方選挙実施を再三スアレスに求めたが，スアレスはこれに応じなかった。スアレスは，イランからの資金と，後に述べる，憲法に対する国民投票の支持を背景に，選挙を戦おうとしたからである。

このように，スアレスの様々な努力もむなしく，UCDは最後まで一元的な政党になることはなかった。先に述べたオソリオとスアレスの会話からもわかるように，スアレスはUCDがキリスト教民主主義の政党にな

68　Abella, Carlos, *ibid*, p.326.
69　1979年に地方選挙が行われるまで，市長は政府による任命であった。
70　Alam, Asadollah, *The Shah and I: The Confidential Diary of Iran's Royal Court, 1969-1977* (New York: St. Martin's Press, 1992), pp.552-554.
71　Fuentes, Juan Francisco, *op.cit.*, p.237.

ることをよしとしなかった。スアレスはフェルナンデス＝オルドーニェスら社会民主主義者を優遇したが，議員数ではキリスト教民主主義グループの方が多かった。したがってUCDは，スアレスがキリスト教民主主義グループを冷遇し続ける限り，党内対立がおさまることはなかったのである。他方で，党の存続はスアレスのカリスマ性に依存していたため，彼が党首でなければ，UCDの存続は不可能であった。このことから，UCDは存続する限り党内の対立は継続し，スアレスが党首を辞任すれば，消滅する運命にあったと言えよう。実際，1979年総選挙以降，UCDの内部対立はさらに激化し，多数の離党者が出た。そのうえ，スアレスが首相を辞任し，さらにUCDを離党したため，UCDは，1982年総選挙で歴史的大敗を喫し，消滅したのである。

第4節　憲法制定とその中身

　スアレスは，1977年の総選挙後の議会を憲法制定会議とはせず，通常の議会形式を採用した。そのため憲法制定だけが議会の役割とはならず，1978年末までに109本の法案と56本の政令法が成立した。政府は，憲法の制定だけを取り組むべき課題とは捉えておらず，経済対策が喫緊の課題とみなしていたからである。

　スペインの憲法制定過程の大きな特徴は，憲法の内容の大部分が，憲法の審議過程で決められたわけではないということである。スアレスは，憲法の内容を通常の法律により，憲法の審議過程に先行またはそれと並行して決定していったのである。例えば1977年11月に内閣不信任案の手続を定めた法律を成立させ，その内容はそのまま憲法に反映された[72]。また，モンクロア協定の政治協定で挙げられた，刑法や刑事訴訟法の改正及び司法制度改革は，通常法に基づいて，憲法制定手続とは別個に行われている[73]。例えば，姦通罪・同棲罪廃止に関する法律は，1978年5月10日に下

72　Ley 51/1977, de 14 de noviembre, sobre regulación provisional de las relaciones entre las cortes y el Gobierno a efectos de la moción de censura y la cuestión de confianza.
73　1977年7月から1978年12月までに刑法，刑事訴訟法，民事訴訟法，司法制度改革に関する法律は13本成立している。その中には拷問を禁止する法律

院において賛成302，棄権1で可決した[74]。同法は，モンクロア協定の政治協定に調印しなかったフラガらが，本会議を欠席しての成立であった[75]。こうした規定は，そのまま憲法に反映されたのである。

また，最も憲法制定過程において論争的となった自治州の制度設計について，スアレスは，憲法の審議に先行して政令法で暫定自治州を成立させ，問題の解決を図ろうとした。1977年10月のカタルーニャ州を皮切りに，バスク，ナバーラ，ガリシア，アラゴン，カナリア諸島，バレンシア，アンダルシア，バレアレス諸島，エストレマドゥーラ，カスティーリャ・イ・レオン，アストゥリアス，ムルシア，カスティーリャ・ラ・マンチャの14州が，暫定自治州として1978年10月までに成立した[76]。個別の名称は，現在の自治州とは異なる暫定自治州も存在するが，現在17ある自治州のうち，14州は暫定自治州として発足し，その後正式に自治州となったのである。暫定自治州ではなく成立した自治州は，わずかにマドリード，リオハ，カンタブリアの3州だけである。その他にも，成人年齢に関する政令法を，憲法に先立って成立させている[77]。このようにスアレスは，大部分において，憲法が成立してから関連法案を整備するという手法を取らなかったのである。

したがってスアレスは，モンクロア協定締結に向けた積極的な姿勢とは異なり，憲法制定には積極的に関わらなかった。スアレスによる憲法の制定に関する言及が新聞紙上で見られるようになるのは，新内閣成立から1カ月弱を経た1977年7月末になってからであった。国王が議会の開会演説において新憲法の必要性を説いたため，スアレスも憲法制定に乗り出したと考えることができる[78]。既に述べたように，フランコ体制の政治家にとって，フランコ基本法は憲法であり，政治改革法が民主的な内容を伴っ

も含まれている。Ley de modificación del Código Penal para tipificar el delito de tortura.

74 Ley sobre despenalización del adulterio y del amancebamiento, *Diario de sesiones del Congreso de los Diputados*, 10 de mayo de 1978.
75 Fraga Iribarne, Manuel (f), *op.cit.*, p.119.
76 Real Decreto - ley 41/1977, de 29 de septiembre, sobre restablecimiento provisional de la Generalidad de Cataluña.
77 Real Decreto - ley 33/1978, de 18 de noviembre sobre mayoría de edad.
78 *El País*, 23 de julio de 1977.

た基本法であったため，基本法体制は民主的になったと解される。ゆえに，同法が制定された時点で，スペインの法体系は民主的であると考える者がいてもおかしなことではなかったのである。PSOEのゲラ幹事長によれば，スアレスは，新憲法制定に積極的ではなかったが，反対もしなかった。しかし，スアレスの周辺にいたフランコ時代からの政治家は，新憲法制定の必要性に疑問を投げかけていた[79]。

　スアレスは，憲法の制定方法について3つの方法を用意していた。1つは議会外の専門家による起草委員会を設けて彼らに憲法の草案を作成してもらう方法，2つ目は与党・UCDの中から起草委員を選出し，そこでまとまった草案をもとに憲法について国会で議論を交わすという方法，3つ目がUCDとPSOEのみで憲法について協議するという方法であった[80]。スアレスは憲法の制定方法について協議するため，PSOEのゴンサーレスと会談した。そこでゴンサーレスは3つの選択肢を全て拒否し，憲法制定は多くの政党が参加して行われることが望ましいとした。

　スアレスはこの主張を受け入れ，まずUCDのアタール(Emilio Attard)を委員長に下院議員35名を選出して「下院における憲法問題と公共の自由の問題に関する委員会」(以下，憲法起草委員会)を結成し，その中から7名のポネンテを選出，ポネンテが憲法草案の起草を行うことになった。したがって憲法はまずポネンテが作成した憲法草案を憲法起草委員会で協議した上で憲法原案を策定し，その原案に基づいて下院と上院それぞれの憲法委員会で審議を行い，その後両院の本会議で審議され，可決した後に，国民投票において国民の信を問うという複雑な手続きで作成されることとなった。このため，迅速なスペインの民主化過程では，完成まで最も時間のかかった作業であったと言うことができる。1977年8月にポネンテが招集されてから，憲法が最終的に公布される1978年12月まで，1年5カ月を費やしている。しかもスペイン民主化過程において，憲法制定過程が最も重要な課題であったとは言い難く，比較的長期化した理由は，初期にスアレスが直接陣頭指揮を執らなかったため，事態が収拾せず，混乱が続いたためと言うことができよう。

79　Guerra, Alfonso, *op.cit.*, p.278.
80　Tusell, Javier, *op.cit.*, p.151.

7人のポネンテの内訳は当初，UCDから3名，PSOEから2名，APから1名，PCEグループから1名となっていたが，PSOEがバスク・カタルーニャ少数派グループにもポネンテを割り当てるべきだと主張したために，PSOEから1名，バスク・カタルーニャ少数派グループから1名となった。PSOEのゲラ幹事長によれば，UCDの1名分をバスク・カタルーニャ少数派グループに分け与えるということをUCDが拒否したために，PSOEが犠牲となった[81]。他方，バスク国民党（Partido Nacionalista Vasco: PNV）のアルサジュス（Xavier Arzalluz）は，PSOEがそのような申し出をしたのは，単に社会民衆党（PSP）のティエルノ＝ガルバンをポネンテから排除したいがためと主張している。アルサジュスの主張を要約すると，PSOEは10名以下の議員しかいない議会内グループに，ポネンテの資格はないとしており，11人のカタルーニャ民主協定（PDC）をバスク・カタルーニャ少数派グループ代表とし，それぞれ9人のPSPと8人のPNVをポネンテから排除したとする[82]。後にPSPはPSOEに合流することになるが，この時点ではPSOEが唯一の社会主義政党となるべく，PSPを敵視していたのである。

 ポネンテにはUCDから，ラビージャ法相を憲法制定に関するUCDの総責任者として，エレロ＝デ＝ミニョン，シスネーロス，ペレス＝ジョルカが任命され，PSOEからはペセス＝バルバ（Gregorio Peces-Barba），APからフラガ，PCEグループからは統一カタルーニャ社会党（Partido Socialista Unificado de Cataluña: PSUC）のソレ＝トゥラ（Jordi Solé Tura），バスク・カタルーニャ少数派グループからはPDCのロカ（Miquel Roca）がなった。UCDのポネンテ3人は，エレロ＝デ＝ミニョンはラビージャが，シスネーロスはマルティン＝ビジャが，ペレス＝ジョルカはカルボ＝ソテロがそれぞれ推薦した[83]。彼らは全員憲法の専門家であった[84]。トゥセイによれ

81　Guerra, Alfonso, *op.cit.*, pp.279-280.
82　Ibáñez, Juan G., 《Entrevista con Xavier Arzalluz》, Juliá, Santos, Pradera, Javier y Prieto, Joaquín, *Memoria de la transición* (Madrid: Taurus, 1996), p.318.
83　Lamelas, Antonio, *op.cit.*, p.206. ラメラスがペレス＝ジョルカにインタビューした際の談話より。
84　Esteban, Jorge de , 《El proceso constituyente español, 1977-1978》, Tezanos, José Félix, Cotarelo, Rámon y de Blas, Andrés (eds.), *La transición democratica*

ば、ロカをポネンテにしたことに大きな意味があった。トゥセイによれば、カタルーニャ地域代表としてポネンテに参加したロカではあったが、地方分権の議論をカタルーニャに限定せず、スペインが取るべき地方自治のあり方にも言及して議論を行ったからである。また、ポネンテ内で意見が対立する中で、彼は調停者の役割も担ったのである[85]。一方で、後に述べることになるが、バスク代表を結果的にポネンテから締め出したことは、自治州の制度設計において高い代償を払うことになった。

第1項　憲法制定過程

憲法制定過程における審議機関別の段階は既に述べたとおりだが、ボニム＝ブランによれば、憲法制定過程は政治局面の変化に応じて時期を区分した場合、6つの時期に区分することができる。第1の時期は、憲法起草委員会が発足した1977年8月から『対話のためのノート(*Cuadernos para el diálogo*)』誌に極秘であったはずのポネンテ草案がスクープされる11月まで、第2の時期は、草案がスクープにより公表されてからペセス＝バルバがポネンテ離脱を表明するまでの1977年11月から1978年3月、第3の時期は、ペセス＝バルバ離脱からポネンテ草案が完成する1978年3月から5月、第4の時期は、憲法起草委員会で議論が行われた1978年5月から7月、第5の時期は議会審議期間である1978年7月から10月、第6の時期は上下両院での可決から国民投票で信任される1978年10月から12月までである[86]。ボニム＝ブランは4つの要素、すなわち、情報の公開度、対立の露出度、結論に至る時間、連立の組まれ方、のいずれかが変化した場合、異なる審議段階とみなしている。

1977年8月から、ポネンテによる会議で、憲法草案の作成が始まった。ポネンテによる議論は非公開を原則とされたため、公式な史料から細部を窺い知ることはできないが、参加者の証言などからある程度推測できる[87]。ボニム＝ブランによれば、ポネンテによる憲法草案で憲法の内容が

---

　　española, (Madrid: Editorial Sistema, 1989), p.282.
85　Tusell, Javier, *op.cit.*, p.152.
86　Bonime-Blanc, Andrea, *op.cit.*, pp.53-62.
87　ポネンテの活動については、AA.VV., 《Las actas de la Ponencia constitucional》, *Revista de las Cortes Generales*, nº2, 1984, pp.251-419. しかし、エレロ＝デ＝ミ

表6-2 憲法制定過程の時期区分

年	月	舞台による区分	ボニム=ブランによる区分	ペセス=バルバによる区分	出来事
1977	8	ポネンテによる憲法草案作成	ポネンテによる草案作成	非公開 表面上融和的 UCD+PCE+PDC（ミケル・ロカが調停役）	
	9				
	10				
	11				憲法草案の漏えい
	12				憲法草案完成
1978	1		草案公表	公開 対立がやや表面化 UCD+AP+PDC+PCE	
	2				
	3				ペセス=バルバ、ポネンテ離脱
	4		対立	公開 対立 UCD+AP	ポネンテの作業終了
	5	憲法起草委員会による憲法原案作成	「合意」	秘密 AP以外融和的 UCD+PSOE+PDC+PCE	UCD−PSOE 秘密会談に移行
	6				AP憲法起草委員会離脱
	7	下院本会議審議			
	8	上院委員会審議	原案議会審議	公開 AP、PNVなど以外は融和的 UCD+PSOE+PDC+PCE	
	9	上院本会議審議			
	10	両院評議会審議			
	11	下院採決 上院採決	可決段階	公開 AP、PNVなど以外は融和的 UCD+PSOE+PDC+PCE	
	12	国民投票 国王による裁可			

Bonime-Blanc, Andrea, *Spain's Transition to Democracy. The Politics of Constitution-making* (Boulder: Westview Press, 1987); Peces-Barba, Gregorio, *La elaboración de la Constitución de 1978* (Madrid: Centro de Estudios Constitucionales, 1987); *La Constitución española* de 1978を参考に筆者作成。

ほとんど確定してしまった。ゆえに，憲法制定過程において最も重要な過程は，ポネンテによる会議の時期と言うことができよう[88]。

憲法の条文の分量について，UCDは簡潔な憲法を望み，PSOEとPCEはより詳しい憲法を望んだ。UCDのラビージャは，ガジェゴ＝ディアスらによれば，わずか34条の憲法を作成しようとしていた[89]。PSOEとPCEの主張は，人権条項の充実であった。しかしPCEとUCDは具体的な憲法草案を作ることなく，PSOEとAPのみが党内で作成した具体的な憲法草案を会議の場で提示した。ラビージャによれば，UCDは政府与党であり，ポネンテ全体を監視する必要があったため，左派と協力して憲法を作成するという趣旨からして，自らの草案を提示することは望ましくないと考え，UCDは憲法草案をポネンテ会議に提出しなかった[90]。しかしエレロ＝デ＝ミニョンは，異なる見解を提示している。実はUCDも憲法草案を作成すべく数度の会議を行ったが，UCDの組織的な脆弱性のため，憲法草案が具体化することはなかったと主張している。スアレスは憲法について民主的に左派と相談して作成するようにとしか指示を出さず，主導権を握ろうとしなかった。アブリールは決断力には優れていたが，憲法というものに対する理解がなかったために，憲法の草案作成においてあまり大きな役割を果たすことができなかった。ラビージャ法相は，決断力も法的知識も十分であったが，党内における地位の低さのためにそれらを決定する権限がなかった[91]。ロカはポネンテ会議において，いつもUCD代表だけが憲法草案を用意していなかったことにエレロ＝デ＝ミニョンが困惑していたと述べている[92]。そこでエレロ＝デ＝ミニョンは，ポネンテ全体の意見を

ニョンはこの議事録は誤りが多くあり，そのまま信用するわけにはいかないと主張している。Herrero de Miñón, Miguel, *Memorias de estío* (Madrid: Ediciones Temas de Hoy, 1995), p.118.
88 Bonime-Blanc, Andrea, *op.cit.*, p.49.
89 Gallego-Díaz, Soledad y De la cuadra, Bonifacio, 《La Constitución》, Juliá, Santos, Pradera, Javier y Prieto, Joaquín, *Memoria de la transición* (Madrid: Taurus, 1996), p.301.
90 Abella, Carlos, *op.cit.*, p.297.
91 Herrero de Miñón, Miguel, *op.cit.*, pp.124-125; Tusell, Javier, *op.cit.*, p.153.
　　トゥセイによれば，APの憲法草案はフラガ一人で作成したものである。
92 Pastor, Carles, 《Entrevista con Miquel Roca Junyent》, Juliá, Santos, Pradera,

集約する形で，憲法草案作成のたたき台となるべき柱を提示した。すなわち，王，議会，政府，議会と政府の関係，司法であった。これらエレロ＝デ＝ミニョンが提示した憲法の柱はそのまま憲法の第2編から第6編として反映された。

ロカは，ポネンテから排除されたバスク地域主義者と連絡を取り，彼らの主張を代弁しながら，地域代表者として自治と地域の多元性を憲法に盛り込むよう主張した。それだけでなく，ロカはポネンテ全体のまとめ役を担ったのである。例えば「憲法は欠点を補うため，また旧体制の抑圧から救うために，条文の多いものにすべきである。スウェーデンの憲法では，信仰の自由について議論する必要はなかったが，スペインの場合は必要だ。なぜなら過去40年間，この権利がなかったのだから」と述べる場面も見られた[93]。結果的にPCEとPSOEが主張した人権条項の充実という主張はそのまま採用され，スペイン憲法は，基本的な人権と義務が記載された第1編が非常に長い憲法となった。全10編のうち，編立てに関しては，エレロ＝デ＝ミニョンの主張がほぼ全面的に採用される形となった。

ポネンテによる議論の中で最も紛糾する可能性のあった議題が，君主制と共和制のどちらを政治体制として採用するか，及び地方自治制度のあり方の2点であった。

君主制については，PSOEが表向き共和制の導入を唱えていたが，一度ポネンテ会議で共和制導入が否決されてからは二度と議題にしなかった[94]。ソレ＝トゥラは君主制の下でのユーロコミュニズムは可能と主張し，カタルーニャ地域代表の立場としても，地方自治権が認められる限りにおいて，君主制を容認するという立場を表明した。ポネンテはフアン＝カルロス国王の存在が，スペインの民主主義の発展に大きく貢献すると考えていたからであった[95]。

新たに自治州を導入するという地方自治の制度設計に反対したのはフラガであった。自治州を表す「自治共同体(Comunidad Autónoma)」とい

Javier y Prieto, Joaquín, *Memoria de la transición* (Madrid: Taurus, 1996), p.323.
93　Gallego-Díaz, Soledad y De la cuadra, Bonifacio, *op.cit.*, p.301.
94　Lamelas, Antonio, *op.cit.*, p.204.
95　Carrillo, Santiago (b), *op.cit.*, pp.736-738; Herrero de Miñón, Miguel, *op.cit.*, pp.130-131.

う用語や「ネイション」（nación）の下位類型にあたる「自治州のエスニシティ（nacionalidad）」という造語の意味は不明確であり，定義を明確にしなければ，自治州制に賛成できないというのがフラガの主張であった。ポネンテ会議での議論は，そのほとんどが定義付けが曖昧な地方自治制度について費やされたと言っても誇張ではない。フラガによれば，スペイン憲法には造語だけでなく，定義が曖昧な条文が多くある[96]。

「自治州のエスニシティ」という言葉が生まれた背景には，地方自治制度に関する議論が紛糾したことがある。ロカは当初「ネイション」という用語をスペイン以外のカタルーニャやバスクといった地域のネイションにも用いて，スペインが多民族国家であると定義しようと主張したが，エレロ＝デ＝ミニョンは，スペインの「ネイション」はスペインだけであり，カタルーニャやバスクを「自治州のエスニシティ」とするならばよいという見解を示したとロカは述べている[97]。「自治州のエスニシティ」という用語は，ペセス＝バルバも納得し，フラガを除き支持されることとなった。フラガが主張するように，「自治州のエスニシティ」という言葉は1978年憲法が制定されるまでは存在しない用語で，辞書においても「自治州のエスニシティ」は「自治憲章によって規定された自治州に対する歴史的・文化的に特別な帰属意識」または「いくつかのスペインの自治州における公式の出自」という曖昧な定義がなされている[98]。エレロ＝デ＝ミニョンによれば，彼とラビージャとロカで地方自治制度の骨子を確定させたが，ラビージャがフラガと全面対決する覚悟がなかったために，地方自治制度は「自治州のエスニシティ」という用語に代表される曖昧な決着となった[99]。

最終的に政治体制と地方自治の問題は，以下の条文に集約された。「憲法はスペイン内に多様な『自治州のエスニシティ』の存在と地域の自治権，国家の一体性，国民間の連帯を承認し，王政はこれを保証する。」この条文は，憲法第2条の基礎となった。この条文を採用するかどうかの採決においては，フラガだけがポネンテの中で反対の立場をとった。君主制については，君主に実質的な権限を与えようとするフラガの立場から，

96　Fraga Iribarne (d), *op.cit.*, pp.89-103.
97　Pastor, Carles, *op.cit.*, pp.324-325.
98　Real Academia Española, *op.cit.*, p.1562.
99　Herrero de Miñón, Miguel, *op.cit.*, p.153.

PCEが主張したようなシンボリックな存在としての君主まで議論に幅があったが，最終的に「スペイン国家の政治形態は議会君主制である」という条文を採択するに至った。この条文も草案の第1条第3項に見ることができる[100]。

　アタール委員長が草案を迅速に完成させるよう要求したため，ひとまずのポネンテの作業は11月17日に終了した。ポネンテ間の主張は，相互に隔たりがあったが，全員が対立を表明化させないように努力したと言えよう[101]。このことから，憲法制定過程の最初期は，いわゆる「合意の政治」であったと言えなくはない。しかしこれから見て行くように，この形式の合意調達方法は長く続かないため，憲法制定過程全体，または第二次スアレス内閣期全体を「合意の政治」の時期であったとは言えないのである。

　憲法の専門家ばかりがポネンテに集ったため，お互いに個人的な友情が芽生えたと各ポネンテは振り返っているが，それは憲法の議論が紛糾しなかったことを意味するものではない。フラガの性格によるところが大きいが，フラガは言葉遊びで議論の対立を回避するのは望ましくないとはっきり主張していた。フラガ1人がはっきりと主張するため，その他のポネンテは会議の雰囲気が悪くならないように努めた結果，「合意の政治」になったと言えよう。PSOEはAPのように対決姿勢も辞さないというスタンスではなかったが，PCEやPDCのようにUCDに迎合するというスタンスでもなかった。PCEとPDCがUCDに協力しているという状況であったので，PSOEはAPのように，周辺の存在に追いやられることを恐れていたのである[102]。

　ところがポネンテ会議にあった融和的な雰囲気は，極秘であったはずのポネンテによる憲法草案が『対話のためのノート』誌の記者にスクープされたことにより変化した。ガジェゴ＝ディアス記者らは，PSOEのカステジャーノ（Pablo Castellano）の協力を得て，ポネンテによる憲法草案40条あまりを入手し，11月23日にラ・バンアルディア紙とエル・パイース

100　草案の条文は，*El País*, 23 de noviembre de 1977.
101　ボニム＝ブランが主張したように，UCDとAPが連携していたとは必ずしも言えないであろう。Bonime-Blanc, Andrea, *op.cit.*, p.52.
102　Lamelas, Antonio, *op.cit.*, p.207.

紙が公表したのであった。ラメラスによれば，ペセス＝バルバがカステジャーノに騙されたことにより，草案が漏えいした[103]。

このスクープ記事により憲法草案にある論争的な内容が世間の明るみに出たのであった。エル・パイース紙は，モンクロア協定の政治協定が憲法草案のベースにあると捉え，報道しているが，実はモンクロア協定には含まれていない内容も，憲法草案には記載されていた[104]。結果，様々なアクターから反対意見が出されることになった。憲法草案に明記された「自治州のエスニシティ」という用語，離婚の権利，私立学校への助成，国家の世俗化は，UCDとAPのキリスト教民主主義グループからの反発を招いた[105]。カトリック教会も司教会議の声明として，スペイン社会におけるカトリック教会の存在が明確にされていないため，憲法と現実の不一致があると指摘した。軍部は，スペイン国民という単位は不可分であると主張した。また，市場への国家の介入，制限なくストライキ権や労働組合の権利を容認する草案は，経営者団体から大きな反発が出た。CEOEの会長フェレール (Carlos Ferrer Salat) は，憲法が経営者の自主性を傷つけるものであると反発した[106]。

ポネンテは，11月29日から再び草案作成に励み，12月23日に下院議長に憲法草案を提出した。1978年1月5日，官報に草案が発表されると，APのフラガは地方自治制度に関する条文に不満を持っていることを明かし，PSOEのゴンサーレスは議会君主制という政治体制を憲法に明記することに反対を唱えた[107]。その後20日間設けられた修正提案期間には，実に1133本もの修正案がポネンテのもとに届けられた。

憲法草案が世間に公表されたことにより，これまで融和的な雰囲気であったポネンテ会議に変化が生じ，政党の代表としてポネンテ会議に参加しているため，各ポネンテは所属する政党の意向や支持母体の意向をポネンテ会議において反映させなければならなくなったのである。UCDとAPは，教会，軍部，CEOEの意向に耳を傾けなければならず，そのため，

103　Lamelas, Antonio, *ibid*., p.207.
104　Bonime-Blanc, Andrea, *op.cit*., p.54.
105　*El País*, 6 de enero de 1978.
106　Abella, Carlos, *op.cit*., pp.309-310.
107　*El País*, 6 de enero de 1978; *Boletín oficial de las Cortes*, 5 de enero de 1978.

PSOEと対立した。例えばUCDは，カトリックを国教，教育はカトリックにのっとって行われる，経済システムは市場経済といったことを憲法に盛り込むよう主張を変えたのである。PSOEは党内左派の意向を受けて，政治体制を共和制とし，死刑の廃止を明記するよう主張した。死刑の廃止を明記するという主張は，治安対策が重要であると考えていたフラガの反発を招くことになった。

　このような状況であったため，1978年2月9日から始まった草案修正作業においては，UCDとAPが協力し，融和的な雰囲気を大切にしようとするPCEとPDCがUCDとAPに歩み寄ったため，PSOEがポネンテの中で孤立することになった。そして自由な教育を受ける権利が認められない憲法ができあがる見通しとなった3月6日に，ペセス＝バルバはポネンテからの離脱を表明した。ペセス＝バルバによれば，「民主化」というものを右派が誘拐し，責任という名のもとに，左派に「（右派によってつくられた）穏健的」な憲法を受け入れるよう義務付けたため，そのような行為に反対であるという姿勢を示すため，ポネンテを辞したとしている。しかし，PSOEの政治的プレゼンスが弱まることを恐れたゴンサーレス書記長とゲラ幹事長は，ペセス＝バルバにポネンテ原案には署名するよう説得し，4月10日のポネンテによる憲法原案にはポネンテ全員が署名した[108]。

　この時期のポネンテ会議は，UCDとPSOEの対立が軸となっていた。融和的な議論を望むPCEとPDCがPSOEの味方をすれば，APがキャスティングボートを握り，PCEとPDCがUCDの味方をすれば，PSOEが孤立するという展開となった。PSOEはたとえ意にそぐわない状況であっても，完全な離脱は政治的発言権を失うと考え，その後の憲法起草委員会での修正に活路を見出したのである。ゴンサーレス書記長は「憲法に関する合意は崩壊した。PSOEは次期総選挙の公約に憲法改正を盛り込まなくてはならない」と発言した。ゲラ幹事長もこれから完成するスペイン憲法は「ヨーロッパで最も反動的である。UCDとAPによる産物で，合意はない」と述べた[109]。

　このPSOE執行部2名の発言を受けて，スアレスとアブリールは，憲法

108　Peces-Barba, Gregorio, *op.cit.*, pp.123-128.
109　Gallego-Díaz, Soledad y De la cuadra, Bonifacio, *op.cit.*, p.308.

制定過程に介入する。5月5日の憲法起草委員会での審議開始日に、ラビージャ法相は、ポネンテ原案があまりにも右派寄りであるため、保守的な条文を和らげてほしいと発言した[110]。この発言は、スアレスとアブリールの意向を受けてのものであった。

しかし、状況は何も変わらなかった。憲法起草委員会は、17名のUCD議員、13名のPSOE議員、PCEとAPから各2名、PNVとPDCからそれぞれ1名を送りだしていたが、ポネンテ会議に引き続き、ラビージャ、エレロ＝デ＝ミニョン、フラガの3名を軸としたUCDとAPの委員が採決を強行し、19票という過半数の票を積み上げ、委員会を支配したのである。議事録を見ると、採決結果において19票という数字が目につくのである[111]。

PSOEのポネンテ、ペセス＝バルバが憲法起草委員会を離脱する決定的な出来事が、5月17日の審議であった。午前中の審議でエレロ＝デ＝ミニョンがAPの協力を得て死刑廃止の条文を削除し、午後の審議では、テロ対策に限って、基本的人権の停止を可能とする条文が可決されたのであった。憲法における基本的人権条項の充実を主張するPSOEの意見が、無視される格好となったのである。

この状況を打開するため、ゲラPSOE幹事長は、アブリール副首相に電話し、憲法起草委員会の現状とそれに対する不満を述べた。ゲラ幹事長は、これから作られる憲法がヨーロッパで最も反動的な憲法となること、UCDの憲法起草委員がフラガと組んでおり、この状況では合意も、受け入れ可能な憲法も、できないとアブリールに伝えたのである。アブリールは事態を重く見て、憲法起草委員会における状況について、スアレスと相談することをゲラ幹事長に約束したのである[112]。

アブリールとゲラ幹事長は、以前からの知り合いであった。両者が知り合うきっかけとなったのが、1976年末に発生した、GRAPOによるオリオルとビジャエスクサの誘拐事件である。当時政府は、事件解決のために、GRAPOをアルジェリアに脱出させようと考えており、PSOEがアルジェリアの社会主義政権と良好な関係にあったため、アブリールが依然非合法

---

110 Abella, Carlos, *op.cit.*, pp.314-315.
111 *Diario de sesiones del Congreso de los Diputados*, 11, 12, 16, 17, 18, 19, 22 de mayo de 1978.
112 Lamelas, Antonio, *op.cit.*, pp.201-202.

であったPSOEのゲラ幹事長に協力要請を行ったのである。ゲラ幹事長はアブリールの人柄だけでなく，閣僚が非合法政党の幹部に直接交渉しようとする大胆さが深く気に入った。結果的に事件が解決したため，GRAPOを国外に脱出させる必要はなくなったが，それ以来ゲラ幹事長はアブリールに一目置いていた[113]。

アブリールから連絡を受けたスアレスも，左派と協力して憲法を策定するという基本方針から逸脱しているとして，事態を問題視した。また，遅々として進まない憲法制定にいら立ちを覚えていた。憲法制定委員会での審議という段階に入ってから既に会議が10回開かれていたが，これまでわずか第1条から第24条の条文しか確定していなかったのである。スアレスは，PSOEの不満を和らげるためと憲法制定過程のスピードアップを図るため，ラビージャに代わってアブリールをUCDの憲法作成における責任者にするとペセス＝バルバに伝えたのである[114]。

スアレスとアブリールが相談した結果提案された手法は，憲法起草委員会での審議前にUCDとPSOEの代表者が秘密会談を行い，意見を集約してから憲法起草委員会に臨むというものであった。第1回の秘密会談は，あるレストランにおいて5月22日の22時15分から夕食会を兼ねて行われることになった。ちょうどその日は，フラガがアメリカ出張に出発した日であった。フラガとしては，前日までの憲法起草委員会において，十分主張したので，シルバ＝ムニョースとフェルナンデス＝デ＝ラ＝モラに委員会を任せることにしていたのであった。

秘密会談にはUCDからアブリール，ポネンテのペレス＝ジョルカ，UCDの党役員を務めていたアリアス＝サルガド，ポネンテのシスネーロスの4人が出席し，PSOEからはゲラ幹事長，ペセス＝バルバ，ムヒカ(Enrique Múgica)下院議員，憲法起草委員会の論点の1つであった教育問題に詳しいゴメス＝ジョレンテ(Luis Gómez Llorente)の4人が出席した。エレロ＝デ＝ミニョンも招集されたが，ペレス＝ジョルカによれば，ラビージャが憲法制定作業から外されたことに反発して，エレロ＝デ＝ミニョンは秘密会談への出席を断った。

---

113 Lamelas, Antonio, *ibid.*, p.117.
114 Abella, Carlos, *op.cit.*, p.315.

夕食会から始まり夜明けまで続いた協議では，憲法の第25条から第50条までの条文に関してUCDとPSOEの間で合意が成立した。合意が成立した条文の中には死刑の廃止，18歳以上を成人とする条文が含まれ，カトリックの尊重と信仰の自由を並存させる条文も含まれることになった。ゲラ幹事長らPSOE代表の当初の強硬な姿勢を崩し，交渉の結果，条文に関する合意を取り付けられた背景には，アブリールの存在が大きい。粘り強く交渉を行うというアブリールの持ち味が存分に発揮されたのである。こうして翌日の憲法起草委員会の審議及び採決は，UCDとPSOEを中心に進んだのである[115]。

このような合意調達方法に異を唱えたのはフラガらAPであった。APからみれば，それまで有利に運んでいた憲法起草委員会の審議が一夜にして変化してしまったのである。フラガは，議会外のレストランという場で憲法の条文が決められてしまうという状況は認められないとし，委員会の中で合意が図られるべきであると主張した[116]。憲法は議会で審議されるべきとPSOEも憲法起草委員会立ち上げのときから主張しており，フラガの主張には，正統性があった。

しかし翌日以降，アブリールとゲラ幹事長が始めた夜の秘密会談には，ロカやソレ＝トゥラも時々参加するようになった。彼らは憲法制定過程が長期化していることを憂慮していたため，迅速に条文が決定していく秘密会談方式を支持した[117]。また，秘密会談に参加しないことで，憲法制定過程から取り残されることを懸念した者は，渋々出席した。例えば，エレロ＝デ＝ミニョンはそれにあたる。結果的に，憲法制定過程が迅速になるという理由で，夜の秘密会談で決定するという方式に多くの議員が賛成した。シルバ＝ムニョースは，秘密会談による決定に最後まで反対して参加せず，最終的に憲法起草委員会からも離脱した。フラガは，憲法起草委員会からの離脱は，政治的プレゼンスを失うだけと考え，憲法起草委員会の会合には出席したが，シルバ＝ムニョース同様，フラガも秘密会談には参加しなかったため，APだけが憲法制定過程の核心部分から排除されるこ

---

115 *Diario de las sesiones del Congreso de los Diputados*, 23 de mayo de 1978.
116 Fraga Iribarne, Manuel (f), *op.cit.*, p.120.
117 Gallego-Díaz, Soledad y De la cuadra, Bonifacio, *op.cit.*, p.309.

とになった[118]。秘密会談が始まって約1カ月後の6月20日，憲法原案は完成した。1133もあった修正案は，秘密会談での議論のおかげで，下院での審議までに187まで減らすことに成功したのである。

7月に入ると，審議の舞台は下院に移った。下院の審議は憲法起草委員会が下院議員で構成されているため円滑に進み，7月21日に賛成258票，反対2票，棄権14票で可決した[119]。反対票を投じたのは，APのシルバ＝ムニョースら2人であった。シルバ＝ムニョースは秘密会議による合意調達は，受け入れ難く，反議会制的な手法であり，反民主的であると批判した[120]。他のAP議員も採決では棄権しており，APの下院議員で賛成票を投じる者はいなかった。PNVの議員は全員本会議を欠席した。後に述べるが，原因はバスク自治政府設置問題であった。

8月になると，上院での審議へと舞台が移った。憲法起草委員会は下院議員によって構成されていたため，上院はこれまで憲法制定過程からほぼ排除されていた。そこで上院の政治的プレゼンスを示すため，上院でも独自に上院議員25名による委員会が設置された。主な政党のからは，UCDから12人，PSOEから5人，選出された。委員会による審議は8月18日から9月14日まで続き，最終的に1254もの改正案を提案した。9月25日からの上院本会議を経て，10月5日に上院独自の憲法原案を可決させたのであった[121]。

政治改革法は，上院と下院が異なる憲法原案を可決した場合，両院協議会を開くと規定していた。エルナンデス＝ヒル(Antonio Hernández Gil)議会議長を議長に，アルバレス＝デ＝ミランダ下院議長，フォンタン上院議長，下院からはゲラ(PSOE)，ペレス＝ジョルカ(UCD)，ロカ(PDC)，上院からはアブリール(UCD)，ヒメネス＝ブランコ(Antonio Jiménez Blanco)(UCD)，ラモス(Francisco Ramos)(PSOE)，ビダ＝ソリア(José Vida Soria)(PSOE)が選出された。10月16日から25日まで両院協議会で集中して審議した結果，憲法原案が完成した。この作業は，両院の提案を

118　Fraga Iribarne, Manuel (f), *op.cit.*, pp.120-122.
119　*Diario de las sesiones del Congreso de los Diputados*, 21 de julio de 1978.
120　*El País*, 12 de junio de 1978.
121　Esteban, Jorge de, *op.cit.*, pp.292-293.

組み合わせることに終始した[122]。

　10月31日に，上下両院同時に憲法案に関する採決が行われ，両院共に圧倒的多数で憲法原案が可決した。下院では賛成325票，反対6票，棄権14票，欠席5名であった。反対票を投じた中で目立つ存在がAP議員である。反対票6票のうち5票がAP議員によるものであった。またシルバ＝ムニョースとフェルナンデス＝デ＝ラ＝モラというAP結成時の「偉大なる7人」のうち，2人が反対票を投じている。シルバ＝ムニョースには，フランコ体制が維持してきた「一体のスペイン」を瓦解させる「自治州のエスニシティ」や自治州の存在は受け入れられないものであった[123]。

　棄権票を投じた議員の中で目立つ存在がPNV議員とAPのデ＝ラ＝フエンテである。AP「偉大なる7人」のうちの1人，デ＝ラ＝フエンテは，憲法の一部の条文が不満であると主張し，採決を棄権した[124]。デ＝ラ＝フエンテは，シルバ＝ムニョース同様，「自治州のエスニシティ」といった用語の定義が不明確であり，憲法典の存在そのものの信頼を揺るがしかねない欠陥であるため，即時憲法の修正が必要であり，到底受け入れられるものではないと憲法を評した。他方，民主主義国家における憲法の重要性は認識しており，将来，憲法が修正されることを期待して，デ＝ラ＝フエンテは採決を棄権したのであった[125]。PNV議員は全員，憲法に規定された自治州の規定が受け入れられないため，棄権を選択したのであった。

　上院の採決結果は賛成226票，反対5票，棄権8票，欠席9名であった。この中で取り上げておきたいのは，政治改革法の起草者で，「スペインの民主化の父」と評されるフェルナンデス＝ミランダが本会議を欠席したことである[126]。フェルナンデス＝ミランダにとって，フランコ基本法は，憲法そのものであり，政治改革法をフランコ基本法の集大成と位置づけていた。一連の憲法制定過程は，政治改革法に規定された憲法改正手続きにのっとって行われたものの，フェルナンデス＝ミランダは，新憲法の制定が民主主義にとって必須であるとは考えておらず，むしろ，新憲法の制定

122　Esteban, Jorge de, *ibid.*, p.293.
123　Silva Muñoz, Federico, *op.cit*, pp.406-408.
124　Tusell, Javier, *op.cit.*, p.156.
125　Fuente, Licinio de la, *op.cit.*, pp.296-298.
126　Esteban, Jorge de, *op.cit.*, p.294.

は，フェルナンデス＝ミランダを語る際によく引き合いに出される，「法から法へ」という政治改革を無にするものであった。フェルナンデス＝ミランダが新憲法制定を快く思っていないことから，フェルナンデス＝ミランダは，フランコ体制の法制度改革のみで民主主義体制の確立が可能であると考えていたと推測される。

本書では体制内開放派と位置付けているフェルナンデス＝ミランダであるが，フランコ体制末期では国民運動内部の政治結社結成を目指し，フランコが亡くなると政治改革法を起草するなど行動に一貫性がなく，実に評価が難しい政治家である[127]。国王が自伝においてフェルナンデス＝ミランダの政治手腕を高く評価し，娘と甥による本が彼を「スペイン民主化の父」と評価しているため，スペインにおいて今でもフェルナンデス＝ミランダの評価は高いが，本書で概観したように，政治改革法の原案は長年国民運動で温められてきた可能性，PCE合法化に反対したこと，総選挙前に国会議長を辞任したこと，新憲法の採決を行う本会議を欠席したことなどを考慮すると，民主化に対するフェルナンデス＝ミランダの評価は，修正される必要があるように感じられる[128]。

12月6日に憲法案に対する国民投票が実施され，12月29日の国王による裁可を経て新憲法は公布された。主要各党は国民投票において賛成票を投じるよう国民に呼びかけた。他方，フェルナンデス・デ＝ラ＝モラとシルバ＝ムニョースは，AP党員の一部を引き連れて離党し，国民投票に反対するよう呼びかけた。フラガの党内における影響力は強まったものの，APの勢力としては大きく弱体化し，勢力回復のため，アレイルサやオソリオと共に民主的連立（Coalición Democrática）を結成することになるのである。PNVは本会議採決同様，国民投票に際しても国民に棄権を呼びかけた。

憲法案に対する国民投票の結果は，賛成が87.87％，反対が7.83％であり，新憲法は圧倒的多数の賛成を得た。しかし投票率は67.11％にとどま

127　Gil Pecharromán, Julio, *op.cit.*, p.117.
128　国王の自伝は，著者のビラジョンガとフアン＝カルロスの対談形式で書かれている。J. L. ビラジョンガ前掲書。フェルナンデス＝ミランダは，スアレスを「軽薄な執政」と見下している。Fernandez-Miranda Lozana, Pilar and Fernandez-Miranda Campoamor, Alfonso, *op.cit.*, p.200.

り，政治改革法案の時の国民投票の投票率を大きく下回った。特にバスクでの棄権率は高く，棄権率の全国平均が32.89％であったのに対し，バスクでは55.35％に達した。反対票もバスクでは23.92％もあった[129]。PNVが行った有権者に棄権を促す運動は，功を奏したと言えよう。

　投票率が政治改革法の国民投票時よりも低くなったことについて，エステバンは，民主主義になっても，国民の生活が楽にならなかったというある種の幻滅を最大の要因に挙げている。他方，憲法案の国民投票から成人年齢が18歳になったため，新たに18歳から21歳の250万人が有権者となったが，そのほとんどが投票に行っていないために，投票率が下がったと主張している[130]。確かに，政治改革法の国民投票の際に投票した人は17,599,562人であり，憲法の国民投票に投票した人は17,873,271人で，有権者数が増えたにもかかわらず，投票した人の数はほとんど変わっていない。新有権者が，ほぼ全員投票に行かなかったとするエステバンの主張に明確な根拠がないため検証が必要であるが，国民の間で民主主義に対する幻滅があったことは事実であろう。

　こうして成立した憲法であったが，バスクの地域ナショナリストは全ての決議において棄権という選択をし，同意が得られなかった。次項では，憲法の自治州の規定について，地域ナショナリストと行われた議論について概観する。

第2項　スペイン憲法第8編：地方の組織

　憲法制定過程において最も激しく意見が対立したのは，自治州に関する議論であった。他の憲法の条文が，1978年1月に公表された憲法草案からほとんど変更がなかったのに対して，自治州について規定された第8編は大幅な変更が加えられている。

　原因は，誰も自治州に関する包括的なビジョンを有していなかったためである[131]。ポネンテは，過度に中央集権化したフランコ体制を分権化する

129　スペイン内務省より。http://www.elecciones.mir.es/MIR/jsp/resultados/（アクセス日：2011年10月8日）。
130　Esteban, Jorge de, *op.cit.*, pp.296-297.
131　Powell, Charles T. (h),《El nacimiento del estado autonómico español en el contexto de la Transición democrática》, Pelaz López, José-Vidal (dir.) *El estado*

必要があると考えていたが、具体的な分権化の程度は、APが主張した県の行政機能強化からPSOEが主張した連邦制まで様々であった。こうした具体的な制度の話がまとまらないにもかかわらず、スアレスはポネンテ会議に先行する形で暫定自治州を成立させていった。またバスクとの関係では、カタルーニャのロカがポネンテ会議において地域ナショナリストの代表を務めたため、バスク代表は事実上、ポネンテ会議から締め出されたのである。

　結局、ポネンテ会議では様々な妥協が図られ、その産物として「自治州のエスニシティ」という用語が生み出された。またスアレスが先行して設置した暫定自治州に呼応する形で、カタルーニャやバスクといった歴史的に独自性のある地域だけでなく、独自性が弱い地域も「自治州のエスニシティ」が存在するとして、全国どの地域でも自治州を構成することができるようになった。その発想がそのまま憲法の143条と151条に反映され、手続きは容易だが自治権が制限される「低速ルート」と2度の住民投票を経る必要があるが自治権の制限を受けない「高速ルート」という2種類の自治州設置方法が規定されることになった。さらに、政府が当初から自治権を付与しようと考えていた歴史的な地域には、自治権が制限を受けない上、住民投票による発議が省略できるという特別ルートが用意されることとなった（憲法経過規定第2項）。このように、自治州の設置方法をめぐっては玉虫色の決着がなされたが、それは問題の先送りでしかなく、後に自治州の同質化を図らねばならない事態へと発展した[132]。

　バスク代表がポネンテ会議に参加していなかったため、バスク代表、すなわちPNVは、憲法起草に関する審議が憲法起草委員会に移ってから初めて自治州の規定について説明を受けることになった。PNVの下院議員でスポークスマンを務めていたアルサジュスは、「自治州のエスニシティ」という概念を好意的に捉えたが、地域の特殊性を認めるとした憲法の追加

---

y las autonomías. Treinta años después (Valladolid: Universidad de Valladolid, 2011), pp.21-22.

132　Powell, Charles T. (e), *op.cit.*, p.230. 自治州の制度化問題に関する検討は、長年スペインの問題であり続けているが、本書の範疇外であると考えられるため割愛する。中島晶子『南欧福祉国家スペインの形成と変容—家族主義という福祉レジーム』（ミネルヴァ書房、2012）、49-103頁に詳しい。

規定を不十分とし，かつて君主とバスクの間で交わされた特権協定の更新とバスクに本来あるべき政治制度の即時回復を要求した。またアルサジュスは，バスクは主権を有し，いかなる国家権力であっても，バスクの諸制度を解体または改変する正統性を持っていないと主張した。アルサジュスによれば，古くからあるバスクの諸権利は，君主とバスクの間で締結された排他的な特権協定に基づくものであり，スペインの法体系に左右されるものではない。しかしUCDをはじめ，憲法起草委員会に出席する各政党の代表は，当然このアルサジュスの提案を受け入れることはできなかったのである。

　PNVから妥協を引き出すために，PSOE，PCE，UCD，カタルーニャ地域代表者は，憲法の追加規定などを見直した。結果，改めて追加規定を「憲法は特権的領土における歴史的権利を保護し尊重する。このような特権的体制の実現は，それぞれの事例において，憲法と自治州憲章の枠内で行われる」と書き換え，代わりに廃止規定に「〔特権的体制の〕一定の有効性が確認された段階で，アラバ県，ギプスコア県，ビスカヤ県に影響を与える可能性のある1839年10月25日の法律は完全に廃止される。同様の文脈で1876年7月21日の法律も完全に廃止される」と盛り込んだのである。この変更により，アルサジュスが要求したバスク固有の特権は，自治憲章に規定されれば維持されることとなったので，この妥協案をアルサジュスも受け入れ，憲法起草委員会は全会一致でこの改正案に賛成したのである[133]。

　ところがPNV党首のガライコエチェア（Carlos Garaikoetxea）は，アルサジュスの主張は全て彼個人の意見であり，PNVとして妥協案に賛成しかねると表明した。アルサジュスは下院議員として主に首都マドリードで活動していたが，PNVの党首であったガライコエチェアは地元バスクで活動していたのである。ガライコエチェアは「PNV内部の協議で，歴史的権利に関する表現を受け入れないということで決定していたが，アルサジュスは議会の圧力に屈し，受け入れるに至った。PNVの執行部は，アルサジュスに同表現を憲法起草委員会において修正するよう要請し，彼は修正を試みたが，一度賛成した議案を覆すことはできず，また委員会の議

133　Lamelas, Antonio, *op.cit.*, p.222.

事録に賛成した記録が残っていたため，修正できなかった」と，PNVの党首であるかのように発言し，議会と党への説明で二枚舌を用いるアルサジュスを痛烈に批判した[134]。つまり，ガライコエチェアは，アルサジュスが勝手に憲法起草委員会の提案を受け入れ，党内に亀裂をもたらしたと主張したのである。

憲法原案策定後の7月13日には，アブリールとアルサジュスの会談が行われた。アルサジュスは，妥協案の追加規定にあった歴史的権利を「保護し尊重する」という表現から歴史的権利を「認め，保障する」に書き換え，廃止規定に「特権法の廃止を規定した法律全ての廃止」を盛り込むよう主張した。アブリールはこのアルサジュスの提案を一旦保留し，翌日PSOEの代表者を交えて再度アルサジュスとの交渉に臨むことにした。翌日，アブリールは追加規定の「憲法の枠内において」という表現を削除すると提案し，アルサジュスらも納得した。ところがPNVの執行部は，民族自決の権利が，いかなる憲法にも先んずる権利であるため，憲法の枠内に縛られないのは当然のことであると主張し，成立したかに見えた交渉が再びご破算になった。アブリールは，スペインのネイションはスペインが唯一であるということをPNVが認めること，PNVの中で意思統一を図ることをPNV執行部に要求した。アブリールは，PNVの交渉担当者が全権を有していない限り，これ以降の会談はしないと述べたのであった[135]。

しかしPNVとの交渉は3度，今度はPSOEのゲラ幹事長のとりなしにより，7月19日に実現した。アブリールらは4つの提案をPNVに示し，そのいずれであっても賛成するとし，アルサジュスは，「特権の復活は，憲法140条に基づいて行われる」という提案を受け入れた。PNV側は140条がこれから構想されるものと思い，この提案に賛成したが，アブリールはこの提案が単なる記述ミスであると主張し，憲法の条文については憲法起草委員会で既に可決されたものからの変更はないとPNVに告げたため，交渉は決裂した[136]。

134　Barbería, José Luis,《Entrevista con Carlos Garaikoetxea》, Juliá, Santos, Pradera, Javier y Prieto, Joaquín, *Memoria de la transición*（Madrid: Taurus, 1996）, pp.425-426.
135　Lamelas, Antonio, *op.cit.*, pp.221-223.
136　Ibáñez, Juan G., *op.cit.*, pp.318-319; Lamelas, Antonio, *ibid.*, pp.223-224.

その後上院において，自治州に関する規定が再度議論となった。上院では「憲法は歴史的な権利を認め，保障し，それは当該領域の代表者とスペイン政府代表者との間で交渉が行われた結果，実現される」という提案がPNVよりなされた。この提案は，ラビージャ，オソリオ，オジェーロといった著名なUCDの勅撰議員も賛成し，PNVも憲法に賛成する最後のチャンスとして捉えていたが，アブリールは，いかなる憲法外の規定も認めないというスタンスを崩さず，両院協議会において，同提案の白紙撤回を主張したため，この修正が憲法に組み込まれることはなかった[137]。オソリオによれば，この提案が拒否されたため，PNVが憲法案の本会議採決を棄権することが決定的となったのである[138]。

当初政府は，自治州を民主主義の不安定要素に成り得る地域ナショナリズムの高揚を抑制するために考案された[139]。そしてスアレスは，テロリストの活動が活発なバスクよりも，カタルーニャの方がより問題が根深いと考えていた[140]。そのため自治州は，カタルーニャをモデルに設計されたのである。

カタルーニャの事例では，スアレスは亡命カタルーニャ自治政庁のタラデージャス(Josep Tarradellas)を帰国させ，自治政府の制度設計に関する交渉をタラデージャスに一本化することに成功した。そのうえタラデージャスは，急進的なカタルーニャ共和左派(Esquerra Republicana de Catalunya: ERC)の政治家であったにもかかわらず，1932年のカタルーニャ自治憲章の復活を放棄し，君主制を受け入れると表明したため，スアレスとの交渉は非常にスムーズなものとなった。

バスクの事例においても，スアレスはカタルーニャモデルを踏襲し，亡命バスク自治政庁のレイサオラ(Jesus María Leizaola)を帰国させ，自治政府に関する交渉を行おうとした。しかし，カタルーニャの場合と異なり，

137　Lamelas, Antonio, *op.cit.*, p.225.
138　Osorio, Alfonso (b), *De orilla a orilla* (Barcelona: Plaza & Janés Editores, 2000), pp.381-383.
139　Martín Villa, Rodolfo, *op.cit.*, pp.175-176.
140　Pelaz López, José-Vidal,《Treinta años de autonomías: de la descentralización a la deconstrucción》, Pelaz López, José-Vidal (dir.), *El estado y las autonomías. Treinta años después* (en. Valladolid: Universidad de Valladolid, 2011), pp.42-44.

バスク選出議員は，レイサオラが政府の交渉相手となることに異を唱えたのであった。

　スアレスは1977年12月にバスク暫定自治州を承認し，翌年2月にはUCDがPSOEに協力する形でPSOEのルビアル(Ramón Rubial)を首班とするバスク暫定自治政府が発足した。PNVのアフリアゲラ(Juan de Ajuriaguerra)が首班に就任すると見られていたが，政府はそれを嫌い，阻止したのである。しかしPNVを排除した交渉は不調に終わり，先に見たように，結局PNVと交渉しなければならなかったのである。当時内相であったマルティン＝ビジャは，バスクの場合，カタルーニャにおけるタラデージャスのような存在がいなかったと述べている[141]。

　バスクの場合，ナバーラを内包するかどうかという領域の問題もあり，様々な面でカタルーニャと状況が異なっていたにもかかわらず，スアレスはバスク問題をテロの問題と位置付け，カタルーニャの対応を優先したため，バスクとの交渉は後手に回った。その結果，APの動向を除けば，スアレスが演出した「合意の政治」の唯一のほころびとなった。マルティン＝ビジャは，自治州の問題が大きくなったのは，バスクのテロの問題があったからであると述べ，バスクよりカタルーニャの対応を優先したスアレスの対応を暗に批判している[142]。

　PNVが憲法に対して反対ではなく棄権にまわったことについて，アルサジュスは「承認された憲法は様々な点で共和国憲法〔スペイン第二共和政憲法〕より優れている，具体的には，自治州の規定だ」。また「あの憲法に反対するというのは合理的ではないが，賛成票を投じることもできない。いずれにしても，この憲法には敬意を払うべきだ」と述べている[143]。

　このアルサジュスの発言は，「合意の政治」が持つ「魔力」を意識したものであると考えられる。UCDのような少数与党は，常に野党の協力を必要とし，未曾有の危機の解決を掲げても，与野党の合意を調達することが難しい。政府は，このような状況で，今後は「合意の政治」が展開されるとしたのである。であれば，「合意の政治」はどういう意味になろうか。

141　Martín Villa, Rodolfo, *op.cit*., p.178.
142　Martín Villa, Rodolfo, *ibid*., pp.175-178.
143　*El País*, 25 de julio de 1978.

フエンテスによれば，フェルナンデス＝ミランダによる「合意（consenso）」という言葉の使用法は，ある概念や原則について，合意を得るのが難しい相手に対する支援の呼びかけであった。反体制派が唱えた「和解（reconciliación）」に対して，フランコ派は「合意」を主張し，「合意」は民主化期の標語になった[144]。とすれば，「合意」はそもそも激しい対立があることを前提とした言葉であり，本来，「合意の政治」とは激しい対立があって合意を得るのが難しい政治状況を示す用語に過ぎないのである。言い換えれば，「合意の政治」とは，「このままでは全く合意が得られないので，お互いに努力しましょう」という呼びかけなのである。
　このような政治状況においてスアレスは，それまでと同様の強権的なリーダーシップを展開しようとした。それを物語る例が，これまで見てきたような，政策によって連立を組む相手を変えて，最小勝利連合での法案成立を目指すというスタイルである。多くの政治家が，全政党からの合意を得た憲法が制定されることを望ましいことと考えていた中で，スアレスは，議員の多くが賛成した憲法が制定できればよいと考えていた。左派と協力して憲法を制定するようにというスアレスの指示は，まさにこのスアレスの考えを反映したものであった。UCDとPSOEの議員で，下院全議員の78%に達するからである。

第3項　憲法に関する総括

　本項では，詳細な憲法解釈は他の研究に譲るとして，スペイン憲法がいかに民主的であるかということ，また，いかに激しい対立の中，完成したものであるかという点を示すため，簡単に憲法について考察したい。
　主要政党が参加しての憲法制定という道を選んだため，スピーディーなスペインの民主化過程において，憲法制定過程は時間がかかった。スピードを重視するスアレスが積極的に介入しなかったため，長期化したと言うこともできる。ポネンテも途中から自党利益の代弁者となり，議論を紛糾させたことも制定過程長期化の一因であったと言えよう[145]。ロカによれば，

144　Fuentes, Juan Francisco, *op.cit*, pp.223-226.
145　Esteban, Jorge de, *op.cit*., pp.298-299; Fraga Iribarne, Manuel (b),《La Constitución de 1978, a vista de ponente》*Documentación administrativa*, nº 180, 1978, pp.9-18.

スペイン憲法は「合意」から生まれた憲法ではなく,「合意」のための憲法であった[146]。言い換えれば,憲法制定過程での意見の集約は難しかったが,憲法が完成したことにより,意見の集約が可能になったというのである。

　1978年憲法の特徴の1つは,その長さである。10編構成で条文は169条を数え,4つの附則,9つの経過規定,1つの廃止規定,1つの最終規定から構成されており,1万7千語を超える長文となった。その理由の1つとして,まずラビージャが簡潔な憲法を望んだのに対して,ポネンテの多くは全ての権利を内包した長大な憲法を望んだからである。しかし,結果としてできた長大な憲法は,ポネンテが最初から予測して作ったとは言えない。憲法の完成を急いだために,いくつかの論争的な条文は,曖昧な表現で完成を迎えてしまっているからである。例えば,トゥセイによれば,教育について書かれた第27条は10項もあり,そのうちAPが主張した条項が3項,PCEが2項,1項がPCEとAPの妥協の産物であった[147]。このような曖昧な条文を根拠に,スアレス政権は,ややカトリックの色彩が強い教育施設憲章組織法[148]を,ゴンサーレス政権は,世俗的な教育権組織法[149]を成立させたのである[150]。また1970年代後半にできた憲法という時代的な理由により,各国の民主的な憲法を模倣したと考えられる部分が散見される。

　スペイン憲法の特徴を集約すると以下のようになる。国民主権原理を規定したこと,社会的および民主的な法治国家の憲法であること,生来の個人的権利の不可侵性ならびに政治秩序および社会安寧の基礎としての基本的自由を宣言していること,議会君主制として構想された国家の政治形態,民主的に選挙され議会および民意に責任を負う内閣の存在,二院制議

146　Tusell, Javier, *op.cit.*, p.161.
147　Tusell, Javier, *op.cit.*, pp.158-160.
148　Ley Orgánica 5/1980, de 19 de junio, por la que se regula el Estatuto de Centros Escolares.　しかし違憲判決があり,この組織法が施行されることはなかった。違憲判決は,Sentencia 5/1981, de 13 de febrero de 1981.
149　Ley Orgánica 8/1985, de 3 de julio, reguladora de derecho a la educación.
150　Torres del Moral, Antonio, *Principios de derecho constitucional español, tomo I*, Madrid: Atomo Ediciones, 1988, p.23.

会ならびに法のみに従う独立した司法権からなる古典的な権力分立制，地方および地方公共団体に重きを置く分権化，憲法裁判所の存在，憲法改正手続の明記，そして民主主義諸国固有の経済原則に基礎づけられた経済および国家財政の体制である[151]。

　これまで本節で述べなかった論争的な編を簡単に見ていくと，基本的な権利と義務について謳った第1編は，自治州について謳った第8編を除いて最も論争的な部分であった。PSOEが基本的権利に関する条文の充実を主張したため，第1編は憲法全体の3分の1を占めている。大原則として，スペインは法に基づく社会的で民主的な国であると規定され，制定過程における議論は主に以下の4つである。すなわち，カトリック教会との関わり方，死刑制度の廃止，中絶の容認，教育の自由である。このうち，カトリック教会との関わり方については，スペインには国教がないと明記されたが，国家としてカトリック教会との協力関係を継続するとも書かれ，非常に曖昧な表現となっている(第16条)。人工妊娠中絶に関して，カトリック教会との関係もあり，憲法は明確な表現を避けているが，その後中絶法が施行され，現在では最も進歩的な中絶法を有する国の1つとなっている[152]。死刑については，明確に廃止を謳っている(第15条)。

　第2編は君主制について謳っている。君主は国家の機関の1つとして規定されている。既に述べたように，ポネンテ会議においてPSOEが共和制支持を党是として表明したが，実質的にスペインが君主制を維持することに異論を挟む者はいなかった。

　第3編と第4編は立法権と行政権について記載している。PSOEは，当

151　S・ロドリゲス＝アルタチョ，池田実「憲法」日本スペイン法研究会他『現代スペイン法入門』(嵯峨野書院，2010)，48頁。
152　1985年にLey Orgánica 9/1985, de 5 de julio, de reforma del artículo 417 bis del Código Penalで導入され，2010年に改正がなされた。Ley Orgánica 2/2010, de 3 de marzo, de salud sexual y reproductiva y de la interrupción voluntaria del embarazo. 同法によると，妊娠14週までは無条件で，重篤な場合は妊娠22週まで，母体の生命にかかわる場合はいかなる時でも中絶が可能としている。また，未成年であっても16歳以上であれば，中絶に両親の許可が要らない点も特徴である。

初から上院の廃止を主張したが，受け入れられず今日に至っている[153]。国民運動の国民評議会を改組することが最大の目的で上院が作られたと考えられ，そのため本書では，上院についてほとんど触れていない。上院は下院に比べて極めて小さな権限しか有しておらず，憲法上，上院は地域代表議会と規定されたが(第69条)，上院議員のほとんどが各県を選挙区とする比例代表制で選出されることから，下院のカーボンコピーでしかなく，法案の審議においても，下院のラバースタンプ機関に成り下がっている。ゆえに，今日においても上院廃止論は根強い。

　第6編は，司法権について規定し，第7編は経済及び財政について記載している。ポネンテ会議において最も論争的であった第8編は，主に自治州について記載している。憲法は，自治権の大きな「歴史的自治州」(第151条)と相対的に権限の小さい「その他の自治州」(第143条)という2種類の自治州を規定したが，その後，与野党の妥協により，大幅な権限が中央から自治州政府へ委譲されるという形で2種類の自治州の同質化が図られている[154]。

　第9編は憲法裁判所について，第10編では憲法改正について規定されている。スペイン憲法はこれまで2回条文が改正されている。1回目は1992年にスペインがマーストリヒト条約に調印した際である。マーストリヒト条約では，EU市民は居住している国籍外の国の市町村選挙で選挙権及び被選挙権を有するとされたので，スペイン人のみが参政権を有すると規定された憲法の改正を余儀なくされたのである(第13条)。

　2回目の憲法改正は2011年に行われた。2008年の秋から欧州を襲った経済危機は，スペイン経済を直撃し，特に自主財源をほとんど有しない自治州政府の財政を悪化させた。このまま財政が悪化すれば，自治州政府の財源要求は途方もなく膨れ上がることが予想され，当時のサパテロ首相(José Luis Rodríguez Zapatero)は，EUでの協議の結果を受けて，投資家の信用を得るため，中央政府と自治州政府の財政における赤字の上限を憲法で規定したのである(第135条)[155]。

153　Guerra, Alfonso, *op.cit.*, pp.288-289.
154　Tusell, Javier, *op.cit.*, pp.158-164.
155　*El País*, 23 de agosto de 2011.

これら2つの改正は，全議員の10%が国民投票を要求しなかったため，改正に際しての国民投票は行われていない（第167条）。

このように完成したスペイン憲法は，世界にスペインが民主化したとアピールするに足るものであったが，通常法での運用による解決を必要とする曖昧な表現を多く含んでいた。曖昧な表現を多く含まざるを得なかった理由は，繰り返しになるが，「合意の政治」という呼びかけをせざるを得ないほど，政党間の意見対立が激しかったからである。

このように曖昧な表現で書かれ，妥協の産物と形容される憲法であるため，スペインの護憲派は少ないと言われている。ポネンテの7人にしても，シスネーロス，ペレス＝ジョルカ，ペセス＝バルバの3人は護憲派であるが，ロカ，エレロ＝デ＝ミニョン，ソレ＝トゥラ，フラガは改憲派である。特にフラガは憲法制定過程中に改憲案を発表している[156]。しかし既に見たように，現在まで2回の部分改正しか行われていない。

スペインの民主化は，いつ完了したと言えるのであろうか。トゥセイは，狭義では憲法が成立した時点でスペインの民主化は完了したと言えるのかもしれないが，自治州国家制が未完成なうちは，民主化が完了したとは言えないと主張する[157]。リンスもほぼ同様のことを主張しており，スペインが多民族・多言語国家でなかったとしたら，憲法の制定をもって，民主化の完成であると言ってよいと主張している[158]。両者が共にスペインの民主化完了のメルクマールとして用いているのが，自治州国家制の完成であるが，その内実，念頭にあるのはバスクのテロリストの活動である。確かに1975年に16人が犠牲となっていたETAによるテロが1978年以降急増し，1978年には78人，1980年には史上最悪の96人が犠牲となった[159]。しかし彼らの活動がスペインの民主主義の脅威になることやバスクの分離独立運動を助長することはなかった。自治州国家制も，年を重ねるごとに中央政府から自治州政府へと様々な権限が委譲され，自治権が充実していっ

---

156 Fraga Iribarne, Manuel (c), *La Constitución y otras cuestiones fundamentales*, (Barcelona: Editorial Planeta, 1978).
157 Tusell, Javier, *op. cit.*, p.165.
158 Linz, Juan J. & Stepan, Alfred, *op. cit.*, pp.98-99.
159 Pelaz López, José-Vidal, *op. cit.*, p.43.

た。現在，連邦制と遜色ないと評される自治州国家制は，カタルーニャ独立問題という新たな問題を抱えているが，その原因を民主化期の制度設計に求めることは論理的ではないと思われる。もっともそれに関する記述は本書の範疇外であろう。

　フエンテスによれば，憲法制定以降，例外的かつ暫定的な「合意の政治」と呼ばれるプロセスは終焉し，各政党が自己の立場を強調する議会での発言が増加した。各アクターが政治的に孤立することを恐れなくなっているのである[160]。これは，ゲームのルールが変わったことを意味していると考えられる。

　以上の検討により，本書で用いてきたポリアーキーを民主主義のメルクマールとし，またゲームのルールに変更が加えられたことを考慮すると，憲法制定をもってスペインの民主化が完了したと言ってよいのではないだろうか。

160　Fuentes, Juan Francisco, *op.cit*, pp.264-265.

終章

　本書は，フランコ体制最後の内閣であるアリアス＝ナバーロ内閣の成立から，民主的な1978年憲法が制定されるまでの政治史を主に体制側の動向に着目して検討してきたものである。ここでは各章の検討から得られた知見を提示し，1978年憲法成立後の状況について簡単に触れて本書の締めくくりとしたい。
　第1章では，民主化期の政治指導に関する理論的な検討が停滞している状況において，手続的民主主義を目標とする民主化研究が依然として重要な課題であると指摘した。その代表的研究であるオドンネルとシュミッターの研究は，手続的民主主義の実現を目標とする政治的リーダーの行動に焦点を当て，民主主義の出発点となる選挙の実現が民主化の鍵になると論じ，それを達成する手段として，体制内の穏健派と反体制派の穏健派による協定締結を挙げた。しかし実際には協定の締結は困難であり，穏健派の特定も難しいことが明らかとなった。またオドンネルとシュミッターは，スペインの事例が協定主義モデルの典型であると主張したが，彼らはスペインの事例に対して誤解していた。そこでスペインの事例から，協定に代替する政治的対立を緩和する手段を探求した。その結果，ルールを受容することが最良の利益をもたらすと相手方に感じさせること，「協定」や「合意」といったシンボルを用いて争点化させないこと，相手方の動向よりも自らの地位確立のほうが重要であることを指摘した。
　第2章では，スペインの民主化を分析するための道具を整理し，スペインの民主化研究の中での本書の位置付けについて言及した。通常民主化は，旧体制の崩壊を契機とするため，旧体制に関する分析は行われない。

しかしスペインの民主化は，フランコ体制の政治家が望んだ結果という特徴があるため，民主化が開始された体制の初期条件を検討することは重要である。フランコ体制は「有機的民主主義」として正当化されていたため，民主主義という用語をタブー視する風潮はなく，むしろ有力な政治家は民主的な改革を提案していた。もちろん，全てのアクターが真の民主化を追求していたなどと言うことはできないが，彼らに独裁制支持か民主制支持かといった二分法は適用できず，また争点により位置付けは流動的であることを示した。

　第3章では，本書の出発点となるアリアス＝ナバーロ内閣について論じた。通説において，アリアス＝ナバーロ内閣は，フランコ体制の継続を狙った内閣とみなされている。しかし，実のところアリアス＝ナバーロ内閣は，体制内改革派によって担われた。彼らの政策が民主化に直接結びつくことはなかったが，民主化が争点化したため，アクターの配置が流動化し，かえって民主化という争点において，よりアクターの配置が明確になった。フランコ死後，アリアス＝ナバーロ内閣で内相となったフラガは，まさにオドンネルらが想定した協定主義論に基づく民主化を実践し，失敗したことを明らかにした。

　第4章では，政治改革法の成立過程とそれを可能にしたスアレスの政治手法について論じた。通説では，スアレスが有していた深い民主主義の理解に基づいて国王と二人三脚で一貫した改革を行ったとされるが，実際のところ，スアレスの民主主義に対する理解は希薄なものであり，個人的な権力追求を主たる動機として政治改革を実現していった。スアレスは同改革法をフランコ国会での決着に持ち込んだため，反体制派は政策決定の場から排除された。唯一パフォーマンスとしてのみ反体制派との会談は行われた。政治改革法は，国民投票によって圧倒的に支持されたため，民主化のイニシアティブが民主的な反体制派からスアレスの手に移り，同時に体制においてスアレスが安定した権力基盤を得た。フラガはいち早く選挙の準備を開始し，政党を結成して政治改革法の成立に協力したが，その結果得られるはずの支持や人気は，全てスアレスのものとなった。

　第5章では，フランコ体制の抑圧機関の解体と総選挙の準備について論じた。これまでの民主化研究では，フランコ体制末期には既に抑圧機関はその機能を停止させていたとされ，研究の対象外であった。しかしこうし

た機関のネットワークを選挙戦で利用することが有益であるほどに諸機関は活動しており，これら諸機関の解体が民主化にとって重要な意味を持ったことを明らかにした。解体に際して，スアレスのリーダーシップのエッセンスが垣間見られる。他方，選挙の準備では，反体制派に介入する余地を与えなかった。スアレスが一方的に決めたルールで総選挙が行われることに不満を覚えた反体制派であったが，総選挙をボイコットすることに正統性を見出せなかったため総選挙に参加した。結果，反体制派は予想以上の票を獲得することができたため満足し，選挙が不正であるという主張はなされなかったのである。

　第6章では，協定主義論の根拠とされるモンクロア協定と「合意の政治」と呼ばれる憲法制定過程について論じた。スアレスによる一方的な政権運営が，モンクロア協定においても見られた。一般にモンクロア協定は，与野党の協議の結果合意した協定として語られるが，実際のところ参加した野党の代表者には，政府が用意した協定に調印をするという選択肢しか与えられなかった。同様に，融和的なイメージを与える「合意の政治」と評される憲法制定過程も，実際のところ，対立が激しい状況での呼びかけに過ぎない標語であることを明らかにした。憲法制定過程は対立が激しいあまりデッドロックに陥り，それを打開したのが非正規の場で合意を調達する「料亭政治」であった。こうした状況において，フラガはモンクロア協定の政治協定調印を拒否し，憲法制定過程における「料亭政治」を批判して参加しなかった。しかしフラガのように「舞台から降りる」行為は，その主張が正論であろうとも政治的プレゼンスを失うだけの行為であることが示された。

　他方，「合意の政治」と呼ばれる政治手法で総選挙後の政権運営を乗り切ったスアレスであったが，同時に議会制民主主義における無策ぶりも露呈した。この時期に急激にスアレスの求心力が低下していく原因は，スアレスの議会制民主主義への不適応であり，成功する民主化が議会制民主主義とは異なるメカニズムで行われるということの証左である。

　スアレスは憲法が公布されると議会を解散し，1979年3月に総選挙を実施した。48年ぶりとなる市町村議会選挙は同年4月に行うことになった。スアレスが総選挙を地方議会選挙に先立って行いたかった理由は，地方議会選挙ではPSOEが有利であるという見方が大勢を占めており，UCDは

先に行われた上院の補選でもPSOEに敗れていたため，憲法を制定した実績を掲げて総選挙を戦うためには，是が非でも地方議会選挙より先に総選挙を行う必要があったからである。実際，4月の地方議会選挙ではPSOEが圧勝し，UCDは敗北した。

　本書では，民主主義の定義をダールのポリアーキー論に依拠して議論を展開した。それに従えば，1977年の総選挙が実施された時点で大部分の民主化事業は完了し，1978年に憲法が成立した時点で，法体系としても，また諸外国へ民主主義国家の成立を認定させるという意味でも民主化が完了したと考えられる。ゆえに本書での検討を1978年憲法成立までとした。

　リンスやトゥセイは，憲法で保障された自治州の問題が収束するまで民主化は完了しないという見解を示している。しかし特にカタルーニャは依然独立問題を抱えており，いかなる自治州の問題も解決されないとスペインの民主化が完了しないというのであれば，いまなおスペインの民主化は完了していないことになってしまう。

　その後の政治動向を追えば次のようになる。1979年の総選挙に臨んだ主要各党は，1977年総選挙前よりも分裂状態にあった。UCDではキリスト教民主主義グループとスアレス派の対立が深まり，APは事実上分解したため，フラガはオソリオやアレイルサと共に民主的連立を結成して選挙を戦わざるを得なかった。PSOEはPSPなどを吸収して勢力拡大を図ったはずであったが，ゴンサーレスによる社会民主主義路線へのシフトは，党内左派の反発を招いた。総選挙前に党綱領からマルクス主義を削除できなかったことも選挙戦では痛手となった。PCEでも，カリージョのユーロコミュニズム路線に党内左派が反発している状況であった。

　以上の理由により，結果は1977年総選挙とさほど変わらなかった。UCDはまたしても過半数には至らず，168議席を獲得して引き続きスアレスが政権を担当することになった。むしろPSOEはPSPなどを引き入れて前回選挙時よりも，議席数を増やして選挙に臨んだが，改選前より議席を減らし，前回選挙とほぼ同じ121議席を獲得した。フラガ率いる民主的連立は，オソリオらを迎え入れたが効果なく，獲得10議席と大惨敗を喫した。

　その後のスアレスは，画期的な政策を掲げることもできず，専らアラブ諸国との外交に精を出した。しかしUCD内部の対立を解消して党基盤を

強化する試みは失敗し，多数の離党者を出した。またフアン＝カルロスとの関係も，後のクーデター未遂事件の首謀者となるアルマーダ(Alfonso Armada)らの処遇を巡って悪化し，1981年1月29日に首相辞任を表明した。UCDはその後更に混迷を極め，ついにはスアレスらも離党した。混迷の中，UCDは1982年10月の総選挙ではわずか11議席しか獲得できず，UCDが擁立した首相候補までもが落選する歴史的大敗を喫し，202議席を獲得したPSOEによる長期政権の誕生を許したのである。

最後に本書の締めくくりとして，アクターの行動に焦点を絞って検討した結果，もたらされた示唆について言及する。

序章において，スペインの民主化は奇跡なので，東欧では参考にならないというプシェボルスキーの主張を紹介した。その他の国と比べてスペインが本当に恵まれた条件にあったか否かは別としても，民主化期のスペインの状況は，政治的に不安定という状況に加えて，経済危機やテロの問題を抱えており，構造的条件が恵まれていたために，大成功と呼ばれる民主化が達成されたわけではない。本書において示した政治エリートの行動や戦略が，エリート間の対立を克服させ，そのことによって初めてスペインの民主化の成功がもたらされたと考えるべきである。そのエリートの行動を検討する際に，多くの比較政治学者がスペインの事例について，シンボル操作でしかなかった協定を実質的な合意形成として過大評価しているために，スペインの事例について誤解が生じている。本書が明らかにしたように，スペインの民主化は，「奇跡的」な大成功ではあったが，僥倖による「奇跡」ではなく，様々な政治家の駆け引き，状況操作，戦略的行動の賜物であった。

本書は主に体制内部の政治エリートの動向に着目している。旧権威主義体制主導の「民主化」について，多くの論者はその目的が体制の保存にあるため，真の民主化には成り得ないと主張している。確かにアリアス＝ナバーロによる政治改革の意図は，体制の保存にあった。他方，実質的にアリアス＝ナバーロ内閣の改革派を指揮していたフラガの政治的意図をアリアス＝ナバーロらと同様に考えるべきでない。これまでの多くの先行研究において，フラガがAPにフランコ派の残党を多く引き入れたために，フラガ自身もフランコ派とみなされている。しかしAPにフランコ派の残党を多く引き入れたという事実は，フラガの政治的な戦略ミスを示している

だけであり，フラガ自身の政治改革の射程が似非民主化であったわけではない。既に述べたように，フラガは，1969年に閣僚を罷免されて以降，体制の内部で様々な活動を行ったが，それらはどれも西欧型の議会制民主主義の制度（ポリアーキー）のスペインへの導入を目指したものであった。駐英大使として渡英し，イギリスの二大政党制に触れて感銘を受け，スペインにおいても強力な保守党が必要だと感じ，その結成をすべく邁進したのである。フラガはフランコ体制の有力政治家の中で最も民主主義のなんたるかを理解していた人物であったと言えよう。

ところが，民主主義に関する知識は群を抜いていたフラガも，議会制民主主義における実践経験は乏しかった。強力な保守党を結成すべくAPを立ち上げたが，民主的な発想をもつ無名な人物よりも，フランコ体制の有力者である政治家を多く引き入れた。おそらくフラガは，「現職」が選挙において有利なことを知っており，思想・信条が異なっても「大物」，「現職」という人物を多くAPに加盟させたのであろう。

またフラガは，有権者の支持を得る方法がよくわかっていなかった。立会演説会でのエピソードなどを見れば明らかなように，イメージよりも実質を重んじ，明確な政策があれば，有権者は支持してくれると考えていた。イデオロギーが両極でなければ中道というフラガの発想と併せて考えれば，有権者がフラガら保守派をフランコ体制への回帰と結び付けるとは考えていなかったであろう。

このようなフラガの思想や行動に対して，多くの比較政治学の事例研究においても改革派と位置付けられるスアレスは，学業成績が芳しくなく，学問を修めるというよりは，どちらかといえばスポーツマンタイプでありアウトドア派であった。スアレスのオリジナルの政策は，本書の射程外まで広げても，せいぜいアラブ諸国との外交くらいで，ポピュリスティックなスローガンはあっても政策にオリジナリティは見出せない。フラガと比べると，民主主義にふさわしい政策知識も持っていなかった。

他方，スアレスがフラガを凌駕していたことは，人心掌握術，テレビの持つ魔力の正しい認識，政策を成し遂げる能力であった。フラガはイメージ戦略が苦手であった。民主化当時の多くの有権者がフラガを強面と評し，フラガといえばフランコ体制というイメージを抱いている。極論を言えば，フラガの演説は内容が素晴らしくても，耳に残らないものであっ

た。対してスアレスは，テレビを通じてわかりやすく演説することが得意であった。具体的な政策を演説の中で訴えることは少なかったが，スローガンをちりばめ，人の印象に残りやすい演説をしていた。また，政治改革法や総選挙の例で見たように，スアレスにはフラガのような政策立案能力がなかったが，定められた目標に到達する能力は高かった。このようなスアレスの大衆政治家としての適性とパーソナリティーは，スペインの民主化を成功に導く上で非常に有利に働いたのである。

　フラガとスアレスのリーダーシップのあり方を端的に表現すると以下のようにまとめることができる。すなわち，フラガは政策の遂行にあたって実質的な合意形成を重んじ，そのため，スピードを重視しなかった。対してスアレスはスピードを重視し，実質的な合意形成よりも状況のコントロールやレトリックを用いてのシンボル操作を重視し，時には交渉相手を騙すことも厭わなかった。

　このようなスアレスのリーダーシップには，非民主的な要素を多分に含んでいる。このことは，民主化が成功するためには，リーダーが民主主義の哲学を深く理解していることよりも，差し迫った課題に対して政策を遂行することが鍵になると示唆している。民主化という過渡期においては，完全な議会制民主主義のメカニズムが機能しているわけではなく，そういった理想の政治が直ちに実現されることが求められているわけでもない。五月雨式に民主主義の制度を構築し，一般に容認される程度の民主主義の制度をできるところから作って既成事実化したスアレスの戦略が効力を発揮したように，民主化の達成には，民主主義そのものを巡る哲学的討論が先行する必要はないのである。スアレスの戦略は，何よりも政策履行までのスピードを重視し，反対派の機先を制することで成し遂げられてきた。このような戦略により，常に政策の主導権をスアレスが握れたのである。政策を実現するためならば手段を選ばない貪欲さが，スアレスの戦略の鍵であった。この意味で，スアレスの戦略は民主主義のルールを意識したものではないことがわかる。

　スアレスの戦略との比較から，フラガが意図した政治改革が非民主的であったとするのは正確ではない。多くの研究は，民主化を担った人物を後付けで位置づけてしまうため，実際に民主化を達成したスアレスを改革派と位置づける一方で，スアレス流の民主化手法と対立したフラガを，彼の

持つ思想を検討することなく，民主化一般に反対した原理派あるいは微温的な改革に終始した開放派と位置づける。この場合，原理派や開放派は非民主的であり，改革派は民主的と解される。しかし，既に述べたように，フラガの民主主義に関する理解は非常に高いレベルにあった。そのため，政治戦略の拙さというものはあるものの，フラガは，体制内外の合意形成を重んじたが故にかえってスアレスに比べて思い切った戦略が取れなかったのである。

　本書が対象とする時期の後のスアレスとフラガの政治活動について議論を拡張しても，上記の枠組みで一定の分析が可能である。スアレスは，憲法制定後もUCDをコントロールできずに党内で孤立したため，自らUCDを離脱し，民主社会中道党（CDS）という新たな政党を結成し，AP，PSOEによらない第三の道を模索したものの，結局成功せず，1991年に政界を引退することになった。スアレスは，その述懐によれば，政党の作り方もその運営方法もわからなかった。スアレス流のリーダーシップは議会制民主主義においては通用しなかったのである。他方，民主化期にスアレスと行動を共にしていたアクターに対してもおおよそ同様である。スアレスを失ったUCDは弱体化し，1982年の総選挙で大敗した。政界を引退した後のスアレスには，様々な悲劇が襲った。フェルナンデス＝ミランダの親族が出版した本によってスアレスは誹謗中傷された。また，最愛の娘，夫人を相次いで癌で亡くし，ついには自身もアルツハイマー病を発症した。2008年には金羊毛勲章を受章したが，既に贈呈式に出席できる状態ではなく，2014年3月23日に81歳でこの世を去った。生前の功績を称え，現在マドリードの空港は，アドルフォ・スアレス・マドリード・バラハス空港となった。

　一方のフラガは，APの勢力拡大のために尽力し，1982年の総選挙で第二党に躍進した。その後も政権奪取を試みるも果たせず，その間何度も引退と復活を繰り返した。1989年に党名を国民党（Partido Popular: PP）に変更し，アスナール（José María Aznar）を後継者に指名すると，自身は1990年からガリシア州首相を2005年まで務め，2006年から引退宣言する2011年までは再び上院議員として政治家活動を続けた。フラガは，その政治活動を終了するとともに2012年1月15日に死去した。フラガは1945年に官僚として任官して以来，実に66年もの間，立法・行政に携わっていたこ

とになる。

　議会制民主主義におけるスアレスの政治生命は短く，フラガの政治生命が長かった理由の1つとして，フラガの議会制民主主義への対応力が挙げられる。スアレスは民主化を達成したが，議会制民主主義への対応ができなかった。逆にフラガは民主化を成し遂げられなかったが，議会制民主主義への対応力は高かった。この点は，民主化は民主主義のメカニズムとは必ずしも関係があるわけではないというパラドックスを示しているものと言えよう。ゆえに，多くの旧権威主義体制主導の民主化は，その真の目的が民主化ではないため失敗するという議論は成立するが，何故失敗したかという理由について，その手法が非民主的であったためとは言い切れないのである。

　スアレスの政治手法は，民主化という特殊な時期には極めて有効であった。民主化期は，新たな従うべきルールが確立しておらず，それぞれの勢力にとって不確実性が極めて高い。そこでオドンネルとシュミッターは，体制内外の穏健派が連合を形成し，それぞれの政治行動にとって最低限必要なルールに関して合意することが必要であると論じた。しかし，そういった「協定」ができるくらいならば，苦労しないで民主化が可能であると言える。出発選挙前の民主的反体制派は，民主的正統性を有していない。また不確実性で特徴付けられる移行期は，勢力分布は不明であり，政権側にとっての適切な交渉相手が誰なのかも不明である。スペインの場合，フラガがあえて合意形成戦略を採用して挫折した。スアレスは，むしろそういった不透明な状況を利用して，反体制側にとって好ましくないが拒絶しがたいルールを一方的に設定し，反体制派が従うことになるルールの既成事実化を進めた。その際，スアレス側から，マスメディアを通した情報戦略が行われ，反体制派に対してだけでなく，体制内部においても，民主化シンボルを独占することによる権力の拡大が追求された。他方，反体制派の中でも，自分たちにとって理想的な民主主義の実現よりも，政府が設定したルールで利益を得たグループの地位確立が進められた。こうしたシンボル操作や既成事実の醸成によるルール設定によって，それにコミットする勢力が優位を形成するという状況は，オドンネル・シュミッターモデルの言う「協定」と対照的な手法であったにもかかわらず，協定主義が目指したものと同等の，新たな民主体制の安定的な基礎を誕生させ

たのである。無論，スペインに民主化をもたらしたこのような手法は，決して新たに誕生した議会制民主主義にも通用する手法ではない。それ故，スアレスは，民主化をもたらしたことと民主化にしか通用しなかったという二重の意味で，スペインの民主化を成し遂げるための政治家であったと言えよう。

主要参考文献
一次資料
邦文文献

S. カリリョ『ユーロコミュニズムと国家』(高橋勝之, 深澤安博訳, 合同出版, 1979 (*Eurocomunismo y estado*, Barcelona: Crítica, 1977)).

J. L. ビラジョンガ『国王 スペイン国王 ドン・フアン・カルロスⅠ世との対談』, (荻内勝之訳, オプトコミュニケーションズ, 1994 (El Rey: Conversaciones con D. Juan Carlos I de Borbón, Barcelona: Plaza & Janés, Editores, 1994)).

欧文文献

AA.VV.,《Las actas de la Ponencia constitucional》, *Revista de las Cortes Generales*, nº2, 1984, pp.251-419.

Álvarez de Miranda, Fernando, *Del "contubernio" al consenso*, Barcelona: Editorial Planeta, 1985.

Alam, Asadollah, *The Shah and I: The Confidential Diary of Iran's Royal Court, 1969-1977*, New York: St. Martin's Press, 1992.

Areilza, José María de (a), *Cuadernos de la transición*, Barcelona: Editorial Planeta, 1983.

――― (b), *Crónica de libertad 1965-1975*, Barcelona: Editorial Planeta, 1985.

Armero, José Mario (a), *La política exterior de Franco*, Barcelona: Editorial Planeta, 1978.

――― (b), *Política exterior de España en democracia*, Madrid: Editorial Espasa Calpe, 1988.

Calvo Sotelo, Leopoldo, *Memoria viva de la transición*, Barcelona: Actualidad y Libros, 1990.

Carrillo, Santiago (a), *Memorias*, Barcelona: Editorial Planeta, 1993.

――― (b), *Memorias. Edición revisada y aumentada*, Barcelona: Editorial Planeta, 2006.

de la Fuente, Licinio 《*Valió la pena*》*Memorias de Licinio de la Fuente. De la guerra a la Transición. Un periodo apasionante de nuestra historia reciente*, Madrid: Editorial EDAF, 1998.

Fuentes Quintana, Enrique,《Los pactos de la Moncloa y la Constitución de 1978》, Fuentes Quintana, Enrique, *Economía y economistas españoles. Vol. 8. La economía como profesión*, Barcelona: Galaxia Gutemberg, 2004, pp.163-238.

Fernández-Miranda, Torcuato《Discurso del ministro secretario general del Movimiento》, 27 de abril de 1970.

Fernández Ordóñez, Francisco,《La actual reforma fiscal》Gámir, Luis, *Política económica de España*, Madrid: Alianza Editorial, 1980, pp.251-270.

Fraga Iribarne, Manuel(a), *La monarquía y el país*, Barcelona: Editorial Planeta, 1977.

——— (b), 《La Constitución de 1978, a vista de ponente》, *Documentación administrativa*, nº 180, 1978, pp.9-18.

——— (c), *La Constitución y otras cuestiones fundamentales*, Barcelona: Editorial Planeta, 1978.

——— (d), *Ideas para la reconstrucción de una España con futuro*, Barcelona: Editorial Planeta, 1980.

——— (e), *Memoria breve de una vida pública*, Barcelona: Editorial Planeta, 1980.

——— (f), *En busca del tiempo servido. Segunda parte de memoria breve de una vida pública*, Barcelona: Editorial Planeta, 1987.

García López, Ignacio,《Testimonio de Ignacio García López. Dieciocho meses》, Ortiz, Manuel, *Adolfo Suárez y el bienio prodigioso*, Barcelona: Editorial Planeta, 2006, pp.252-253..

Gil, Vicente, *Cuarenta años*, Barcelona: Editorial Planeta, 1981.

Girón de Velasco, José Antonio, *Si la memoria no me falla*, Barcelona: Editorial Planeta, 1994.

Guerra, Alfonso, *Cuando el tiempo nos alcanza. Memorias (1940-1982)*, Madrid: Espasa Calpe, 2004.

Gutiérrez Mellado, Manuel, *Al servicio de la Corona. Palabras de un Militar*, Madrid: Ibérico Europea de Ediciones, 1981.

Herrero de Miñón, Miguel, *Memorias de estío*, Madrid: Ediciones Temas de Hoy, 1993.

Leal, José Luis, *Una política económica para España*, Barcelona: Editorial Planeta, 1982.

López Rodó, Laureano, *Claves de la transición. Memorias IV*, Barcelona: Plaza y Janés, 1993.

Martín Villa, Rodolfo, *Al servicio del estado*, Barcelona: Editorial Planeta, 1984.

Ortí Bordás, José Miguel, *La transición desde dentro*, Barcelona: Planeta, 2009.

Ortiz, Manuel, *Adolfo Suárez y el bienio prodigioso*, Barcelona: Editorial Planeta, 2006.

Osorio García, Alfonso(a), *Trayectoria política de un ministro de la corona. El testimonio sincero y espontáneo de uno de los hombres clave en el proceso de la transición*, Barcelona: Editorial Planeta, 1980.

——— (b), *De orilla a orilla*, Barcelona: Plaza & Janés Editores, 2000.

Navarro, Eduardo, *La Sombra de Suárez*, Barcelona: Penguin Random House Grupo Editorial, 2014.

Peces-Barba, Gregorio, *La elaboración de la Constitución de 1978*, Madrid: Centro de Estudios Constitucionales, 1987.

Primo de Rivera y Urquijo, Miguel, *No a las dos Españas. Memorias Políticas*, Barcelona: Plaza & Janés Editores, 2002.

Primo de Rivera, Pilar, *Recuerdos de una vida*, Madrid: Ediciones Dyrsa, 1983.

Pujol, Jordi, *Memorias (1930-1980) : historia de una convicción*, Barcelona : Destino, 2008.

Redondo, Nicolás, Reverte, Jorge M., *Nicolás Redondo. Memoria política*, Madrid: Ediciones Temas de Hoy, 2008.

Sánchez-Terán, Salvador, La Transición. Síntesis y claves, Barcelona: Editorial Planeta, 2008.

Sartorius, Nicolás y Sabio, Alberto, *El final de la dictadura. La conquista de la democracia en España, noviembre de 1975-junio de 1977*, Madrid: Ediciones Temas de Hoy, 2007.

Silva Muñoz, Federico, *Memorias políticas*, Barcelona: Editorial Planeta, 1993.

Suárez, Adolfo (a), 《La reforma política. Mensaje del 10 de septiembre de 1976》, *Un nuevo horizonte para España. Discursos del Presidente del Gobierno 1976-1978*, Madrid: Presidencia del Gobierno, 1978,

Suárez, Adolfo (b), 《Referendum nacional. Mensaje de 14 de diciembre de 1976》, *Un nuevo horizonte para España. Discursos del Presidente del Gobierno 1976-1978*, Madrid: Presidencia del Gobierno, 1978, pp.43-55.

Suárez, Adolfo (c),《Primer mensaje del Presidente Suárez al pueblo español (6 de julio de 1976)》, Sánchez Navarro, Ángel J., *La transición española en sus documentos*, Madrid: Centro de Estudios Políticos y Constitucionales, 1998.

Tácito,Tácito, Madrid: Iberico Europea de Ediciones, 1975.

Utrera Molina, José, *Sin cambiar de bandera. Edición revisada y aumentada*, Barcelona: Editorial Planeta, 2008.

史料

Archivo General de la Administración
Archivo de la delegación del gobierno de Cataluña
Archivo Linz de la transición española
(http://www.march.es/ceacs/biblioteca/proyectos/linz/)
Biblioteca Nacional
Fundación Nacional de Francisco Franco

新聞・雑誌・官報・テレビ
ABC
Boletín oficial del estado
Boletín oficial de las Cortes
Cambio 16
Cuadernos para el diálogo
Diario de las sesiones del Congreso de los Diputados
Diario de las sesiones del Senado
El País
Informaciones
La Vanguardia
Pueblo
Rtve
The Economist
Ya

二次資料
日本語文献
G. A. アーモンド & S. ヴァーバ『現代市民の政治文化―5ヵ国における政治的態度と民主主義』(石川一雄，薄井秀二，他訳，勁草書房，1974 (*The Civic Culture: Political Atitudes and Democracy in Five Nations*, Princeton: Princeton University Press, 1963)).

五十嵐誠一『民主化と市民社会の新地平―フィリピン政治のダイナミズム』，早稲田大学出版部，2011.

碇順治『現代スペインの歴史 激動の世紀から飛躍の世紀へ』彩流社，2005.

池田実「フランコ時代の基本法体制における国家元首の地位および権能」『日本法学』第73巻第3号，2008.

G. オドンネル & P. シュミッター『民主化の比較政治学―権威主義支配以後の政治世界』(真柄秀子，井戸正伸訳，未来社，1986 (*Transitions from Authoritarian Rule: Tentative Conclusions about Uncertain Democracies*, Baltimore: The Johns Hopkins University Press, 1986)).

加藤伸吾「モンクロア協定と『合意』の言説の生成 (1977年6～10月)―世論，知識人，日刊紙『エル・パイース』―」『スペイン史研究』第27巻，2013.

川成洋 他『スペインの政治』早稲田大学出版部，1998.

楠貞義 他『スペイン現代史 模索と挑戦の120年』大修館書店，1999.

斉藤孝「フランコ体制の特質についての覚書」東京大学社会科学研究所編『ファシズム期の国家と社会7 運動と抵抗 中』東京大学出版会，1979.

高橋進『国際政治史の理論』岩波書店，2008.
R. A. ダール『ポリアーキー』(高畠通敏，前田脩訳，三一書房，1981，(Polyarchy: Participation and Opposition, New Heaven: Yale University Press, 1972)).
武田康裕『民主化の比較政治―東アジア諸国の体制変動過程』ミネルヴァ書房，2001.
戸門一衛『スペインの実験 社会労働党政権の12年』朝日新聞社，1994.
中島晶子『南欧福祉国家スペインの形成と変容―家族主義という福祉レジーム』ミネルヴァ書房，2012.
永田智成 (a)「スペインの民主化に関する理論的分析」『法学会雑誌』第48巻，第2号，2007.
――― (b)「アドルフォ・スアレスと体制内改革派―スペイン一九七六―一九七七」『スペイン史研究』第22巻，2008.
――― (c)「体制内改革派の挫折と民主化への道」『法学会雑誌』，第50巻，第2号，2010.
――― (c)「民主化期におけるフラガとスアレスの政治手法」『スペイン史研究』第26号，2012，17-30頁.
中田瑞穂「民主化過程における政党のリンケージ戦略と政党システムの『固定化』―東中欧の事例から―」『立教法学』第68号，2005．
野上和裕 (a)「民主化の政治学とスペイン―いわゆる協定主義をめぐって―」『東京都立大学法学会雑誌』第39巻第1号，1998.
――― (b)「スペイン」馬場康雄他編『ヨーロッパ政治ハンドブック（第二版）』東京大学出版会，2010.
――― (c)「ファシズムと権威主義体制：スペイン・フランコ体制を手がかりに」『法学会雑誌』第52巻第2号，2012.
――― (d)「リベラルなファシスト？：スペイン・ファランへの曖昧さとフランコ体制の性格」『法学会雑誌』第54巻第1号，2013.
S. P. ハンチントン『第三の波―20世紀後半の民主化―』(坪郷實・中道寿一他訳，三嶺書房，1995 (The Third Wave: Democratization in the Late Twentieth Century, Oklahoma: University of Oklahoma Press, 1991)).
藤原帰一「『民主化』の政治経済学―東アジアにおける体制変動」東京大学社会科学研究所『現代日本社会(3)国際比較[2]』東京大学出版会，1992.
細田晴子(a)「スペインの民主化プロセス―フアン・カルロス国王と対米関係(1969-1977年)」『人文研究』第171号，2010.
細田晴子(b)『戦後スペインと国際安全保障―米西関係に見るミドルパワー外交の可能性と限界』千倉書房，2012.
水島治郎「キリスト教民主主義とは何か」田口晃・土倉莞爾編著『キリスト教民主主義と西ヨーロッパ政治』木鐸社，2008.

武藤祥 (a)「『暫定性』と『持続力』―権威主義体制の動態分析に関する一試論―」『国際政治』第144号「国際政治研究の先端3」，2006.

――― (b)「一九五〇年代におけるフランコ体制の岐路―経済成長路線の政治的起源―」『立教法学』第76号，2009.

――― (c)『「戦時」から「成長」へ1950年代におけるフランコ体制の政治的変容』立教大学出版会，2014.

S. M. リプセット『政治のなかの人間』(内山秀夫訳，東京創元新社，1963(*Political Man: The Social Bases of Politics*, New York: Doubleday, 1959)).

J. リンス(a)「権威主義体制」E. アラルト&J. リッツネン『現代政党論』(宮沢健訳，而立書房，1973 (Juan J. Linz, "An Authoritarian Regime: Spain," in Erik Allard and Yrjo Littunen (eds.), *Cleavages, Ideologies and Party Systems* (Helsinki: Westermark Society, 1964); Reprinted in Erik Allard and Stein Rokkan (eds.), *Mass Politics: Studies in Political Sociology*, New York: The Free Press, 1970)).

J. リンス(b)「大統領制民主主義か議院内閣制民主主義か―その差異について」J. リンス&A. バレンズエラ『大統領制民主主義の失敗―その比較研究』(中道寿一訳，南窓社，2003 (*The Failure of Presidentral Democracy*, Balfimore: The Johns Hopkins Universith Press, 1994)).

J. リンス&A. ステパン『民主化の理論　民主主義の移行と定着の課題』(荒井祐介，五十嵐誠一，上田太郎訳，一藝社，2005 (*Problems of Democratic Transition and Consolidation. Southern Europe, South America, and Post-Communist Europe*, Baltimore: Johns Hopkins University Press, 1996)).

S. ルークス『現代権力論批判』(中島吉弘訳，未来社，1995 (*A Power: Radical View*, London: Macmillan Press, 1974)).

D. ル・トゥルノー『オプス・デイ―カトリックの新しい動き』(尾崎正明訳，白水社，1989 (*L' Opus Dei*, Paris: Presses universitaires de France, 1984)).

S・ロドリゲス＝アルタチョ，池田実「憲法」日本スペイン法研究会他『現代スペイン法入門』嵯峨野書院，2010.

欧文文献

Abella, Carlos, *Adolfo Suárez: El hombre clave de la transición*, Madrid: Editorial Espasa Calpe, 2006.

Agüero, Felipe, *Soldiers, Civilians, and Democracy: Post-Franco in Comparative Perspective*, Baltimore and London: The Johns Hopkins University Press, 1995.

Águila, Juan José del, *El TOP. La represión de la libertad (1963-1977)*, Barcelona: Editorial Planeta, 2001.

Aguilar Fernández, Paloma, *Políticas de la memoria y memorias de la política*, Madrid: Alianza Editorial, 2008.

Alameda, Sol (a), 《Entrevista con Adolfo Suárez》, Juliá, Santos, Pradera, Javier y Prieto, Joaquín, *Memoria de la transición*, Madrid: Taurus, 1996.

—— (b), 《Entrevista con Felipe González》, Juliá, Santos, Pradera, Javier y Prieto, Joaquín, *Memoria de la transición*, Madrid: Taurus, 1996.

Angel Aguilar, Miguel, *Las últimas Cortes del franquismo*, Barcelona: Editorial Avance, 1976.

Barbería, José Luis, 《Entrevista con Carlos Garaikoetxea》, Juliá, Santos, Pradera, Javier y Prieto, Joaquín, *Memoria de la transición*, Madrid: Taurus, 1996.

Bardavío, Joaquín y Sinova, Justino, *Todo Franco. Franquismo y antifranquismo de la A a la Z*, Barcelona: Plaza & Janés Editores, 2000.

Bonime-Blanc, Andrea, *Spain's Transition to Democracy. The Politics of Constitution-Making*, Boulder and London: West View Press, 1987.

Brooker, Paul, *Non Democratic Regimes. Theory, Government and Politics*, Houndmills: Macmillan, 2000.

Cabrera, Mercedes, 《Los pactos de la Moncloa: acuerdos políticos frente a la crisis》, *Historía y política*, n° 26, 2011.

Carr, Raymond and Fusi, Juan Pablo, *Spain: Dictatorship to Democracy*, London: George Allen and Unwin, 1979.

Casanova, José, "Modernization and Democratization: Reflections on Spain's Transition to Democracy", *Social Reserch*, Vol. 50, No. 4, winter, 1983.

Díaz González, Francisco Javier, 《Los delitos de terrorismo y la creación de la Audiencia Nacional (1977-1978)》, *La transición a la democracia en España: actas de las VI Jornadas de Castilla-La Mancha sobre Investigación en Archivos : Guadalajara, 4-7 de noviembre 2003*, Vol. 2, 2004.

Di Palma, Giusseppe, *To Craft Democracies: An Essay on Democratic Transitions*, Berkeley and Los Angeles: University of California Press, 1990.

Doval, Gregorio, *Los últimos años del franquismo (1969-1975) "Todo quedará un día atado y bien atado"*, Madrid: Editorial Síntesis, 2007.

Economist Intelligence Unit, *Democracy Index 2014. Democracy and its discontents. A Report from the Economist Intelligence Unit*, The Economist, 2015.

Edles, Laura Desfor, *Symbol and Ritual in the New Spain. The Transition to Democracy after Franco*, Cambridge: Cambridge University Press, 1998.

Esteban, Jorge de , 《El proceso constituyente español, 1977-1978》, Tezanos, José Félix, Cotarelo, Rámon y de Blas, Andrés (eds.), *La transición democratica española*, Madrid: Editorial Sistema, 1989.

Estefanía, Joaquín, «El compromiso histórico español», Juliá, Santos, Pradera, Javier y Prieto, Joaquín, *Memoria de la transición*, Madrid: Taurus, 1996.

Fernández-Miranda Lozana, Pilar and Fernández-Miranda Campoamor, Alfonso, *Lo que el Rey me ha pedido: Torcuato Fernández-Miranda y la reforma política*, Barcelona: Plaza & Janés Editores, 1995.

Führer, Ilse Marie, *Los sindicatos en España. De la lucha de clases a estrategias de cooperación*, Madrid: Consejo Económico y Social, 1996.

Fuentes, Juan Francisco, *Adolfo Suárez. Biografía política*, Barcelona: Editorial Planeta, 2011.

Gallego-Díaz, Soledad y De la cuadra, Bonifacio, «La Constitución», Juliá, Santos, Pradera, Javier y Prieto, Joaquín, *Memoria de la transición*, Madrid: Taurus, 1996.

Gamble, A. M. & Walkland, S. A., *The British Party System and Economic Policy 1945-1983*, Oxford: Clarendon Press, 1984.

Gill, Greame, *The Dynamics of Democratization: Elites, Civil Society and the Transition Process*, New York: St. Martin's Press, 2000.

Gilmour, John, *Manuel Fraga Iribarne and the Rebirth of Spanish Conservatism 1939-1990*, Lewinston, Queenston and Lampeter: The Edwin Mellen Press, 1999.

Gil Pecharromán, Julio, *El movimiento Nacional (1937-1977)*, Barcelona: Editorial Planeta, 2013.

Gonzalez Cuevas, Pedro Carlos, *El Pensamiento politico de la derecha española en el siglo XX: De la crisis de la Restauración al estado de partidos (1898-2000)*, Madrid: Editorial Tecnos, 2005.

Gunther, Richard, "Spain: The Very Model of the Modern Elite Settlement", in Highly, John and Gunther, Richard, eds., *Elites and Democratic Consolidation in Latin America and Southern Europe*, New York: Cambridge University Press, 1992.

———, Sani, Giacomo and Shabad, Goldie, *Spain After Franco: The Making of a Competitive Party System*, Berkeley, Los Angeles and London: University of California Press, 1986.

———, Diamandouros, P. Nikiforos, and Sotiropoulos, Dimitri A., *Democracy and the State in the New Southern Europe*, Oxford : Oxford University Press , 2006.

Hernández Sánchez, Alfredo, *La opinión pública en el tardofranquismo*, Valladolid: Universidad de Valladolid. Secretariado de Publicaciones e Intercambio Editorial, 2011.

Herrera González de Molina, Antonio, «Los procesos de democratización durante la transición española», *Historia Social*, n°71, 2011.

Herrero, Luis, *Los que le llamábamos Adolfo*, Madrid: La Esfera de los Libros, 2007.

Hill, Christopher, *The Role of Elites in the Spanish Transition to Democracy (1975-1981)*. Motors of Change, New York:The Edwin Mellen Press, 2007.

Hopkin, Jonathan, *Party Formation and Democratic Transition in Spain: The Creation and Collapse of the Union of the Democratic Centre*, London: Macmillan Press, 1999.

Howard, Marc Morje and Roessler, Philip G.,"Liberalizing Electoral Outcomes in Competitive Authoritarian Regimes", *American Journal of Political Science*, Vol.50, No.2, April 2006.

Huneuus, Carlos, *La Unión de Centro Democrático y la transición a la democracia en España*, Madrid: Siglo Veintiuno de España Editores, 1985.

Huntington, Samuel P., "Democracy's Third Wave" *Journal of Democracy*, Vol.2, No.2, Spring 1991.

Ibáñez, Juan G., 《Entrevista con Xavier Arzalluz》, Juliá, Santos, Pradera, Javier y Prieto, Joaquín, *Memoria de la transición*, Madrid: Taurus, 1996.

Juliá, Santos, *Un siglo de España. Política y sociedad*, Madrid y Barcelona: Marcial Pons, 1999.

Kaldor, Mary and Vejvoda, Ivan,"Democratization in Central and Eastern European Countries", *International Affairs*, Vol.73, No.1, January 1997.

Karl, Terry Lynn, "Petroleum and Political Pacts: The Transition to Democracy in Venezuela" in O'Donnell, Guillermo, Schmitter, Philippe C., and Whitehead, Laurence, (eds.), *Transitions from Authoritarian Rule: Latin America*, Baltimore: The Johns Hopkins University Press, 1986.

Lamelas, Antonio, *La transición en Abril. Biografía política de Fernando Abril Martorell*, Barcelona: Editorial Ariel, 2004.

Linz, Juan J. (a), "From Falange to Movimiento-Organizacion: The Spanish Single Party and the Franco Regime 1936-1968", in Huntington, Samuel. P., and Moore, C., (eds.), *Authoritarian Politics in Modern Society: The Dynamics of Established One-Party Systems*, New York: Basic Books, 1970.

―――― (b), "Opposition in and Under an Authoritarian Regime: The Case of Spain" in Dahl, Robert A. (ed.), *Regimes and Oppositions*, New Heaven and London: Yale University Press, 1973.

―――― (c), "Transitions to Democracy", The Washington Quarterly, Summer, 1990.

―――― (d), "Innovative Leadership in Spain's Transition to Democracy", Sheffer, Gabriel (ed.), *Innovative Leaders in International Politics*, Albany: State University of New York Press, 1993.

―――― (e), 《La transición española en perspective comparada》 en Tusell, Javier, y Soto, Álvaro, (eds.), *Historia de la transición 1975-1986*, Madrid: Alianza

Editorial, 1996.

——— and Stepan, Alfred, "The Paradigmatic Case of Reforma Pactada – Ruptura Pactada: Spain", *Problems of Democratic Transition and Consolidation: Southern Europe, South America and Post-communist Europe*, Baltimore and London: The Johns Hopkins University Press, 1996.

Maravall, José María and Santamaría, Julián, "Political Change in Spain and the Prospects for Democracy", in O'Donnell, Guillermo, C. Schmitter, Philippe and Whitehead, Laurence, (eds.), *Transitions from Authoritarian Rule: Southern Europe*, Baltimore: The Johns Hopkins University Press, 1986.

Marín Arce, José María, *Los sindicatos y la reconversión industrial durante la transición. 1976-1982*, Madrid: Consejo Económico y Social, 1997.

Martín Merchán, Diego, *Partidos Políticos*, Madrid: Servicio Central de Publicaciones de la Presidencia del Gobierno, 1981.

Medhurst, Kenneth, "Spain's Evolutionary Pathway from Dictatorship to Democracy", *West European Politics* Vol.7, No.2, April 1984.

Miguel, Amando de, *Sociología del franquismo*, Barcelona: Ediciones Exito, 1978.

Missé, Andreu, «Entrevista con Enrique Fuentes Quintana», Juliá, Santos, Pradera, Javier y Prieto, Joaquín, *Memoria de la transición*, Madrid: Taurus, 1996.

Molinero, Carme y Ysàs, Pere, *La anatomía del franquismo. De la supervivencia a la agonía, 1945-1977*, Barcelona: Crítica, 2008.

Morlino, Leonardo, *Democracy between Consolidation and Crisis. Parties, Groups, and Citizens in Southern Europe*, New York: Oxford University Press, 1998.

Morodo, Raúl, *La transición política*, Madrid: Editorial Tecnos, 1984.

Navarro, Julia, *Nosotros, la transición*, Madrid: Temas de Hoy, 1995.

Nicholson, Frances and East, Roger, *From the Six to the Twelve: the Enlargement of the European Communities*, Burnt Mill, Harlow and Essex: Longman, 1987.

Onega, Fernando, *Puedo prometer y prometo. Mis años con Adolfo Suárez*, Barcelona: Random House Mondadori, 2013.

Oneto, José, *Arias entre dos crisis*, Madrid: Cambio 16, 1975.

Palomares, Cristina, *The Quest for Survival after Franco. Moderate Francoism and the Slow Journey to the Polls, 1964-1977*, Brighton: Sussex Academic Press, 2004.

Pastor, Carles, «Entrevista con Miquel Roca Junyent», Juliá, Santos, Pradera, Javier y Prieto, Joaquín, *Memoria de la transición*, Madrid: Taurus, 1996.

Payne, Stanley G. (a), "The Army in the Transition", in Clark, R., Haltzel, M., *Spain in the 1980s: The Democratic Transition and a New International Role*, Cambridge: Ballinger, 1987.

—— (b), *Fascism in Spain, 1923-1977*, Madison: The University of Wisconsin Press, 1999.

Pelaz López, José-Vidal, 《Treinta años de autonomías: de la descentralización a la deconstrucción》, Pelaz López, José-Vidal (dir.), *El estado y las autonomías. Treinta años después*,Valladolid: Universidad de Valladolid, 2011.

Penella, Manuel, *Los origenes y la evolución del Partido Popular. Una historia de AP I 1973-1982*, Salamanca: Caja Duero, 2005.

Powell, Charles T. (a), "Reform Versus 'Ruptura' in Spain's Transition to Democracy". Ph.D.diss., Oxford University, 1989.

—— (b), "The 'Tacito' Group and the Transition to Democracy, 1973-1977", in Lannon, Frances and Preston, Paul (eds.), *Elites and Power in Twentieth-Century Spain*, Oxford: Clarendon Press, 1990.

—— (c), Piloto del cambio, Barcelona: Editorial Planeta, 1991.

—— (d), *Juan Carlos. Un Rey para la democracia*, Barcelona: Editorial Planeta, 1995.

—— (e), *España en democrácia, 1975-2000*, Barcelona: Plaza & Janés, 2001.

—— (f), 《El reformismo centrista y la transición democrática: retos y respuestas》, *Historia y Política*, n°18, 2007.

—— (g), 《El papel de los Estados Unidos en la transición democratica española》, Martín García, Oscar y Ortiz Heras, Manuel (eds.), *Claves internacionales en la Transición española*, Madrid: Los Libros de Catarata, 2010.

—— (h), 《El nacimiento del estado autonómico español en el contexto de la Transición democrática》, Pelaz Lopéz, José - Vidal (dir.) *El estado y las autonomiás. Treinta años despues* Valladorid: Universidad do valladolid, 2011.

Pradera, Javier, 《El después, de la reforma》, Juliá, Santos, Pradera, Javier y Prieto, Joaquín, *Memoria de la transición*, Madrid: Taurus, 1996.

Preciado, Nativel, 《Entrevista con Fernando Abril Martorell》, Juliá, Santos, Pradera, Javier y Prieto, Joaquín, *Memoria de la transición*, Madrid: Taurus, 1996.

Prego, Victoria (a), *Así se hizo la transición*, Barcelona: Plaza & Janés, 1995.

—— (b), *Diccionario de la transición*, Barcelona: Plaza & Janés Editores, 1999.

—— y Andrés, Elias, *La Transición Española. La crónica del período crucial de nuestra historia más reciente*, Madrid: Rtve, 1995, Capítulo 13 [DVD].

Preston, Paul (a), "Spain in Crisis: the assassination of Carrero Blanco and its aftermath" *Iberian Studies*, vol.3, No.1, spring 1974.

Preston, Paul (b), *The Triumph of Democracy in Spain*, New York: Routledge, 1987.

Przeworski, Adam (a), "The "East" Becomes the "South"? The "Autumn of the People" and the Future of Eastern Europe", *PS: Political Science and Politics*,

Vol. 24, No. 1, 1991.

———— (b), "The Games of Transition" in Mainwaring, Scott, O'Donnell, Guillermo, and Valenzuela, J. Samuel, (eds.), *Issues in Democratic Consolidation: The New South American Democracies in Comparative Perspective*, Notre Dame: University of Notre Dame Press, 1992.

Quevedo, Federico, *Pasión por la libertad. El pensamiento político de Adolfo Suárez*, Madrid: Editorial Áltera, 2007.

Qvortrup, Mads, *A Comparative Study of Referendums: government by the people*, Manchester: Manchester University Press, 2002.

Radcliff, Pamela (a), "The Revival of Association Life under the Late Franco Regime: Neighbourhood and Family Associations and the Social Origins of the Transition", (eds.), Townson, Nigel, *Spain Transformed: The Franco Dictatorship: 1959-1975*, New York: Palgrave, 2007.

———— (b), 《La transición española: ¿un modelo global?》, Townson, Nigel, *¿Es España diferente? Una mirada comparativa (Siglos XIX y XX)*, Madrid: Santillana Ediciones Generales, 2010.

Ramirez, Pedro J., *Así se ganaron las elecciones*, Barcelona: Editorial Planeta, 1977.

Real Academia Española, *Diccionario de la lengua española: Vigésima segunda edición*, Madrid: Espasa Calpe, 2001.

Roman Marugan, Paloma, 《Cronologia de la Transición y la Consolidación Democrática》, Cotarelo, Ramon, *Transición Política y Consolidación Democrática. España (1975-1986)*, Madrid: Centro de Investigaciones Sociologicas, 1992.

Romero, Ana, *Historia de Carmen. Memorias de Carmen Díaz de Rivera*, Barcelona: Editorial Planeta, 2002.

Rubio Lara, Maria Josefa, 《Algunos Textos Significativos de la Transición y Consolidación de la Democracia Española》, Cotarelo, Ramon, *Transición Política y Consolidación Democrática. España (1975-1986)*, Madrid: Centro de Investigaciónes Sociológicas, 1992.

Rubio Llorente, Francisco, Aragon Reyes, Manuel y Blanco Canales, Ricardo, *Codigo de Leyes Políticas 2a Edición*, Madrid: Centro de Estudios Constitucionales, 1984.

Rustow, Dankwart A., "Transitions to Democracy: Toward a Dynamic Model", *Comparative Politics*, Vol.2, No.3, April, 1970.

Sanchez, Angel, *Quién es Quién en la Democracia Española*, Madrid: Flordel Viento Ediciones, 1995.

Sánchez Navarro, Ángel J., *La transición española en sus documentos*, Madrid: Centro de Estudios Políticos y Constitucionales, 1998.

Sesma Landrín, Nicolás, 《El guardián de la ortodoxia. Jesús Fueyo, un intelectual franquista frente a la Constitución》, *Ayer*, n° 81, 2011.

Shain, Yossi and Linz, Juan J., *Between States: Interim Governments and Democratic Transitions*, Cambridge: Cambridge University Press, 1995.

Sisk, Tomothy D., *Power Sharing and International Mediation in Ethnic Conflicts*, New York: Carnegie Corporation, 1996.

Smith, Gordon, "The Functional Properties of Referendum", *European Journal of Political Research*, No. 4, 1976.

Soto Carmona, Álvaro (a), *¿Atado y bien atado? Institucionalización y crisis del franquismo*, Madrid: Biblioteca Nueva, 2005.

―――― (b), 《Sistema electoral: ¿una decisión neutral?》, *V Congreso Internacional Historia de Transición en España. Las organizaciones políticas*, Almería 15 de noviembre de 2011.

Stepan, Alfred, "Paths toward Redemocratization: Theoretical and Comparative Considerations", in O' Donnell, Guillermo, Schmitter, Philippe C., and Whitehead, Laurence, (eds.), *Transitions from Authoritarian Rule: Comparative Perspectives*, Baltimore: The Johns Hopkins University Press, 1986.

Therborn, Göran, "The Rule of Capital and the Rise of Democracy", *New Left Review*, No.103. May-June 1977.

Torres del Moral, Antonio, *Principios de derecho constitucional español, tomo I*, Madrid: Atomo Ediciones, 1988.

Tuñon de Lara, Manuel, and others, 《Transición y Democrácia (1973-1985)》, *Historia de España*, Tomo X, Barcelona: Editorial Labor, 1992.

Tusell, Javier y G. Queipo de Llano, Genoveva, *Tiempo de incertidumbre. Carlos Arias Navarro entre el franquismo y la Transición*, Barcelona: Crítica, 2003.

Tusell, Javier, *La transición a la democracia España, (1975-1982)*, Madrid: Editorial Espasa Calpe, 2007.

Weingast, Barry R., "Constructing Self-Enforcing Democracy in Spain" in Oppenheimer, Joe, and Morris, Irwin, (eds.), *From Anarchy to Democracy*, Stanford: Stanford University Press, 2004.

Ysart, Federico, *¿Quién hizo el cambio?*, Barcelona: Argos-Vergara, 1984.

Zafra Valverde, José, *El sistema político en las décadas de Franco*, Madrid: Grafite Ediciones, 2004.

主要略語一覧

略語	スペイン語名称	日本語名称	存続期間
ACNP	Asociación Católica Nacional de Propagandistas	全国カトリック布教協会	1908-
ADE	Acción Democrática Española	スペイン民主行動	1977-1979
AP	Alianza Popular	国民同盟	1976-1989
AREX	Acción Regional de Extrameña	エストレマドゥーラ地域行動	1976-1978
BANESTO	Banco Español de Crédito	スペイン信用銀行	1902-2013
CCOO	Comisiones Obreras	労働者委員会	1976-
CD	Centro Democrático	民主中道	1977
CDS	Centro Democrático y Social	民主社会中道党	1982-2006
CEDA	Confederación Española de Derechas Autónomas	スペイン自治右翼連合	1933-1937
CEOE	Confederación Española de Organizaciones Empresariales	スペイン経団連	1977-
EDC	Equipo de la Democracia Cristiana Española	スペインキリスト教民主団	1973-1977
ERC	Esquerra Republicana de Catalunya	カタルーニャ共和左派	1931-
ETA	Euskadi Ta Askatasuna	バスクと自由	1958-2011?
FAMO	Federación de Asociaciones del Movimiento	国民運動結社連盟	1976
FEDISA	Federación de Estudios Independentientes sociedad Anónima	独立研究連盟株式会社	1975
F/N	Fuerza Nueva	新しい力	1976-1982
FPDL	Federación de Partidos Demócratas y Liberales	自由民主主義政党連盟	1976-1978
FSD	Federación Social Demócrata	社会民主主義連盟	1976-1978
GODSA	Gabinete de Orientación y Documentación S.A.	動向調査株式会社	1973-1977
GRAPO	Grupos de Resistencia Antifascista Primero de Octubre	10月1日反ファシズムレジスタンスグループ	1975-
ID	Izquierda Democrática	民主左派	1976-1979
INI	Instituto Nacional de Industria	全国産業公社	1941-1992
NM	Nueva Mayoría	新多数派	1977
PCE	Partido Comunista de España	スペイン共産党	1921-
PDC	Pacte Democràtic per Catalunya	カタルーニャ民主協定	1977
PGI	Partido Gallego Independiente	ガリシア独立党	1977-1978
PNV	Partido Nacionalista Vasco	バスク国民党	1895-
PP	Partido Popular	民衆党	1976-1977
PSLA	Partido Social Liberal Andaluz	アンダルシア社会自由党	1976-1978
PSOE	Partido Socialista Obrero Español	社会労働党	1879-
PSP	Partido Socialista Popular	社会民衆党	1968-1978
PSUC	Partido Socialista Unificado de Cataluña	統一カタルーニャ社会党	1936-1987
RD	Reforma Democrática	民主改革	1976-1977
UC	Unión Canaria	カナリア連合	1977-1978
UCD	Unión de Centro Democrático	民主中道連合	1977-1983
UDE	Unión Democrática Española	スペイン民主連合	1975-1977
UDPE	Unión del Pueblo Español	スペイン国民連合	1975-1977
UGT	Unión General de Trabajadores	労働者総同盟	1888-

スペイン民主化関係略年表

年	月	出来事
1922	11	フラガ生まれる
1932	9	スアレス生まれる
1936	7	スペイン内戦勃発
	7	フランコ体制成立
1962	7	フラガ，情報観光大臣として初入閣
1974	12	カレロ＝ブランコ首相が暗殺される
		アリアス＝ナバーロ内閣が成立
1975	11	フランコ死去
	11	フアン＝カルロスが国王として国家元首になる
	11	スアレス，国民運動事務総長として初入閣
1976	7	アリアス＝ナバーロが更迭される
	7	スアレス内閣が成立
	12	政治改革法が国民投票を経て成立
1977	4	スペイン共産党(PCE)が合法化される
	6	41年ぶりの総選挙が実施される
	10	モンクロア協定締結
1978	12	憲法が国民投票を経て公布される
1979	3	総選挙実施
	3	民主中道連合(UCD)が第一党の地位を維持
1981	1	スアレス首相辞任
	2	テヘロ中佐による軍クーデター未遂
	7	スアレス，UCDを離党
1982	10	総選挙実施
	10	社会労働党(PSOE)が第一党に
	10	国民同盟(AP)も第二党に躍進
1986	1	スペイン，ECに加盟
1989	9	フラガ，アスナールを後継者に指名
1991	4	フラガ，ガリシア州首相になる
1991	5	スアレス，政界を引退
2011	9	フラガ，政界を引退
2012	1	フラガ死去
2014	3	スアレス死去

あとがき

　何故スペインなのか？
　あまり話したくないが，筆者とスペインの関わりについて語らねばなるまい。筆者は，1988年12月から1993年3月までスペインのバレンシアに居住した。当時のバレンシアには，日本人は40人ほどしかおらず，7歳の筆者はいきなりスペイン式の生活を強いられた。そういうこともあって，筆者にとってスペイン滞在の記憶は，苦しいことの代名詞ではあれ，楽しいものではなかった。
　その後，スペインとの関わり合いもなく過ごしていた筆者であったが，大学のゼミのある課題において，各国の政治制度を調べることになった。筆者は，スペインを事例に選んだ。そこで初めて，1975年までスペインに独裁者がいたことを知った。
　アフガニスタン紛争やイラク戦争の終結後，和平交渉及び民主化がうまくいかない状況は，筆者に民主化が難しい課題であると認識させるには十分な事例であった。一方で，スペインの民主化は大成功だったと一般に評価されており，スペインの事例を研究することにより，民主化のより良いやり方がわかるかもしれない…研究を始めた動機はそんなところであった。
　筆者が研究を始めた頃，スペイン本国においてもほとんどスペインの民主化は顧みられていない状況であった。そのためスペインの民主化は，研究者の間でも長らくフアン＝カルロス国王とその周辺の人物が完成させた民主化という理解から進展しなかったのである。現在では，民主化に関する様々な研究書が公刊され，歴史学会でも分科会が組まれるようになった。関心を集めるようになったことに，同じ分野を研究する者としては嬉しく思う次第である。
　スペインの民主化は，最終的にスアレスのもとに一元化されていくが，それまでのめまぐるしく変わる状況の下，様々な政治アクターによる挑戦

があったことは見逃せない。本書がスペインの民主化研究において何らかの貢献となれば望外の喜びである。

　本書は，筆者が2012年3月に首都大学東京に提出した博士学位論文をベースに加筆・修正したものである。また，博士学位論文提出後，本書のエッセンスをまとめ，独立論文として発表した（「民主化期におけるフラガとスアレスの政治手法」『スペイン史研究』第26巻，2012年）。大学入学から数えて十数年が経過したことになるが，大学院に入学した当時には，現在まで研究を続けているとは全く想像できなかった。そんな筆者がこれまでの研究の成果を一冊の本にまとめることができたのは，非常に多くの方からのご指導・ご鞭撻があったからである。紙幅の関係上，その全ての方のお名前を記すことはかなわないが，感謝申し上げたい。

　野上和裕先生は，首都大学東京大学院在学中に一貫してご指導たまわり，研究者としての素地を作って下さった。先生と時間の制約なく繰り広げられるゼミは，文字通りの死闘であったが，ゼミの後に食事をご一緒させていただき，引き続きスペインの話をすることは楽しみであった。あのような機会を設けていただいたからこそ，筆者は根拠のない思いつきを披露することができたし，先生からはそのような筆者の話にいつも耳を傾け，研究の指針を示していただけた。野上先生のご指導がなかったら，今日まで研究を続けていることはなかったと断言できる。

　松本正生先生は，筆者に政治学の研究者を志すきっかけを作って下さった。先生の講義を受講し，政治学に魅了され，先生のゼミに所属した。先生は，しばしば講義を通じて学生を惑わせていると仰っていたが，少なくとも筆者にとって，そんなことはなかったとお伝えしたい。

　山田高敬先生には，修士論文と博士論文の副査を務めていただいた。先生には比較政治学の研究として，理論と事例の関係性を明確にすることの重要性をご指摘いただき，研究者としての心構えを教えて下さった。

　横田正顕先生は，博士論文の副査を務めて下さった。先生は，学会等でお目にかかるたびに声をかけ，博士論文の審査においては，様々な示唆に富む指摘をして下さった。

　五百籏頭薫先生には修士論文の副査を務めていただいた。先生には日本政治外交史研究の立場から史料を用いた分析手法や日本語表現の重要性についてご指導いただいた。

筆者が所属する学会の関係者には，研究会等を通じて大変お世話になった。小川有美先生，石田淳先生，前田幸男先生，水島治郎先生，若松邦弘先生，中山洋平先生，松尾秀哉先生，深澤安博先生，中塚次郎先生，渡邊千秋先生，細田晴子先生，碇順治氏，畠中昌教氏，武藤祥氏，加藤伸吾氏，西脇靖洋氏，横藤田稔泰氏，半澤忠彦氏は筆者の研究について様々なアドバイスを下さった。記して御礼申し上げる。

　筆者は博士号取得後，在バルセロナ日本国総領事館にて専門調査員として勤務する機会を得た。短い期間ながら，様々なカタルーニャ政財界の要人と会談する機会が得られたことは，スペイン研究を進める上でとても大きな財産をもたらした。筆者が充実したバルセロナ生活を送れたのは，現地の様々な人の支えがあって実現したものであるが，特に淵上隆氏には大変お世話になった。改めて感謝申し上げたい。

　研究生活と教員としての生活を共に首都大学東京大学院で始められたのは，筆者にとってこの上ない幸運であったと言える。東京都立大学大学院時代から続く伝統の政治学総合演習では，普段の研究会では耳にすることのできない専門分野外の方ならではの大変有益なコメントを頂き，筆者の研究の進展に多大なる影響を与えた。また大学院生時代，多くの先生，先輩，後輩にお世話になった。特に谷口功一先生，村井哲也氏，稲吉晃氏，佐伯太郎氏，逸見勉氏，福原明雄氏には，研究上非常に有益なコメントを多数いただいた。さらに首都大学東京法学系図書室には，野上先生が集められたスペイン政治・現代史に関する貴重な資料が多数所蔵されており，これらに囲まれて研究できたことは，大変恵まれていたと思う。こうした資料を日々管理されている司書の清水隆史氏には，アルバイトとして雇っていただいただけでなく，筆者の愚痴までも聞いて下さった。心から御礼申し上げたい。

　本書は，2012年公益財団法人松下幸之助記念財団研究助成(12-038)による研究成果の一部であり，首都大学東京の出版助成の交付を受けて刊行するものである。出版助成を受けるにあたって，大澤麦先生，大杉覚先生，伊藤正次先生，陳肇斌先生，松井望先生，河野有理先生，梅川健先生，荒井紀一郎先生，境家史郎先生，安田佳代先生，金今善先生にご尽力いただいた。深く御礼申し上げる。また荒井先生には，木鐸社を紹介していただいた。記して御礼申し上げたい。

本書の刊行にあたっては，木鐸社の坂口節子氏には大変お世話になった。坂口氏は，本書の元となっている筆者の博士論文から興味を持っていただき，有益なコメント・アイデアを多数頂戴した。遅筆ゆえに多大なるご迷惑をおかけしたことをお詫びすると共に，丁寧な編集に心から御礼申し上げる。

　最後に，私事で恐縮であるが，筆者は多くの友人に支えられて今日まで研究を続けてこられた。特に草野球チーム「阿佐ヶ谷にゃんきーす」のメンバーには謝意を表したい。研究の合間に野球をすることで，上手く切り替えができ，改めて研究に身が入ったのである。

　研究生活をスタートさせた時，筆者自身今日まで研究を続けているとは思っていなかった。それは，筆者の両親にとっても同じ思いであったであろう。幼少期のスペイン滞在の記憶は，必ずしも良いものではなかったが，両親が本書のきっかけを作ったことは疑いのない事実である。大学院生時代，筆者が研究生活を続けることに表向き頑なに拒絶しながら支援してくれた父・和夫と積極的に筆者を応援してくれた母・陽子に本書を捧げる。

　2015年10月

永田　智成

事項索引

ア

アウタルキア(自給自足経済) 62, 147
アクター中心アプローチ 20-21
アジェテの40人 101, 107
アストゥリアス王子 94
新しい力(F/N) 33, 102
アトーチャ事件 172
アリアス＝ナバーロ改造内閣 88
アリアス＝ナバーロ内閣(第一次) 58, 71, 74-76, 82, 86, 148
アリアス＝ナバーロ内閣(第二次) 98, 108, 164
アリーバ(国民運動の機関紙) 83, 86
暗黒の1週間 172-173
アンダルシア社会自由党(PSLA) 202, 205
移行期 25
偉大なる7人(Los siete magníficos) 121, 135, 189, 253
エストレマドゥーラ地域行動(AREX) 202, 205
王国顧問会議 73, 109-110
オドンネル・シュミッターモデル 22, 25-26, 46
オドンネル・シュミッターモデル(とスペインの事例) 30
オプス・デイ 75
穏健派 24-26, 59
恩赦法 127, 230

カ

改革(reforma) 27
家族代表 101
カタルーニャ共和左派(ERC) 259
カタルーニャ自治州 259
カタルーニャ民主協定(PDC) 220, 240, 248
カトリック教会 188, 247, 263
ガリシア独立党(PGI) 202, 205
間接的支配選挙区 203, 205
議会君主制 57

企業家総連盟(Confederación General de Empresarios) 151
8人委員会(Comisiones de los Nueve) 36, 155, 159, 161, 172
教育権組織法 262
教育施設憲章組織法 262
協定(pacto) 10, 24, 31-32
協定主義論 20, 34, 40, 128, 209
ギリシャの民主化 12
キリスト教民主主義 61
キリスト教民主主義グループ 228, 232-233, 236, 247, 270
近代化論 19
組合組織調整機構(Coordinadora de Organizaciones Sindicales) 150
組合法 150
軍部 127, 130, 168, 180-181, 247
経済安定化計画 62, 215
経済対策 124-128
経済テクノクラート 62
刑法の改正 107, 116-117, 164-165
欠陥のある民主主義 20
権威主義体制 24, 61-62
現職後見政府(caretaker government) 28, 47
憲法 137, 262-265
憲法起草委員会 239, 248-249, 251-252, 256-258
憲法制定過程 46, 237, 241, 251, 253, 255, 261
原理派 24-26
権力分有政府(power-sharing government) 28
合意の政治(Política de Consenso) 15, 38-43, 55, 212, 231, 246, 260-261, 265-266
国民運動(新ファランヘ党)(Movimiento Nacional / FET y de las JONS) 36, 49, 55, 62, 75, 144-145, 147-149, 196-197
国民運動開放派 63, 85, 107, 129, 147
国民運動行政移転委員会(Comisión de Transferencia de la Administración del

Movimiento） 149
国民運動結社連盟（FAMO） 118-119
国民運動原則法　62, 151
国民運動原理派　63-64, 107
国民運動実務派　60, 63, 120, 202
国民運動女性部　105, 136, 147, 149
国民運動青年部　149
国民運動の諸原則　134
国民投票　37, 50, 137, 139, 254-255
国民同盟（AP） 38-40, 118, 120-121, 123, 132-133, 136-137, 161, 163, 184-188, 190, 196, 199-201, 209, 223, 226, 230, 248, 251-253, 256, 270
国民評議会（Consejo Nacional del Movimiento） 60, 79, 81, 104-106, 131-132, 139, 148-149
国会改革法　58, 76, 78
国会設置法　151
国会設置法とその他の基本法改正　104, 106
国家性　52
国家組織法　58, 73, 77, 79, 84, 128, 147, 150-151, 212
コントラフエロ　139

サ

三者同盟　93-95, 120
暫定自治州　127, 238, 256
暫定的政府（interim government） 28
次官会議　219-220
自治州　43, 78, 159-160, 238, 245, 253, 255-256, 259
自治州国家制　52, 265-266
自治州のエスニシティ（nacionalidad） 245, 247, 253, 256-257
市町村議会選挙　269-270
実質的民主主義　11, 20-21
支配できない選挙区　203, 206
社会民衆党（PSP） 152, 223, 240, 270
社会労働党（PSOE） 14, 30-31, 34, 38, 42-43, 50, 102, 138, 152-154, 161-162, 166, 176, 199, 207, 209, 212, 214, 221, 223-224, 226, 231, 240, 243-244, 246, 248, 251, 256-257, 263-264, 270-271

自由化　22
集会法　101, 106-107
10月1日の反ファシズム抵抗グループ（GRAPO） 172
自由主義　192, 199, 232, 249
10人の若手議員の集い　60
自由民主主義政党連盟（FPDL） 206
出発選挙（foundation election） 251
準反対派（semi opposition） 63, 147
小選挙区制　132-133
省庁再編　212
新多数派（Nueva Mayoría） 192, 194
人文主義・民主主義財団（Fundación Humanismo y Democracia） 233
スアレス改革の特徴　124, 127
スアレスグループ（派）　98, 202-203, 205, 207, 231-233, 270
スアレス内閣（第一次）　55, 114, 116-117, 123-124, 126-127, 136
スアレス内閣（第二次）　215-216, 218
スアレス内閣（第二次改造）　229-230
スアレスの政治手法／リーダーシップ　42-45, 47-50, 220, 226, 228, 231, 273
スアレス批判　68
垂直組合（Sindicatos Verticales） 36, 144-145, 147, 150-151
スペイン王子　94
スペイン企業連盟（Confederación Empresarial Española） 151
スペイン共産党（PCE） 33-34, 42, 50, 130, 148, 150, 152-155, 162-163, 165, 167, 173, 176-178, 199, 221, 223, 225, 231, 243-244, 246, 248, 257, 270
スペイン共産党の合法化　54, 148, 154, 165, 167-168, 175-184, 189
スペイン経団連（CEOE） 151, 222-223, 228
スペイン国民連合（UDPE） 81, 90, 120, 190
スペイン自治右翼連合（CEDA） 188
スペイン信用銀行（BANESTO） 118
スペインの民主化の鍵　10-11, 13
スペインの民主化の特徴　53, 55-56
スペイン民主行動（ADE） 120, 185, 188
スペイン民主連合（UDE） 96, 120
政治改革法　33, 35, 54, 106, 128-139,

145, 156, 160, 211, 239, 253
政治結社憲章　76, 80-82, 148
政治結社法　79, 81, 107, 163, 165-166
政治体制　44-45, 244
政治的促進(desarrollo político)　58
政治文化論　19
税制改革緊急対策法　227, 231
政党助成金制度　161
政党統一令　54
政党の合法化　164
政府・国民評議会合同委員会　103
政令法(Decreto - ley / Real Decreto-ley)
　36, 124, 141, 220
選挙管理委員会　160, 162
選挙制度　132, 134-136, 138, 162-163
選挙専門委員会　156, 157
選挙法　135, 156, 159-163
選挙問題対策委員会　159-161
全国カトリック布教協会(ACNP)　60
全国管区裁判所　144, 146-147, 149
全国産業公社(INI)　65
総選挙(1977年)　199-202
総選挙(1979年)　270

タ

体制内改革派　49, 59-61, 64, 66, 68, 77-78, 84-85, 90, 97, 117, 119, 199
体制内開放派　59, 64, 66, 77-78
体制内原理派　64, 102, 107, 119, 134, 136, 151
タシトグループ　60-61, 92-93, 95, 98, 118, 192
脱法的反対派(alegal opposition)　63
断絶(ruptura)　27, 152
治安警備隊　139
治安裁判所　144-147
地域主義　160
地方制度憲章　78, 127
中道　120, 191
直接支配選挙区　203, 205
敵対の政治(Adversary Politics)　40
手続的民主主義　11, 21
動向調査株式会社(GODSA)　60, 76, 90-91, 94

独立研究連盟株式会社(FEDISA)　80, 96

ナ

内閣特別委員会　156-157
2月12日の精神　76-78, 82-83
西サハラ　90

ハ

バスク国民党(PNV)　240, 252-259
バスク自治州　260
バスクと自由(ETA)　107, 153, 224, 265
バスク民族主義　40, 73
反体制派　26, 27-29, 46
反体制派(民主的な)　101, 137-138, 152, 160-163, 165-166, 168, 172, 196, 209
非合法反対派(illegal opposition)　63
非常勤講師内閣　55, 114
ビトリア事件　103
比例代表制　132, 135, 138
ヒロナソ　82, 86
ファランヘ党(FE y de las JONS)　54, 62
部分的支配選挙区　203, 205
フラガグループ　60
フラガ法　91
プラネタ賞　175
フランコ基本法　45, 128, 130, 132-134, 136-137, 211, 239, 253
フランコ国会　33, 35, 139, 141, 145
フランコ体制　58, 61, 77-78, 97, 128, 134, 138-139, 142, 144, 147, 150, 152, 160, 164, 167-168
ブンケル(塹壕派)　83, 136
プント・フィホ協定(Pacto de Punto Fijo)　32
ベネズエラの民主化　32
保守主義　186-187
保障主義(garantismo)　29, 47
ポストフランコ体制　57-58, 77, 182
ポネンテ(Ponente)　39
ポネンテ会議(憲法草案作成の)　239-241, 243-244, 246-248, 256, 263
ポリアーキー　17, 211
ポルトガルの民主化　12

マ

マテサ事件　63, 74-75
マヌエル・フラガ＝イリバルネ賞（フラガ賞）　91
民衆党（PP）　97, 122, 185, 191, 206
民主化（狭義の）　22
民主改革（RD）　118-119, 184-186
民主左派（ID）　153, 188
民主社会中道党（CDS）　214
民主集中綱領（Plataforma de Convergencia Democrática）　153
民主主義体制　17
民主進歩党（PDP）　236
民主中道（CD）　191-192, 195, 202-203, 205, 207, 231
民主中道連合（UCD）　37-38, 61, 159, 161, 195, 199-202, 205, 207, 209, 212, 214, 218, 220, 223, 231-232, 235-237, 243, 248, 251, 257, 270-271
民主中道連合の男爵（たち）　Barones de UCD　233
民主的連立（Coalición Democrática）　254, 270
民主評議会（Junta Democrática）　152-153
民主連携（Coordinación Democrática）　153-154
モロッコ　90
モンクロア協定（Pactos de la Moncloa）　30, 42, 55, 219-220, 223-228, 230-231

ヤ

ヤ（日刊紙）　60, 92
約定された改革－約定された断絶（reforma pactada - ruptura pactada）　28, 58
有機的民主主義（democracia orgánica）　58-59, 77
ユーロコミュニズム　177-178

ラ

両院協議会　252-253, 259
臨時革命政府（revolutionary provisional government）　28
ルール　29, 37, 47, 159, 168, 207, 266
労働組合　126-127, 151, 155
労働憲章　151
労働者委員会（垂直組合）　150
労働者委員会（労働組合）（CCOO）　33, 150, 169, 221-222
労働者総同盟（UGT）　33, 102, 150, 221-222

人名索引

＊本文中の人名の表記は，通例または本人が使っている表記に基づいた。原語表記については，本索引を参照のこと

ア

アーモンド（Gabriel A. Almond） 19
アグエロ（Felipe Agüero） 68
アタール（Emilio Attard Alonso） 239, 246
アフリアゲラ（Juan de Ajuriaguerra Ochandiano） 260
アブリール（Fernando Abril Martorell） 39-40, 55, 68, 114, 133, 159, 202, 215-216, 219, 223, 229, 232-235, 243, 249-252, 258-259
アベジャ（Carlos Abella Martín） 191, 233, 235
アリアス＝サルガド（Rafael Arias-Salgado Montalvo） 234, 250
アリアス＝ナバーロ（Carlos Arias Navarro） 13, 33, 65, 71, 73-78, 82, 83, 85-87, 94-95, 98-100, 103, 108-109, 184, 197
アルゴス（Carlos Argos García） 186
アルゴラ（Abelardo Algora Marco） 60
アルサジュス（Xabier Arzalluz Antia） 240, 257-258, 260
アルバダレッホ（Francisco Albadalejo Corredera） 172
アルバレス，ホセ＝ルイス（José Luis Álvarez Álvarez） 234, 236
アルバレス＝アレナス（Félix Álvarez-Arenas y Pacheco） 114, 130, 133, 182
アルバレス＝デ＝ミランダ（Fernando Álvarez de Miranda y Torres） 96, 193, 213, 215, 234, 252
アルフォンソ13世（Alfonso de Borbón y Habsburgo-Lorena） 197
アルマーダ（Alfonso Armada y Comyn） 271
アルメロ（José Mario Armero） 154, 173-175
アレイルサ（José María de Areilza y Martínez de Rodas） 56, 93, 95-96, 98, 103-104, 109-110, 117-118, 120, 122, 185, 187, 192-193, 254, 270
アレスパコチャガ（Juan de Arespacochaga y de Felipe） 186
アンドラーデ（Valentín Paz Andrade） 155, 159
イサス（Pere Ysàs Solanes） 105
イスキエルド（Antonio Izquierdo Feriguela） 86
イニエスタ＝カノ（Carlos Iniesta Cano） 182
イバーニェス＝フレイレ（Antonio Ibáñez Freire） 181-182
ヴァーバ（Sidney Verba） 19
ウトレーラ（José Utrera Molina） 63, 65-66, 73, 76, 78, 82-87, 104
エステバン（Jorge de Esteban Alonso） 255
エドルズ（Laula D. Edles） 41
エルナンデス＝ヒル（Antonio Hernández Gil） 252
エレラ　アントニオ（Antonio Herrera González de Molina） 69
エレラ　レオン（León Herrera Esteban） 86
エレロ＝デ＝ミニョン（Miguel Herrero y Rodríguez de Miñón） 129, 240, 243-245, 249, 251, 265
エレロ＝テヘドール（Fernando Herrero Tejedor） 60, 82, 87, 113
オジェーロ（Carlos Ollero Gómez） 196
オソリオ（Alfonso Osorio García） 60, 92-93, 95-96, 98, 104, 114, 132-133, 156-157, 159-170, 174-176, 179, 192-193, 203, 213-214, 234-236, 254, 259, 270
オテロ（José Manuel Otero Novas） 215
オドンネル（Guillermo A. O'Donnell） 11, 20, 22, 24-26, 29-32, 34, 46, 49, 51, 128, 145
オラルテ（Lorenzo Olarte Cullen） 134, 234
オリアール（Alberto Carlos Oliart Saussol）

228
オリオル (Antonio María de Oriol Urquijo)
　105, 137, 172, 249
オルティー=ボルダス (José Miguel Ortí
　Bordás) 104, 179
オルティス (Manuel Ortiz Sanchez) 106, 174,
　201
オルテガ=イ=ディアス=アンブローナ
　(Juan Antonio Ortega y Díaz-Ambrona) 79
オレハ (Marcelino Oreja Aguirre) 60, 74, 85,
　92, 95, 215

カ

カール (Terry L. Karl) 31
ガジェゴ=ディアス (Soledad Gallego-Díaz)
　243, 247
カステジャーノ (Pablo Castellano Cardalliaguet)
　247
カッシネジョ (Andrés Cassinello Pérez) 181
カニェージャス (Antón Cañellas Balcells)
　155, 159
カバニージャス　ピオ (Pío Cabanillas Gallas)
　74, 76-77, 85, 91, 95-96, 117-119,
　122, 185, 187, 193, 213, 215
カベジョ=デ=アルバ (Rafael Cabello de Alba
　y Gracia) 86
カベロ (Íñigo Cavero y Lataillade) 234
カムーニャス (Ignacio Camuñas Solís) 193,
　215, 217-218, 229, 233-234
ガライコエチェア (Carlos Garaikoetxea Urriza)
　257-258
カラマンリス (Konstantinos Karamanlis) 12
ガリーゲス　アントニオ (Antonio Garrigues y
　Díaz-Cañabate) 104
ガリーゲス　ホアキン (Joaquín Garrigues
　Walker) 193, 213, 215, 232-234
カリージョ (Santiago José Carrillo Solares)
　36-37, 152, 154, 161, 169-171, 173-
　178, 180, 196, 221, 223, 225
ガリカノ (Tomás Garicano Goñi) 105
ガルシア　イグナシオ、(Ignacio García López)
　106, 115, 133, 148, 156, 179
ガルシア=エルナンデス (José García
　Hernández) 74, 104, 106

カルドー (Mary H. Kaldor) 21
カルボ=オルテガ (Rafael Calvo Ortega) 229
カルボ=セレール (Rafael Calvo Serer) 152
カルボ=ソテロ (Leopoldo Ramón Pedro
　Calvo-Sotelo y Bustelo) 60, 92, 96, 159,
　193-194, 200, 202, 213, 215, 218, 229,
　233-234, 240
カレロ=ブランコ (Luis Carrero Blanco) 64-
　65, 71, 75
カロ・アントニオ (Antonio Carro Martínez)
　74, 76, 79, 230
ガンサー (Richard Gunther) 40, 199
カンパーノ (Ángel Campano López) 139
ギルモア (John Gilmour) 121, 189
クエバス (José María Cuevas) 222
グティエレス=メジャド (Manuel Gutiérrez
　Mellado) 109, 142, 144, 168, 170, 174,
　179, 181, 183, 215,
クラベーロ (Manuel Clavero Arévalo) 205,
　215, 234
ゲラ (Alfonso Guerra González) 39-40, 55,
　239-240, 248-250, 252, 258
ゴメス=ジョレンテ (Luis Gómez Llorente)
　250
ゴメス=チャパーロ (Rafael Gómez Chaparro)
　171
ゴンサーレス (Felipe González Márquez) 34,
　54-55, 102, 154, 159, 166, 196, 218,
　221, 235-236, 239, 247-248, 270

サ

サアグン　ロドリゲス (Agustín Rodríguez
　Sahagún) 151, 229
サトゥルステギ (Joaquín Satrústegui Fernández)
　154
サパテロ (José Luis Rodríguez Zapatero) 264
サピコ (Noel Zapico Rodríguez) 134
サルトリウス (Nicolás Sartorius Álvarez de las
　Asturias Bohorques) 221-222
サンタマリア (Julián Santamaría Ossorio) 30-
　31, 40, 66
サンチェス=デ=レオン (Enrique Sánchez de
　León Pérez) 104, 179, 215
サンチェス=テラン (Salvador Sánchez-Terán

Hernández) 229, 232-233
サンチェス＝ベジャ（Alfredo Sánchez Bella) 110
シスネーロス(Gabriel Cisneros Laborda) 76, 79, 91, 93, 240, 250, 265
シュミッター（Philippe C. Schmitter) 11, 20, 22, 24-26, 29-32, 34, 46, 49, 51, 128, 145
シルバ＝ムニョース(Federico Silva Muñoz) 93-95, 109, 118, 120, 186-189, 192, 250-254
スアレス　アドルフォ（Adolfo Suárez González) 14-15, 31, 33, 35-38, 42-45, 47-49, 51, 54, 60, 66, 87-88, 98, 103, 107-111, 113, 115, 117, 123-124, 130-133, 135-139, 141-142, 144, 147-148, 150-151, 156, 159, 161, 164, 166 -168, 170, 173-183, 190-191, 193-199, 201-203, 206-207, 209, 211-214, 216-218, 220-221, 223-225, 228-236, 238-239, 243, 249-250, 256, 259-261, 270-276
スアレス　フェルナンド(Fernando Suárez González) 134
ステパン(Alfred C. Stepan) 12-13, 51-52
スピノラ（António Sebastião Ribeiro de Spínola) 121
セラ（Narcís Serra Serra) 142
セラーノ＝スニェル（Ramón Serrano Suñer) 175
ソリス（José Solís Ruiz) 63, 74, 104
ソレ＝トゥラ（Jordi Solé Tura) 240, 244, 251, 265

タ

ダール(Robert A. Dahl) 11, 17, 20, 22, 24, 46
タマメス（Ramón Tamames Gómez） 91
タラデージャス(Josep Tarradellas Joan) 259
チャウシェスク（Nicolae Ceaușescu) 154
デ＝サンティアゴ(Fernando de Santiago y Díaz de Mendívil) 98, 104, 114, 116-117, 126, 142, 165, 168, 182
デ＝ラ＝シエルバ　リカルド(Ricardo de la Cierva y Hoces) 96, 110
デ＝ラ＝フエンテ(Licinio de la Fuente y de la Fuente) 75, 86, 104, 185, 253
デ＝ラ＝マタ(Enrique de la Mata Gorostizaga) 92, 96, 133
ディ＝パルマ(Giuseppe di Palma) 27, 29, 47
ディエス＝デ＝リベラ(Carmen Díez de Rivera y de Icaza) 174-175
ティエルノ＝ガルバン(Enrique Tierno Galván) 152, 154, 240
テルボーン(Göran Therborn) 20
トゥセイ(Javier Tusell Gómez) 41, 240-241, 262, 265
ドン＝フアン(Juan de Borbón y Battenberg) 93-94, 197

ナ

ナバーロ　エドアルド(Eduardo Navarro Álvarez) 104, 115, 133, 148, 217
ニエト＝アントゥーネス(Pedro Nieto Antúnez) 73

ハ

バイボーダ(Ivan Vejvoda) 21
パウエル(Charles T. Powell) 59-61, 63-64, 67, 69, 133, 157, 178,
ハウレギ 155
バジェステロス(Jaime Ballesteros Pulido) 174
パフラヴィー（Mohammad Rezā Shāh Pahlavi) 236
バルダビーオ(Joaquín Bardavío) 174
パルメ(Sven Olof Joachim Palme) 154
バレーラ＝デ＝イリモ(Antonio Barrera de Irimo) 75, 85
パロマーレス(Cristina Palomares) 67-69
ハンチントン(Samuel P. Huntington) 67
ビジャール(Juan Miguel Villar Mir) 104
ビジャエスクサ(Emilio Villaescusa Quilis) 172, 250
ビダ＝ソリア(José Vida Soria) 252
ピタ＝ダ＝ベイガ(Gabriel Pita da Veiga y Sanz) 114, 182-183
ピニャール　ブラス(Blas Piñar López) 64,

82, 85, 102, 134
ヒメネス＝ブランコ（Antonio Jiménez Blanco）252
ヒル（Arturo Gil）222
ヒル＝ロブレス（José María Gil-Robles y Quiñones de León）188
ヒロン（José Antonio Girón de Velasco）63-64, 73, 82-83, 104, 107
フアン＝カルロス（1世国王）（Juan Carlos de Borbón y Borbón-Dos Sicilias）33, 53, 56-57, 64-67, 84, 88, 93, 97, 108-109, 111, 113-114, 117, 154, 174, 197, 211-212, 218, 236, 254, 271
ブイガス（Carlos Buhigas García）183, 190
フエジョ（Jesús Florentino Fueyo Álvarez）104
フェルナンデス＝オルドーニェス（Francisco Fernández Ordóñez）65, 85, 96, 114, 154, 159, 193, 213, 215-216, 218-219, 231, 234-235
フェルナンデス＝クエスタ（Raimundo Fernández-Cuesta Merelo）107, 119
フェルナンデス＝デ＝ラ＝モラ（Gonzalo Fernández de la Mora y Mon）119, 121, 185-187, 250, 253-254
フェルナンデス＝ミランダ（Torcuato Fernández-Miranda Hevia）53-54, 57, 63, 67-68, 71, 73, 79, 97-98, 104, 109-111, 113-114, 129-130, 135-136, 174, 176, 182, 190, 196-198, 253-254, 261
フェレール（Carlos Ferrer Salat）247
フエンテス（Juan Francisco Fuentes Aragonés）229, 236, 261, 266
フエンテス＝キンターナ（Enrique Fuentes Quintana）96, 215-221, 223, 228,
フォンタン（Antonio Fontán Pérez）234, 252
プシェボルスキー（Adam Przeworski）9, 10
プジョル（Jordi Pujol i Soley）155, 159
フラガ（Manuel Fraga Iribarne）13, 33-35, 49, 56, 61, 63, 66, 73-76, 78-79, 88, 90-92, 94-96, 98, 100-105, 108-110, 113, 117-123, 132, 135-136, 138-139, 148, 185-189, 196, 201, 218, 221, 224, 230, 240, 245-247, 249-252, 254, 265, 270-275
ブランコ（Jaime María Blanco García）229
フランコ＝イリバルネガライ（Carlos Franco Iribarnegaray）114, 182
フランコ（Francisco Franco Bahamonde）32-33, 55-57, 62, 66, 71, 73-75, 79, 84-86, 95, 197
ブラント（Herbert Ernst Karl Frahm）154
フリアー（Santos Juliá Díaz）41
プリモ＝デ＝リベラ・ピラール（Pilar Primo de Rivera y Sáenz de Heredia）105, 136
プリモ＝デ＝リベラ・ミゲル（Miguel Primo de Rivera y Urquijo）104, 134, 136
ブルッカー（Paul Brooker）26, 27
ペイン（Stanley G. Payne）142
ベガ＝ロドリゲス（José Miguel Vega Rodríguez）109, 181-182
ペセス＝バルバ（Gregorio Peces-Barba Martínez）240, 245, 247-250, 265
ベセリル（Juan Becerril y Antón-Miralles）179
ベタンクール（Rómulo Ernesto Betancourt Bello）32
ペドロル（Antonio Pedrol Rius）173
ペリー（Pascual Pery Junquera）183-184
ベルリングエル（Enrico Berlinguer）177
ペレス（Marcos Evangelista Pérez Jiménez）32
ペレス＝ジョルカ（José Pedro Pérez-Llorca Rodrigo）234, 240, 250-252, 265
ボニム＝ブラン（Andrea Bonime-Blanc）38, 241
ホプキン（Jonathan Hopkin）203, 205

マ

マジョール＝サラゴサ（Federico Mayor Zaragoza）234
マラバイ（José María Maravall Herrero）30-31, 40, 66
マルシェ（Georges René Louis Marchais）177
マルティネス＝エステルエラス（Cruz Martínez Esteruelas）119, 134-135
マルティン＝ビジャ（Rodolfo Martín Villa）

60, 98, 104, 115, 133, 138, 153, 156, 170-171, 179-180, 202, 214-215, 240, 260
ムヒカ (Enrique Múgica Herzog) 250
モジャ (Arturo Moya Moreno) 233
モリネロ (Carme Molinero Ruiz) 105
モロド (Raúl Morodo Leoncio) 9, 159
モンテロ (Jaime Montero y García de Valdivia) 139

ラ

ラスエン (José Ramón Lasuén) 234
ラストウ (Dankwart A. Rustow) 19-20, 46
ラドクリフ (Pamela B. Radcliff) 21, 69
ラビージャ (Landelino Lavilla Alsina) 74, 92, 129, 170, 173, 179, 193, 215, 240, 243, 245, 249-251, 262
ラメラス (Antonio Lamelas) 53-57, 247
ラモ＝デ＝エスピノサ (Jaime Lamo de Espinosa y Michels de Champourcin) 229
ラモス (Francisco Ramos Molins) 252
ランダーブル (María Belén Landáburu González) 134
リプセット (Seymour M. Lipset) 18
リンス (Juan José Linz Storch de Gracia) 27-29, 44, 46-48, 50-52, 58, 61-63, 69, 147, 167, 265
ルイス＝ナバーロ (José Luis Ruiz-Navarro Gimeno) 193
ルイス＝ハラボ (Francisco Ruiz-Jarabo y Baquero) 86
ルイス＝ヒメネス (Joaquín Ruiz-Giménez Cortés) 153
ルークス (Steven M. Lukes) 43, 48
ルビアル (Ramón Rubial Cavia) 260
レアル (José Luis Leal Maldonado) 224
レイサオラ (Jesús María Leizaola Sánchez) 260
レゲーラ (Andrés Reguera Guajardo) 92, 96, 133
ロカ (Miquel Roca Junyent) 240-241, 243-245, 251-252, 256-257, 262, 265,
ロドリゲス＝デ＝バルカルセル (Alejandro Rodríguez de Valcárcel y Nebreda) 58, 73, 77-78, 92
ロペス＝サリーナス (Armando López Salinas) 170
ロペス＝ブラボー (Gregorio López-Bravo de Castro) 104, 109, 133
ロペス＝ロドー (Laureano López Rodó) 65, 73-74, 119, 121, 123, 185, 201, 226
ロメロ (Emilio Romero Gómez) 104

著者略歴

永田智成（ながた　ともなり）
1981 年　東京都杉並区生まれ
2004 年　埼玉大学経済学部卒業
2012 年　首都大学東京大学院社会科学研究科博士後期課程修了　博士(政治学)
　　　　 在バルセロナ日本国総領事館専門調査員を経て
2014 年より首都大学東京都市教養学部法学系助教

論文
「アドルフォ・スアレスと体制内改革派―スペインの体制移行 1976-1977」『スペイン史研究』第 22 号, 2008,
「体制内改革派の挫折と民主化への道―スペイン 1974-1976」『法学会雑誌』第 50 巻　第 2 号, 2010,
「民主化期におけるフラガとスアレスの政治手法」『スペイン史研究』第 26 号, 2012 など

フランコ体制からの民主化：スアレスの政治手法
2016年3月20日第1版第1刷　印刷発行　©

著者との了解により検印省略	著　者　永　田　智　成 発行者　坂　口　節　子 発行所　㈲　木　鐸　社

印刷　フォーネット　　製本　高地製本
　　　互恵印刷
〒112 - 0002　東京都文京区小石川 5-11-15-302
電話 (03) 3814-4195番　　振替 00100-5-126746
FAX (03) 3814-4196番　　http://www.bokutakusha.com

（乱丁・落丁本はお取替致します）

ISBN-978-4-8332-2491-8　C3022

イギリスの選択
力久昌幸著（同志社大学法学部）
A5判・442頁・6000円（1996年）ISBN4-8332-2233-7
■欧州統合と政党政治
　欧州統合は戦後のヨーロッパにとって最も重要性を持つ問題であった。イギリスにとってEC加盟は国家の命運を決する大事であり，国内の論議は長い間コンセンサスを欠いた。本書は，その原因について，政党システムのメカニズムとイデオロギーを中心に分析する。特に政党指導部の役割に注目しつつ考察した政治分析。

ユーロとイギリス
力久昌幸著
A5判・400頁・6000円（2003年）ISBN4-8332-2336-8
■欧州通貨統合をめぐる二大政党の政治戦略
　「イギリスはユーロに参加するか」に答えるため，本書はダイナミックな歴史的制度論アプローチをとる。政党指導部の戦略とイデオロギーを横軸に国民国家―EU―地域という多層ガヴァナンスにおける権限移譲拡散の流れを縦軸に，両軸が交差する点に焦点を当て検証し，展望を加える。

サッチャー主義
小川晃一著（北海道大学名誉教授）
A5判・370頁・4000円（2005年）ISBN4-8332-2369-4 C3022
　「サッチャー主義とは戦後のコンセンサス体制・福祉国家体制，それを理論的に支えるケインズ主義に対する多面的な挑戦」を意味する。この体制は英国の誇りであったが，財政赤字のため維持不能となった。サッチャー主義は「万策尽きて」行った従来の政策の大転換である。本書は彼女のその超保守主義的な政治哲学と手法を資料を渉猟して，活写する。

左派の挑戦
近藤康史著（筑波大学）
A5判・350頁・4500円（2001年）ISBN4-8332-2314-7
■理論的刷新からニューレイバーへ
　90年代以降のイギリス左派の変容に焦点を当て，ブレア率いる労働党による新たな政治統合原理の構築についての理論的検討を踏まえつつ実証分析する。また，このことによって「左派」の変容の政治学的意義を明らかにする。知識人の政治参加の在り方を模索する者にとっても示唆するところが多い。

木鐸社刊

統一ドイツの変容
近藤潤三著（愛知教育大学名誉教授）
A5判・396頁・4000円（1998年）ISBN4-8332-2258-2
■心の壁・政治倦厭・治安
　統一後のドイツでは東西分裂の克服がもたらした束の間の歓喜と陶酔の後に，心に重くのしかかる難問が次々に現れてきた。旧東ドイツ地域の経済再建とその負担，失業者の増大，難民の大波，排外暴力事件の激発等。本書は統一後のドイツの現実を徹底的に一次資料に基づいて追跡し，ボン・デモクラシーの苦悩を解明。

統一ドイツの外国人問題
近藤潤三著
A5判・500頁・7000円（2002年）ISBN4-8332-2317-7
■外来民問題の文脈で
　戦後西ドイツは敗戦で喪失した領土からの外来民の流入，外国人労働者の導入，難民受入等多くの課題を抱えた。このような錯綜した人の移動の総体を「外来民問題」という観点から，ドイツの外国人問題を捉える。その特有の社会構造と政策転換の変動のなかに百五十年に及ぶ統一ドイツ国家形成の真の姿を見る。

統一ドイツの政治的展開
近藤潤三著
A5判・228頁・2800円（2004年）ISBN4-8332-2351-1 C3022
　第二次大戦後，分断国家として再出発したドイツ現代史において，統一は終着点ではなく転換点を意味することがますます明白になってきている。それは戦後採用してきた社会的市場経済の「構造転換」に直面しているからである。本書では政治を中心に，統一後のドイツ現代史を鳥瞰することでまとまった全体像を描き出したもの。

移民国としてのドイツ
近藤潤三著
A5判・324頁・3500円（2008年）ISBN978-4-8332-2395-9 C3032
■社会統合と平行社会のゆくえ
　本書は前著『統一ドイツの外国人問題：外来民問題の文脈で』の続編。同じ対象を主題に据えているのに表現が違っているのは，近年のドイツで生起している主要な変化を反映している。移民政策におけるパラダイム転換と呼ぶことができよう。

木鐸社刊

東ドイツ(DDR)の実像
近藤潤三著
A5判・336頁・4000円（2010年）ISBN978-4-8332-2428-4 C3022
　ベルリンの壁が崩壊して20年，そして2010年は東西ドイツの統一が実現して20年になる。崩壊した社会主義国家としての東ドイツとはどのような内実を育んでいたのか。検討したり記憶しておくに値する問題が山積している。本書はそうした東ドイツの変容の歴史的歩みを総括しようとしたもの。

ドイツ・デモクラシーの焦点
近藤潤三著
A5判・422頁・4000円（2011年）ISBN978-4-8332-2447-5 C3022
　ドイツは統一以来20年を経過した。本書は統一以前とは区別される以後の現代ドイツの変容とそれが抱える政治的・社会的難問を，社民党の危機，社会国家の再編，過去の克服問題，モスク建設紛争，左右の過激派問題として取りあげ分析・考察。
　ドイツ現代政治を立体的に把握する課題に応えた労作。

ドイツ移民問題の現代史
近藤潤三著
A5判・256頁・3000円（2013年）ISBN978-4-8332-2464-2 C3022
■移民国への道程
　前著『移民国としてのドイツ：社会統合と並行社会のゆくえ』の続編。本書では歴史的経緯に重点を置き，ドイツが流入であれ流出であれ，大規模で多彩な移動の国だったことを明らかにしようとしたものである。

国民主権と民族自決
唐渡晃弘著（京都大学大学院法学研究科）
A5判・320頁・5000円（2003年）ISBN4-8332-2340-6
■第一次大戦中の言説の変化とフランス
　戦後処理と秩序の構築に当った戦勝諸国の各リーダーによる「国民主権」と「民族自決」をめぐる利害と打算のせめぎあいに焦点を当てる。パリ講和会議の政治過程をフランスの立場を中心に一次史料を踏まえ，活写する。今なお解決の道を見出せない難問に正面から取り組んだ野心作。

木鐸社刊